전남대학교 인문학연구원 HK+ 가족커뮤니티사업단 번역총서 · 4
기억의 윤리

전남대학교 인문학연구원 HK+ 가족커뮤니티사업단
번역총서

4

기억의
윤리

아비샤이 마갈릿 지음
박의연 오창환 추주희 옮김

Copyright © 2002 by the President and Fellows of Harvard College
Published by arrangement with Harvard University Press.

이 책의 한국어판 저작권은 Harvard University Press사와의
독점계약으로 '도서출판 한국문화사'가 소유합니다.
저작권법에 의하여 한국 내에서 보호를 받는 저작물이므로
무단전재 및 복제를 금합니다.

샤울과 리아에게

The Ethics of Memory

머리말

　망각된 과거의 기억에 대한 나의 탐색과 연구를 촉발한 프루스트적인 마들렌은 예루살렘의 한 지역신문에 실린 작은 이야기였다. 그것은 자신의 휘하에서 복무하다 전사한 병사의 이름을 기억하지 못한 한 장교에 관한 이야기였다. 장교는 그의 이름을 기억하지 못했기 때문에 비난받았다. 나는 제1장에서 이 이야기를 소개하고 그 함축된 의미를 상당히 광범위하게 다룰 것이다. 여기서 이 일화를 언급하는 까닭은 기억의 윤리에 대한 나의 관심을 촉발한 대단한 사건은 없었다는 점을 분명히 하기 위해서이다. 하지만 다른 한편으로 그 너머에는 크고 무서운 무언가가 숨겨져 있다.

　어린 시절 나는 부모님이 기억에 대해 자주 토론하는 모습을 보며 자랐다. 그것은 전쟁이 끝날 무렵 시작되었다. 내 부모님은 영국이 통치하던 팔레스타인에 있었고, 전쟁 내내 그 분들이 가장 두려워했던 일은 사실로 밝혀졌다. 유럽에 거주하던 유대인들은 대부분 학살되었다. 나는 부모님이 그 일에 대해 이야기할 때 실제로 사용한 낱말들을 기억하지 못하지만 전통적 용어인 '파괴'(*hakhurban*)를 언급했던 것은 기억한다. 유대 전통에서 그것은 로마인들에 의한 성전의 파괴와 유대인 추방을 이르는 말이다.

내 부모님의 토론의 쟁점은 다음과 같이 재구성할 수 있다.

> **어머니**: 유대인들은 돌이킬 수 없을 정도로 파괴되었어요. 남은 것은 다만 위대한 유대인들[그녀에게 이들은 유럽의 유대인들을 의미한다]의 가엾은 잔재일 뿐이에요. 남아있는 유대인의 명예로운 역할은 다만 기억의 공동체를 형성하는 것이에요. 말하자면 죽은 자들을 기리는 의식에서 타오르는 촛불처럼 "영혼의 촛불" 역할을 하는 것이죠.

> **아버지**: 우리, 남은 유대인들은 사람이지 촛불이 아니에요. 그저 죽은 자의 기억을 간직하기 위해 사는 것은 누구에게나 끔찍한 전망이에요. 물론 아르메니아인들은 그렇게 하기로 결정했죠. 그렇게 함으로써 그들은 끔찍한 실수를 했어요. 우리는 무슨 수를 써서라도 그것을 피해야 해요. 공동묘지의 지배를 받는 공동체가 아니라 미래에 대해 주로 생각하고 현재에 반응하는 공동체를 만드는 것이 더 나은 길이에요.

나의 책은 내 부모님의 토론에 관한 것이 아니다. 또 홀로코스트에 관한 것도 아니다. 그러나 철학은, 적어도 어떤 철학은 저자가 나고 자란 가정에서 시작한다. 그리고 내 부모님의 논쟁은 기억과 (만일 그런 것이 있다면) 기억해야 할 책무, 또는 지금의 맥락에서는 망각하고 용서해야 할 책무에 대한 나의 관심에 어느 정도에 영향을 미쳤을 것이다.

철학자는 서술양식에 따라 둘로, 즉 예시의 철학자(e.g. philosopher)와 정의의 철학자(i.e. philosopher)로 나뉜다. 전자가 예증가라면 후자는 설명가이다. 예증가는 인상적인 사례들을 가장 신뢰하는 반면, 설명가는 무엇보다도 정의와 일반원칙들을 신뢰한다. 설명가도 사례를 사용할 수 있으나 그의 예는 양식화되어 있으며, 실제 사례가 나온 뒤 나중에 생겨나는 예시에 더 가깝다. 예증가는 철학적 목적에 도움이 되지 않는 작은 일화를 사례로 사용할 위험이 있다. 각 양식이 갖는 위험은 분명하지만 거의 불가피하다. 하지만 나는 철학에서 양식이 매우 중요하다고 생각한다. 사례가 적합할 때, 그것은 단지 교훈적 예증을 넘어서 조명하는 역할을 한다. 정의가 탁월할 때, 그것은 단순한 약정적 기능을 넘어서 해설하는 힘이 있다. 나는 두 양식 모두에 장점이 있다고 생각하지만, 나는 신념보다는 기질상 예시하는 철학에 더 걸맞은 사람이다.

하지만 나는 사례들을 단지 철학적 요점을 분명히 하거나 철학적 변별점을 강조하기 위해서만 사용할 것이다. 그것들은 경험적 가설을 탐구하기 위한 경험적 자료가 아니다. 나는 일차적으로 사례들이 그런 식으로 이용되는 것을 염두에 두지 않았다. 이 때문에, 내가 소설에서 빌려온 사례는 역사에서 가져온 사례와 동일한 방식으로 내 요점을 분명히 드러낼 수 있다.

이 책은 다양한 일련의 강연들, 즉 프랑크푸르트에서 막스 호르크하이머 강연, 링버그성(城) 강연, 멜버른과 시드니에서 시몬 배유 강연, 옥스포드에서 베텔스만 강연, 토론토에서 헨리 크로우 강연, 암스테르담과 레이던에서 스피노자 렌즈상 수상강연 등을 거치며 구체화되었다.

비판의 목소리를 내고 탐구하는 질문을 제기해준 모든 청중에게 나는 큰 신세를 졌다. 나는 이 책에서 최소한의 참고문헌을 활용하는 강연의 스타일과 형식을 유지하려고 노력했다. 결코 내가 읽은 저작들과 내 생각에 영향을 끼친 모든 분들에게 감사하는 마음이 부족해서 그렇게 한 것이 아니다. 특히 메나헴 브링커(Menachem Brinker), 데이비드 하이에드(David Hyed), 아멜리 로티(Amelie Rorty), 그리고 내 원고를 읽고 매우 유용한 제안을 해 준 관대한 논평자들에게 감사드린다.

에드나 울만 마갈릿(Edna Ullmann-Margalit)은 내가 이 책을 구상하고 저술하는 내내 나와 고통과 기쁨을 공유해 주었고, 이 책의 형식과 실질 모든 면에 귀중한 기여를 했다. 그녀에게 고마움을 전한다.

차례

머리말 · 7

서론

1. 감금된 기억　15
2. 나의 주제　20
3. 각 장의 순서　27

1장　집중 돌봄

1. 이름을 기억하라　29
2. 기억과 돌봄　37
3. 윤리와 돌봄　42
4. 내 이웃은 누구인가?　49
5. 체계적 애매성　54

2장　지속되는 과거

1. 공유기억　57
2. 공유기억의 의지주의　63
3. 기억의 기억　66
4. 집단적 기억과 신화　70
5. 생명을 불어넣기　71
6. 기억의 공동체들　75
7. 하나의 보편적 윤리 공동체　80

3장
핵심

1. 윤리적 평가	89
2. 기억과 죽음	95
3. 기억의 공동체에서 싹튼 희망	98
4. 답변의 도출	107

4장
회상된 감정

1. 일화적 기억	109
2. 부정적 정치	113
3. 상처에 모욕을 더하기	118
4. 시에서의 되살림과 회상	121
5. 모욕 유도하기	123
6. 트라우마	125
7. 감정 유지하기와 되살리기	127
8. 삶 되살리기	131
9. 기분과 감정	134
10. 감정의 수정주의적 역사	138
11. 염려와 돌봄의 교차점	140
12. 훈육되지 않은 감정의 무리들	143

5장
도덕적 증인

1. 도덕적 증인의 표지	145
2. 희망에 반하는 희망	149

3. 도덕적 증인의 도덕적 애매성	**156**
4. 진실과 진정성	**159**
5. 악을 폭로하기	**162**
6. 흥미로운 사례들	**165**
7. 대리인으로서의 증인	**168**
8. 증언과 증거	**172**
9. 도덕적 증인이라는 관념을 변호하며	**174**
10. 도덕적 증인인가 윤리적 증인인가?	**177**

6장 용서하기와 망각하기

1. 인본주의적 방향설정	**179**
2. 용서하기와 망각하기의 계보학	**180**
3. 용서: 죄를 지우기인가 감추기인가?	**184**
4. 태도이자 의무로서의 용서	**187**
5. 선물로서의 용서	**188**
6. 되돌아가기	**191**
7. 망각하기가 의도적일 수 있는가?	**194**
8. 용서	**196**
9. 이차 용서	**198**

참고문헌 • 203
옮긴이 해제: 기억, 돌봄, 윤리의 관계 맺기 • 209
인명 찾아보기 • 241
사항 찾아보기 • 245

The Ethics of Memory

서론

1. 감금된 기억

우리가 이 세계에 갇혀있다는 관념은 "영원한 시간의 절반만큼 오래된" 것이다. 이러한 관념은 일찍이 2세기 영지주의(Gnosticism) 분파의 가르침에서도 발견될 수 있다. 영지주의는 인간 구원의 열쇠로서 실재에 관한 숨겨진 진리의 인식을 제공하겠다고 주장한다. 하지만 세계는 감옥이고 육신은 감방이라는 영지주의의 가르침은 광신적인 은유이다. 영지주의자들은 빛의 힘과 하나 되기 위해 탈출하려는 영혼을 억류하려고, 세계와 감옥 사이에 더 많은 벽을 쌓고 사악한 간수를 더 많이 배치하려고 서로 경쟁했다. 그러나 광적인 상상으로 일급보안의 감옥을 지어냈음에도 불구하고, 영지주의자들은 이 타락한 세계라는 미로에서 탈출할 방법을 찾으면서도 저 바깥의 진정한 실재에 도달할 가능성을 놓치지 않았다.

철학에서 감옥이라는 형성적 은유는 플라톤의 동굴의 비유에서 발견된다. 여기에도 구원의 인식, 즉 궁극적으로 진정한 실재의 형이상학적 인식은 바깥에 있다는 관념이 있다. 하지만 이러한 인식의 추구에서 우리가 찾고 있는 대상이 무엇인지 알지 못한다면, 우리가 추구하는 것을 발견했을 때 우리는 어떻게 그것을 찾았다고 말할 수 있는가? 플라톤은 아주 먼 옛날 우리는 우리가 무엇을 찾고 있는지 알고 있었지만, 그 뒤로 어쩌다 그것을 잊어버렸다는 결론으로 인도한다. 따라서 인식의 추구는 회상의 연습, 즉 우리가 한때 알았던 것을 불러내고 떠올리려는 노력이다.

우리 시대의 형성적 은유는 플라톤의 동굴이 아니라 프로이트의 감옥이다. 그의 감옥 속 무의식, 즉 불온한 기억의 감방은 검열관-간수에 의해 잠겨 있다. 그 기억은 의식에서 밀려나되, 파괴되는 것은 아니다. 프로이트의 은유는 억압의 감옥이지 망각의 단두대가 아니다.

하지만 프로이트의 감옥에는 두 개의 감방이 있다. 하나는 검열관에 의해 엄격하게 감시되는 무의식의 감방이고, 다른 하나는 다소 느슨하게 감시되는 전의식의 감방이다. 간단히 말해, 프로이트의 정신세계는 단테의 우주처럼 세 부분, 즉 의식의 지옥, 연옥, 천국으로 구획된다. 말년에 프로이트는 더 나아가 무의식이 문제적 기억뿐만 아니라 해로운 환상까지 가둔다고 여겼다. 이것은 중요한 발전이다. 그러나 나는 프로이트의 초기 은유가 우리의 문화에 강한 인상을 남겼기 때문에 그것을 고수하려 한다.

프로이트의 감옥 은유는 앤서니 케니(Anthony Kenny)가 '극미인(極微人) 오류'(homunculus fallacy)라 부르는 것에 해당한다. 이 은유는 설명되어야 할 개인과 동일한 구성과 복잡성을 가진 개체나 기능을 상정해 개인을 설명한다. 검열관-간수는 바람직하지 않은 물질이 몸의 잘못된 위치에 유입되지 않도록 기계적으로 차단하는 세포막 같은 것이 아니다. 프로이트의 설명에서, 검열관은 기억의 내용을 이해할 수 있을 뿐만 아니라 그 내용이 자신이 보호하려는 사람을 위협하는지 평가할 수 있는 완전한 해석능력을 부여받는다. 간단히 말해, 이 검열관은 그가 지키려 하는 큰 사람 안에 있는 작은 사람인 것이다. 그러나 이 작은 사람은 큰 사람 만큼의 설명을 필요로 한다.

하지만, 이 검열관의 설명력은 우리 관심사의 일부일 뿐이다. 내가 보기에 더 심각한 것은 억압된 기억을 의식으로 불러들임으로써 생겨난 치유력에 대한 프로이트의 믿음이다. 프로이트의 모델에 따르면, 억압된 기억은 개인에게 역기능적 행동과 심하면 신체적 증상을 유발하는 전복적 동인이다. 억압된 외상 기억으로 고통받는 사람들은 현재의 사건에 과민반응할지도 모른다. 이러한 사례로 우리는 한 대중지에서 매들린 올브라이트(Madeleine Albright)[1]가 2차 세계대전 동안 유대인 소녀로서 겪은 의식되지 않은 외상 기억으로 인해 슬로보단 밀로셰비치(Slobodan Milosevic)[2]에게 과민반응한다고 설명하는 기사를 접할 수 있다.

프로이트 자신은 신경증 환자의 이 불균형한 반응을 1666년 런던 대화재 추모비 앞에 선 런던사람의 반응과 비교한다. 이 사람은 자신이 마주한 오늘날의 활기찬 도시를 즐기지 못하고 3세기 전 불타버린 도시를 위해 울

---

1 [옮긴이 주] 매들린 올브라이트(1937-2022)는 미국 최초의 여성 국무장관(64대)으로 체코슬로바키아 출신이다. 그녀의 부친인 요제프 코르벨은 체코슬로바키아의 외교관이었으며, 체코슬로바키아가 나치 독일 침공을 받은 이후에는 영국 런던에서 망명 정부의 관리로 활동하기도 하였다. 제2차 세계대전 기간 동안에 그녀는 가족과 함께 런던에서 지냈으며, 1948년 미국으로 망명했다.
2 [옮긴이 주] 슬로보단 밀로셰비치(1941-2006)는 전 세르비아 대통령으로, 부코바르 학살(또는 오브차라 학살)의 주범이다. 구 유고슬라비아 국제형사재판소(ICTY)가 수많은 전쟁범죄의 수괴로 기소 및 수감했으나 재판이 끝나기 전 옥중 사망하였다.

기 시작한다.[3] 정통파 유대인이 2천 년 전 파괴된 성전을 생각하며, 마치 그 사이에 어떤 일도 일어나지 않은 양 통곡하는 모습을 어느 세속적 유대인이 본다면, 그는 프로이트의 이야기속 런던 사람과 저 통곡하는 유대인의 행동이 비슷하다고 여길 것이다.

불온한 무의식적 기억이 우리를 속인다는 관념 그리고 힘든 분석 작업을 통해 우리가 이러한 기억을 복구할 수 있다는 관념은 그다지 새롭지 않다. 실제로, 캘리포니아에서는 이른바 '억압된 기억 증후군'을 겪은 어린이의 충격적인 사례도 있었다. 그 사례 속 인물은 오랜 세월이 지난 후 어린 시절 부모의 성적 학대에 관한 기억을 되살려내어 자신의 부모를 고소했다. 이것은 기억-감옥의 은유가 실제로 얼마나 강력한지에 주목케 한다. 프로이트도 감옥 은유의 그러한 사용, 아니 오용에 대해 경고했다. 이것은 실로 위대하지만 충분히 인정받지 못한 프로이트의 공헌이다. 여전히 오늘날 우리 문화에는 이러한 조야하고 기만적인 형태의 그림이 만연해 있다.

하지만 내 관심사는 개인의 경우가 아니라 공동의 기억(communal memories)의 경우에 진실의 인식이 제공하는 치유력이다. 거칠긴 하지만 기억-감옥의 이미지는 '집단적 기억'(collective memory)과 관련하여 비교적 새롭다. 이러한 관념에 따르면, 예를 들어, 비시 정권[4]의 부끄러운 기억

---

[3] Sigmund Freud, *The Complete Psychological Works of Sigmund Freud*, trans. James Strachey (London: Hogarth Press, 1974), vol. 11, pp. 16–17. [옮긴이 주] 해당 부분은 프로이트가 1909년 미국에서 수행한 다섯 번의 강의에 기초하여 출간된 『정신분석에 관한 다섯 강의』(*Five Lectures on Psycho-Analysis*, 1910)의 첫 번째 강의에 나오는 내용이다.

[4] [옮긴이 주] 비시 정권(Régime de Vichy) 또는 비시 프랑스는 제2차 세계 대전 기간인 1940-1944년 사이 남프랑스에 존속한 국가이자, 사실상 나치 독일의 괴뢰 정부이다. 국호는 전과 같이 프랑스였으나, 해외 망명정부인 '자유 프랑스'와 변별을 위해 '비시 프랑스'라 불린다.

으로부터 프랑스의 영광을 지키려 한 위대한 검열관 샤를 드 골(Charles de Gaulle)의 도움으로, 프랑스인들은 그들의 기억을 억압하고 공공 영역에서 그 흔적을 지웠다. 그 후 비시 정부에 대한 이러한 억압된 기억은 전후 프랑스의 신경증적 행동에 기여함으로써 프랑스인들이 전복적 운동을 추진하게 했다. 억압된 공동의 외상 기억을 공개적으로, 명시적으로, 그리고 의식적으로 만들면 치유력이 생긴다고들 한다. 우리는 이것이 과거의 외상에서 비롯된 비합리성을 극복할 유일한 방법이자 마음의 평화를 얻는 유일한 방법이라고 믿기를 요구받는다.

감옥 은유에 기초한 이러한 믿음은 남아프리카 공화국의 '진실과 화해 위원회'의 핵심을 이룬다. 이 위원회는 과거에 관한 진실을 밝힘으로써 화해를 가져오리라는 사회적 정화(social catharsis)를 향한 희망으로 설립되었다.

하지만 기억은 화해만큼 자주 복수를 불러오고, 해방된 기억을 통해 정화에 이르리라는 희망은 가상으로 판명날지도 모른다. 진실을 추구하고, 나아가 화해를 추구해야 할 좋은 도덕적 근거는 있다. 그러나 진실이 그 자체로 화해를 가져오리라는 관념은 기억-감옥 은유에 기초한 의심스러운 경험적 가정이다.

이제까지 나는 논증과 전제보다는 은유와 이미지에 대해 말해왔다. 마땅히 그래야 했기 때문이다. 기억에 관한 우리의 사고방식은 기억을 감옥이나 저장소로 여기는 식의 강력한 이미지 또는 원초적 모델에 갇혀있다. 나는 제1의 철학적 활동은 그것이 하나의 은유임을 자각함으로써, 은유의 지배를 약화시키는 것이어야 한다는 루트비히 비트겐슈타인(Ludwig Wittgenstein)의 믿음에 동의한다. 나는 이 책 전반에 걸쳐 나의 논의를 지도하는 바로 이 관념으로 돌아올 것이다.

2. 나의 주제

이 책의 주제는 기억의 윤리에 대해 묻는 것이다. 기억의 윤리는 존재하는가? 나는 이 주제를 긴밀하게 연관된 다른 주제들, 즉 기억의 심리학, 기억의 정치학, 기억의 신학 등과 분명히 구별하여 고찰한다. 나는 바로 이것이 탐구해야 할 중요한 물음이며, 쟁점들을 임의의 지성적 분과로 전달하는 식의 무익한 관리 업무에 머물러서는 안 된다고 생각한다.

기억의 윤리는 존재하는가? 나의 물음은 '미시 윤리'(microethics), 즉 개인의 윤리와 '거시 윤리'(macroethics), 즉 집단의 윤리 양자를 포괄한다. 나의 문제제기는 다음과 같은 일련의 물음들로 제시될 수 있다. 우리에게 과거의 사건과 사람을 기억할 책무가 있는가? 만일 그렇다고 한다면 이 책무의 본성은 무엇인가? 도덕적 칭송이나 비난을 받을 만한 적정한 주체를 기억하는 것과 망각하는 것인가? 기억할 책무가 있는 '우리'는 누구인가? 집단적 '우리'인가, 아니면 집단의 모든 구성원 각각에 책무가 있다는 분배적 의미에서 '우리'인가?

각 장의 경로를 거쳐, 나는 기억의 윤리(an ethics of memory)는 존재하지만, 기억의 도덕(the morality of memory)은 거의 존재하지 않는다는 결론에 도달할 것이다. 아마 느낌표보다는 물음표로 표현하는 것이 더 적절할 것 같은 이러한 생각의 흐름은 분명 윤리와 도덕의 구별에 의존한다. 내 설명에 따르면, 이것은 다시 두 유형의 인간관계, 즉 두터운 관계(thick relations)와 얕은 관계(thin relations)의 구별에 기초한다. 두터운 관계는 부모, 친구, 연인, 지인 등과 같은 속성에 기초한다. 두터운 관계는 공유된 과거에 정박되거나 공유된 기억에 묶여있다. 반면, 얕은 관계는 인간이라는 속성에 의해 뒷받침된다. 얕은 관계는 인간이라는 것의 특정 측면, 이를테면 여성임 또는 환자임에 의존한다. 두터운 관계는 일반적으로 가깝고 친밀한 이와 우리의 관계이다. 얕은 관계는 일반적으로 멀고 낯선 이와 우리의 관계이다(이 구별은 제1장에서 상세히 다뤄진다). 나의 용례에서 윤리는 우리가 어떻게 우리의 두터운 관계를 규제해야 하는지를 알려주며, 도덕성은 우리가 어떻게 얕은 관계를 규제해야 하는지 일러준다.

나는 행위와 행위의 이유보다 사람들 간의 '관계'를 강조한다. 물론 인간관계는 이유에 의해 지도되는 행위나 상호적 행위 안에 분명히 포함된다. 하지만 여전히 윤리와 도덕의 주된 고려사항은 인간관계의 특정 측면들과 관계된다. 예를 들어, 도덕은 존중 그리고 굴욕과 깊은 관련이 있으며, 이는 얕은 관계의 사람들 사이에서 분명하게 드러나는 태도이다. 반면, 윤리는 충성과 배신에 주로 관계되며, 이 태도는 두터운 관계에 있는 사람들 사이에서 뚜렷이 나타난다. 제1장에서 자세히 다룰 테지만, 이러한 서로 다른 측면은 도덕과 윤리에 대한 각기 다른 설명을 요구한다.

도덕은 전 인류를 포괄하기 때문에, 지리적 범위는 넓으나 기억 면에서는 약하다. 윤리는 전형적으로 지리적 범위가 좁지만, 기억 면에서 강점을 지닌다. 기억은 두터운 관계를 결합하는 접착제이며, 기억의 공동체는 두터운 관계, 따라서 윤리의 분명한 서식지이다. 두터운 관계의 결속을 위한 중대한 역할을 수행함으로써, 기억은 윤리의 분명한 관심사가 된다. 윤리는 우리가 우리의 두터운 관계를 어떻게 이끌어가야 하는지를 일러주는 기획이다.

나는 우선적으로 기억을 윤리에 국한하긴 하지만, 마찬가지로 도덕이 기억과 연관되어야 하는 경우들이 있다. 이 경우들은 대규모의 반인륜적 범죄들, 특히 인류라는 공유개념을 공격하는 범죄들에 해당된다. 인류라는 공유개념을 부정하는 이데올로기에 의해 수행된 나치의 범죄는 도덕이 우리에게 무엇을 기억하길 요구하는가에 관한 분명한 사례이다. 그러나 인류는 기억의 공동체가 아니다. 언젠가 그렇게 진화할 수 있을지라도, 적어도 오늘은 사실상 아니다(이것은 중요한 사실이다). 그렇다면 인류 전체를 대신하여 누가 '도덕적 기억'을 짊어져야 하는가?

확실히 종교는 인류 전체의 도덕적 기억의 주체가 되고자 도전할 수 있다. 적어도 역사적 종교들은 그럴 수 있다. 유대교, 기독교, 이슬람교 모두 단지 우주적 사건들의 일부가 아닌 인류의 자율적 역사라는 관념에 동의한다. 인간은 신의 영광을 위해 창조되었고, 인간의 역사는 창조의 목적이다. 그것은 신의 특별한 인도를 받아 펼쳐진다.

물론 이러한 구상의 세속적 변형태도 존재한다. 신의 섭리를 대신하여 역사법칙을 따르는 세계사에 대한 헤겔의 관념이 바로 그 경우이다. 그러나 세계사에 관한 이야기가 기억의 세계적 공동체를 창조하는 것은 아니다. 역사적 종교들은 그 자신이 그러한 공동체를 창조할 잠재력이 있다고 주장한다. 역사적 종교들은 인류를 윤리적 공동체로 형성하기를 열망한다. 제2장에서 나는 그러한 열망, 특히 기독교의 열망을 포괄적으로 다룬다.

기억의 정치학과 마찬가지로 기억의 윤리라는 기획 전체가 순전히 위장된 형태의 종교에 불과하다는 의심을 받고 있기 때문에, 제2장의 논의는 부분적으로 종교와 연관된다. 용서, 망각 등의 기억의 윤리에 관한 주요 개념은 오직 용서하는 신이라는 종교적 맥락 속에서만 의미를 부여받고 정당화된다는 의혹을 받고 있다. 동일한 의혹이 기억의 정치학과 관련해서도 제기되며, 이러한 의혹에 따르면 기억의 정치학은 정치신학에 다름 아니다. 이러한 의혹 외에 공공 기념물 건립을 둘러싸고 표면화된 논쟁을 추가로 다룰 것이다. 제2장에서 나는 이 의혹을 진지하게 검토하고, 기억의 윤리가 안전하고 현명하게 변호될 수 있는 한, 그것을 종교와 분리하려 시도할 것이다.

기억의 윤리와 종교의 혼합은 내가 처음 다룬 우려지만, 결코 가장 중요한 관심사라는 의미는 아니다. 두 번째 우려는 기억의 윤리와 전통주의(traditionalism)의 혼합이다. 즉 기억의 윤리를 전통의 옹호를 위해 세워진 학설, 방침, 또는 분위기와 혼합하는 것이다. 전통주의와 기억의 윤리의 연결은 직선적이다. 정의상 전통주의는 과거에 대한 충성을 옹호한다. 과거를 기억한다는 점에서 이 충성이 무엇으로 구성되는지 탐구하는 것이 기억의 윤리(학)의 과제이다. 나는 (전통주의와 달리) 과거보다 미래지향적인 학설과 태도가 기억의 윤리와 관계될 수 있는지, 또 관계되어야 하는지 질문한다. 이러한 우려는 얼마간 해명이 필요하다.

"세인트폴 대성당의 우울한 주교", 대항계몽주의 사상가 윌리엄 랄프 잉에(William Ralph Inge)의 다음 격언은 유념할 만하다. "총검으로 왕좌를 세울 수는 있어도 그 위에 앉을 수는 없다."[5] 잉에의 명민한 격언은 장기적 공포정치—총검으로 세운 왕좌에 앉기—는 적어도 불안정하며 결국은 유지될 수 없음이 너무나 자명하기 때문에, 가장 잔인한 체제조차 적법성을 추구한다는 뜻으로 이해될 수 있다.

왕실의 신화 작가, 서사시인, 연대기 작가들은 과거의 사건들로부터 통치의 자격을 얻는 정치 체제에 적법성을 제공하기 위해 분주하다. 여기에는 집단적 기억을 통제하려는 권위주의적, 전통적, 신정주의적 체제들의 긴급한 필요와 열렬한 욕망이 있다. 이렇게 함으로써 그들은 적법성의 모든 원천을 독점할 수 있기 때문이다. 따라서 전통주의와 비민주적인 체제

---

5   William Ralph Inge, *Philosophy of Plotinus*, London: Longmans, Green, 1923, Lecture 22 [윌리엄 랄프 잉에, 『플로티누스의 신비철학』, 조규홍 옮김, 누멘, 2011, 마지막(22) 강연].

사이에는 밀접한 관련이 있다.

그러나 '민주적' 체제들(democratic regimes)도 그 적법성을 확보하기 위해 기억을 동원할 필요가 있는가? 민주적 체제는 먼 과거가 아니라 현행 선거제도로부터 적법성을 부여받는 것으로 보인다. 따라서 자유민주주의에서 권력은 과거 지향에서 벗어나 미래 전망에 기초한다. 민주주의에서 과거에 연연하는 것은 엎질러진 우유를 보며 우는 것만큼 비합리적이다. 그러나 전통주의자들은 과거에 쏟은 것이 우유가 아니라 피라고 주장할 것이다. 그들에 따르면 우유보다 훨씬 진한, 너의 공동체가 흘린 피를 보며 우는 것이 윤리 이론이 전념할 일이다.

비민주적 체제와 민주적 체제의 충돌에 관한 이러한 거친 설명은 어느 정도 진실을 포함하긴 하지만, 결코 그것이 전부는 아니다. 예컨대, 입헌 민주주의는 현행 선거뿐만 아니라 과거의 문서들을 통해서도 적법성을 부여받는다. 헌법은 공동체의 공유기억을 구성하는 일부이다. 게다가 민주주의적 정신에 걸맞은 유일한 감정이 희망과 같은 미래지향적 감정이라는 것은 사실이 아니다. 민주주의는 용서나 감사와 같은 회고적 감정을 포함할 수 있고, 또 포함해야 한다. 그 이유는 민주주의 역시 체계적으로 애매한 용어이기 때문이다. 그것은 최소한 폭력 없이 정권을 교체하는 기술을 의미하지만, 성숙한 생활양식을 의미하기도 한다. 그리고 생활양식으로서 민주주의는 시민들 사이에 공유한 헌법, 제도 및 공정한 절차에 대한 충성의 전통을 구축할 필요가 있다.

근래의 역사에서는 강한 권위주의 체제가 약한 민주주의 체제로 이행하려 할 때 민주주의의 두 의미 사이에 긴장이 일어남을 증명하는 경우가 여럿 있다. 폭력 없이 권력을 이양하려는 충동과 법 제도를 통해 과거를 기억함으로써 피고인이 정의의 심판을 받게 하려는 충동 사이의 충돌은 단지 개념적으로가 아니라 실천적으로도 발생한다. 최근의 비민주적인 과거를 딛고서 새롭게 태어나거나 회복된 민주주의를 공정하게 다루는 방법인 '이행기 정의'(transitional justice)는 기억의 윤리에 깊이 연루되어 있다. 공동체들은 기억만큼이나 망각을 촉진하는 결정을 내리고 제도를 세워야 한다. 구 슈타지(Stasi, 구 동독의 비밀경찰)의 개인 파일들의 파기는 망각을 위한 공동 결정의 한 사례이다.

나는 지금까지 우리가 기억의 윤리를 너무 좁게 생각하게 만드는 두 가지 우려스러운 요인을 언급했다. 하나는 기억의 윤리를 종교의 한 분과로 여기는 것와 관계되며, 다른 하나는 기억의 윤리를 전통주의의 한 분과로 여기는 것과 관련이 있다. 그러나 우려스러운 세 번째 요인이 있는데, 나는 그것을 '도덕지상주의'(moralism)라 부른다. 도덕지상주의란 도덕적으로 판단되기 부적합한 것에 대해 일종의 도덕적 판단을 내리려는 기질이다. 재치있는 희극인 일레인 메이(Elaine May)는 조롱하는 말투로 "나는 실제 문제보다 도덕적 문제를 훨씬 더 좋아해요"라고 말했다. 그녀는 모든 것을 도덕적 관점에서 바라보려는 도덕지상주의자들의 따분한 경향을 포착했다.

신념 윤리에 대한 호소, 또는 (도덕적 관점에서 소설의 평가를 포함하는) 소설의 윤리에 대한 호소는 도덕을 잘못 적용한 사례로 보인다. 유사하게, 우리는 도덕적 관점에서 기억을 평가해달라는 간청을 우려해야 한다. 실제로 기억과 기억의 윤리는 신념 윤리의 특수한 경우로 간주될 수 있다. 그 연결은 이렇다. 지금 기억한다는 것은 지금 알고 있는 것 사이에 편입시키는 배움의 과정 없이 과거에 알았던 것을 지금 아는 것이다.[6] 그리

---

6   Norman Malcolm, *Memory and Mind* (Ithaca: Cornell University Press, 1977).

고 안다는 것은 무언가를 참이라고 믿는 것이다. 그러면 기억은 '과거로부터 온 지식'(knowledge from the past)이다. 그것이 반드시 '과거에 관한 지식'(knowledge about the past)은 아니다. 예를 들어, 나는 2008년 올림픽이 베이징에서 열릴 예정임을 기억한다. 나는 그것을 과거에 들었지만 이 행사는 미래에 개최될 예정이다. 확실히, 우리가 우리의 약속을 지키고 우리 자신의 계획에 따라야 할 필요가 있음을 기억하는 것은 이러한 종류의 '전망기억'(prospective memory)이다. 어쨌든, 기억한다는 것은 아는 것이고, 아는 것은 믿는 것이다. 따라서 기억의 윤리라는 것이 존재한다면, 그것은 신념의 윤리의 일부이다―신념 윤리라는 것이 존재한다면 그렇다.

나는 윤리와 도덕에 대한 나의 구별이 도덕지상주의의 팽창주의적 경향을 올바른 방식으로 차단하는 데 도움이 된다고 믿는다. 마음상태, 태도, 기질 및 성격은 우리가 두터운 관계를 형성하는 데 있어 적법한 고려사항이다. 우리의 두터운 관계에 대한 우리의 평가는 당연히 행위에만 국한되지 않는다. 우리의 관계를 두텁게 만드는 다양한 심리적 상태와 기질이 단순한 행위가 아니라는 단순한 이유에서 그렇다.

얇은 관계 역시 존중이나 모욕과 같은 태도와 상당한 연관이 있기는 하지만, 그럼에도 얇은 관계는 태도보다 행위에 훨씬 더 기초한다. 우리는 도덕지상주의에 대한 우리의 정당한 두려움에 맞서 '분할하고 정복하라'(*Divide et impera*)의 전술로 대처할 수 있을 것이다. 주제를 윤리와 도덕으로 분할하고, 도덕에서 윤리로 이행함으로써 도덕지상주의의 팽창주의적 경향을 정복해보자.

3. 각 장의 순서

　내가 서문에서 지적했듯, 이 책의 제1장은 개인의 이름을 기억하는 것뿐만 아니라 과거의 개인을 기억하는 것의 함의를 다룬다. 나이가 들어감에 따라 우리는 이러한 종류의 기억이, 또는 오히려 기억의 결핍이 얼마나 곤란한 일일 수 있는지 잘 알게 된다. 논쟁의 여지가 없는 단 하나의 사실은 이름을 기억하는 것이 기억의 분명한 사례라는 점이다. 이름을 망각하는 것이 매우 성가신 일일 수 있다는 점 역시 명백하다. 그러나 나는 이렇게 묻고 싶다. 개인의 이름에 대한 망각은 어떻게 도덕적이거나 윤리적으로 잘못일 수 있는가? 나는 이름을 기억하지 못한다는 이유로 누군가에게 상처를 주고 거기다 모욕까지 덧입히고 싶지 않지만, 어떤 중요한 의미에서 우리가 마땅히 기억해야 할 이름을 기억하지 못한다면, 이로부터 몇 가지 함의를 끌어내고 싶다. 이것이 나의 출발점이 될 것이다.

　개인적 기억에는 논란의 여지가 없는 경우들이 존재하지만, 집단적 기억 가운데에도 그러한 논란의 여지가 없는 경우도 있다는 주장에 대해서는 이의가 제기될 수 있다. 집단적 기억이라는 개념은 의심스럽게 확장된 은유라고 반박될 수 있을 것이다. 이 회의적 견해에 따르면, 집단적 기억은 이 개념이 적용되거나 적용되지 못하는 명확한 경우들이 없다는 의미에서 모호한 개념이다. 제2장에서 나는 공유기억의 개념과 그 상관 개념, 즉 기억의 공동체의 윤리적이고도 도덕적인 함의를 탐구한다.

　기억이 인식이든 신념이든 간에, 기억에 관한 이 두 가지 '인지적'(cognitive) 개념은 기억의 신학은 물론이고 윤리학과 정치학을 다루는 이들이 우려하는 주제들을 포괄하지 않는다. 그들의 주제들은 기억이라는 제목 아래—'과거에 머물러 있음'(living in the past)과 구별되는 의미에서—

'과거를 되살린다'(reliving the past)고 묘사되는 것을 수집한다. 내가 생각하기에, 과거를 되살린다는 개념은 감정을 기억하는 것, 특히 기억된 사건 그리고 사람과 관련하여 감정을 기억하는 것에 관한 다양한 관념들을 포함한다. 우리가 우리의 기억에서 회복하려고 하는 것은 과거의 분별력뿐만 아니라 감수성이기도 하다. 그 상황에 있는것은 어떠했는가? 또는 그때 그곳에 있던 사람들과 함께 지내는 것은 어떠했는가? 이 물음을 탐구하는 제3장은 처음 두 장의 근본질문, '윤리적으로, 우리가 마땅히 기억해야 하는 것이 있는가?'에 대한 답변을 도출하고자 시도한다. 이 장은 윤리적 평가와 기억의 공동체라는 관념과 관련하여 보다 체계적인 설명을 제공한다.

더 나아가, 제4장은 감정을 기억하는 문제와 감정을 되살린다는 것의 의미를 탐구한다. 우리의 집단적 도덕의식의 지표가 되어야 할 과거의 사건의 감수성을 전달하기 위해서는 집단적 기억의 특별한 행위자가 필요하다. 그러한 행위자는 종교적 증인이나 순교자와 유사하게, 특별한 도덕적 권위를 부여받을 필요가 있다. 제5장은 바로 그러한 특별한 행위자, 즉 도덕적 증인을 다룬다.

기억의 윤리는 기억의 윤리인 동시에 망각의 윤리이기도 하다. '우리가 마땅히 기억해야 하는 것이 있는가?'라는 중요한 물음은 '우리가 마땅히 망각해야 하는 것이 있는가?'라는 물음과 평행을 이룬다. 예를 들면, '용서'하기 위해 우리는 마땅히 망각해야 하는가? 이것이 마지막 제6장의 주제이다.

1장

The Ethics of Memory

집중 돌봄*

1. 이름을 기억하라

하나의 이름에는 무엇이 담겨있는가? 상당히 많은 것이 담겨있다. 혹시 동의하기 어렵더라도 나는 그러한 주장을 펼치려 한다. 나의 사례는 한 사람에 대한 가장 미약한 기억, 즉 그의 이름을 기억하기에 의존한다. 어쩌면 그것은 그의 이름을 망각하지 않을까 두려워하기일 수도 있다. 왜 우리는 그런 것을 염려하는가? 개인의 이름의 기억은 '기억의 윤리를 위한 여지가 존재하는가?'라는 우리의 근본물음을 전개하기 위한 필요조건이다.

헤겔에 따르면, 현대인의 아침기도는 조간신문을 읽는 것이다. 나는 어느 날 기도 중에 일찍 출세한 어느 육군 대령의 문제 많은 경력에 관한 기사를 접했다. 그 기사는 그 대령이 과거 소규모 부대의 지휘관이었을 때 겪

---

* 이 장의 제목은 지금은 작고한 시인 데니스 실크(Dennis Silk)의 표현에서 빌려왔다.

은, 공개적으로 알려진 사건의 인터뷰에 관한 것이었다. 그의 지휘 아래 있던 병사 중 한 명이 아군에 의한 사격으로 사망한 사건이있었다. 인터뷰에서 대령이 그 병사의 이름을 기억하지 못한다는 것이 드러났다. 기억하지 못한 저 지휘관을 향한 대중들의 분노가 빗발쳤다. 이 전사한 병사의 이름은 왜 지휘관의 가슴에 '달군 쇠로 낙인찍힌' 것처럼 남아있지 않았는가?

그 장교가 단순히 무언가를 기억하지 못한다는 이유로 그에게 쏟아진 대중들의 도덕적 격노로 인해 나는 충격을 받았고, 그 장교의—만일 그에게 실제로 그러한 책무가 있다면—기억해야 할 '책무'(obligation)에 대해 생각해보게 되었다. 기억해야 할 책무 일반이라는 더 큰 주제로 건너가기 위한 첫 걸음이 될 이 이야기를 좀 더 검토해보자. 장교가 죽은 병사의 이름을 기억하지 못했다는 것이 실제로 특별한 중요성을 지니는가? 사람들의 이름을, 최소한 특정 상황에서 어떤 이름들만은 기억해야 할 특별한 책무가 존재하는가?

표면적으로 그 병사의 이름을 기억하는지 묻는 것은 바로 그 젊은 병사를 기억하는지 묻는 것의 환유일 뿐이다. 거의 같은 방식으로 조지프 브로드스키(Joseph Brodsky)는 그의 시 "주코프의 죽음에 관하여"(*On the death of Zhukov*)에서 소련의 국방장관 주코프에 대해 묻는다. "그는 부하들을 위해 울었을까? 죽어가면서 그들을 떠올렸을까?"[1]

그 장교는 최소한 그 병사의 이름은 마땅히 기억했어야 할 것 같다. 그 장교가 그 병사에 관한 명확한 서술 몇 개만 떠올릴 수 있었더라면 아마 그는 자신이 이름을 기억 못 해도 그 병사를 기억하고 있음을 마땅히 표현했을 것이다. 그러면 그가 사실상 그 젊은 병사를 기억하고 있음을 보여줄 수

---

[1] Joseph Brodsky, *Collected Poems in English* (New York: Farrar Strauss Giroux, 2000), p. 85.

있었을 것이다. 따라서 표면적으로 그 이름을 기억하는 것은 그 병사를 기억하는 것이지만, 책무가 있다면 그것은 병사를 기억하는 것이지 반드시 그의 이름을 기억해야 하는 것이 아니다. 이 주장은 곧바로 제약되어야 한다. 기억의 내용이 무엇이든 간에 단지 명확한 서술이기만 하면 되는 것은 아니다. 기억의 조건을 충족하는 서술은 그 병사의 좋은 면을, 아니면 적어도 중립적인 면을 해설해야 한다. 그 서술이 어떤 식으로든 모욕적이라면 결코 유효하지 않을 것이다. 이는 다만 상처에 모욕을 더할 뿐이다. "그의 이름은 잊어버렸지만, 나는 그를 잘 기억하고 있습니다. 커다랗고 빨간 코로 콧물을 흘리곤 했죠." 이것은 좋은 대답이 아니다.

부정적 서술을 제외하더라도, 그 장교가 비난받은 까닭은 그저 이름을 기억하지 못해서가 아니라 그 병사를 기억하지 못하기 때문이라는 인상이 우리에게 여전히 남아있다. 나는 그 장교의 경우에 관한 한 이것이 사실이라고 생각한다. 그러나 거듭 말하거니와, 나는 기억에 관한 우리의 견해를 윤리적인 주제로 만드는, 그리고 미리 말하면, 종교적인 주제로 만드는 강력한 그림이 개인의 이름을 기억하는 것과 관련이 있다고 믿는다.

데이비드 에드거(David Edgar)의 연극 『성령강림절』(Pentecost)은 강제수용소로 향하는 아이들의 이야기를 들려준다.[2] 가축 싣는 트럭에 우겨넣어진 아이들은 너무 배고픈 나머지 자기 목에 묶인 판지 이름표를 먹는다. 그 아이들이 죽은 후 그 아이들에 관한 어떤 흔적도, 심지어 그 이름조차 남지 않을 것이 분명하다. 이 연극에서 가장 섬뜩한 것은 그 아이들이 죽음을 향한 길목에 있을 뿐만 아니라 그들이 두 번, 즉 신체도 이름도 모두 죽임을 당하리라는 사실이다. 나는 이러한 이중 살해의 이미지가 일반적으로

---

2   David Edgar, *Pentecost* (London: Nick Hern Books, 1995).

기억에 대한, 특히 개인의 이름의 기억에 대한 우리의 태도의 핵심을 이루며 인간만이 이름으로 자기의 본질을 드러냄을 암시한다고 생각한다.

성경은 이러한 이중 살해 이미지의 풍부한 원천이다. "이름을 지운다"는 성서적 표현은 둘 다 담고 있다. "주님께서는 마침내 그의 이름을 천하에서 지워버릴 것이다"(신명기 29:20)라는 표현은 그 사람의 죽음과 그에 관한 기억의 파괴 모두를 의미한다.[3] 구약에는 영혼불사의 교설은 없지만, 이름의 존속이 죽은 자의 기억을 실어나르는 탁월한 수레로 기능한다는 뚜렷한 관념이 있는 것 같다. 한 사람의 이름을 가장 잘 간직하고 그 이름의 존속을 가장 잘 보증하는 자는 죽은 자의 자식, 더 나아가 그의 '씨'(그의 아들딸, 또 그들의 자손)이다. "그러므로 너는 이제 주님의 이름으로 맹세하여라. 너는 내 자손을 멸절시키지도 않고, 내 이름을 내 아버지의 집안에서 지워버리지도 않겠다고, 내게 맹세하여라"(사무엘상 24:21).

다윗 왕의 반항적인 아들 압살롬은 "자신의 이름을 후대에 남길 아들이 없다고 생각하여"(사무엘하 18:18) 자신의 이름을 새긴 기념비를 세웠다. 성서 히브리어에서 '기억'을 뜻하는 낱말 '제케르'(*Zekher*)와 '남자'를 뜻하는 낱말 '자카르'(*Zakhar*)의 어원적 연관은 불분명하며, '여성/아내'를 뜻하는 낱말 '잇샤'(*Isha*)와 '망각'을 뜻하는 '네쉬아'(*Neshia*)의 어원적 연관은 더욱 불분명하다. 하지만 첫 번째 낱말 쌍에는 음성적 유사성 이상의 강력한 암시적 연관성이 있다.

예루살렘의 홀로코스트 희생자들을 위한 추모 기념관은 '야드 바솀'(*Yad Vashem*)이라는 이름으로 유명하다. 1942년 9월, 세속적 키부츠의 일원 모

---

3 이 책 전체에서 성경 인용은 (내가 적절하다고 판단한) 다양한 번역본을 사용한다—옮긴이 주: 성경인용시, 원문의 영어를 옮긴 후 국문번역본을 참조하여 수정하였다.

데카이 션하비(Mordechai Shenhabi)는 유럽에서 살해된 유대인들을 위해 '야드 바솀'이라는 이름의 추모 기념관 건립을 제안했다. 그가 이 제안을 했을 당시 희생자들 대부분은 아직 살아 있었다. '야드 바솀'이란 이름은 이사야서 56장 5절에서 나왔다. 이 구절은 죽음 후에 그의 이름을 실어나를 자손이 없다는 의미에서 '메마른 나무'와 같은 독실한 환관(혹은 거세된 사람)도 추모될 것을 약속한다. "나의 집, 나의 울타리 안에 그들의 '이름을 기억하는 곳'(yad vashem)을 세우리라. 어떤 아들 딸이 그보다 나은 이름을 남기랴! 나 그들에게 영원히 지워지지 않을 이름을 주리라." 신은 이름의 존속을 궁극적으로 보증하는 존재이므로 그의 도시 예루살렘 안에 기억의 공간을 세워 환관들의 이름을 그 사후에도 존속하게 할 것이다. 여기서 환관은 누군가의 개입 없이는 흔적을 남기지 못할 모든 이를 대표한다. 홀로코스트 희생자들을 위한 기념관을 '야드 바솀'이라고 부름으로써, 유럽의 유대인 희생자는 흔적을 남기지 못한 환관과 같다는 관념, 그리고 이사야서에 언급된 모델에 따라 국가적 차원에서 그들의 이름을 보관하는 곳이 있으리라는 관념이 표현된다.

내가 보기에, 성경에는 한 사람의 이름이 단지 그의 이름을 보존하기 용이한 도구일 뿐 아니라 그의 본질과도 밀접하게 관련되어 있다는 생각이 반영되어 있다. 이름이 존속한다면 본질도 어떻게든 존속한다. 개인의 이름은 가능한 모든 각각의 상황에서 같은 사람을 지시하는 의미론적 고유성을 지닌다. 솔 크립키(Saul Kripke)는 개인의 이름을 '고정 지시어'(rigid designator)라고 부른다.[4] 크립키는 이것을 전문용어로 고안했으나, 그 표현은 『옥스퍼드 영어사전』에도 등재되었다. 고정 지시어는 개인의 본질을 지

---

4   Saul Kripke, *Naming and Necessity* (Cambridge: Harvard University Press, 1980) [솔 크립키, 『이름과 필연』, 정대현·김영주 옮김, 필로소픽, 2014].

시한다. 다시 말해, 그것은 모든 "가능세계"의 특정 개인을 지시한다.

또한 마법적 사고방식에서 개인의 이름은 단지 그의 본질을 표현할 뿐만 아니라 영향을 끼치는 것으로도 여겨진다. 이름의 사용이 해로움이나 유익함을 불러온다는 점에서 이름의 독특한 의미론은 이름을 이용하는 마법의 원인처럼 보인다. 적어도 이 둘, 즉 의미론과 마법은 관련이 있다.

개인의 본질이 개인의 이름으로 지시되고 표현된다는 관념은 이름에 기억의 특별한 역할을 부여한다. 내가 보기에, 이름의 존속을 본질의 존속으로 간주하는 유사-마법적 사유의 이면에는 이중 살해, 즉 신체의 살해와 이름의 살해의 교설이 모두 놓여있다. 따라서 그 이름을 "멸하다"(신명기 7:24), 그 이름을 "멸절시키다"(여호수아 7:7), 그 이름이 "썩게 둔다"(잠언 10:7), 또는 "소멸"(시편 41:13)되게 한다고 위협하는 성경적 은유는 신체와 이름에 대한 이중의 살해를 암시한다.[5]

기억되어야 하는 이름은 역사와 문화에 따라 다를 수 있다. 클리퍼드 기어츠(Clifford Geertz)는 개인적 이름을 독특하게 사용하는 발리 문화를 우리에게 알려준다.[6] 사람들은 저마다 무의미한 음절로 구성된 고유한 이름,

---

5 [옮긴이 주] 저자는 성경의 다음 부분에서 이름에 대한 위협적 묘사를 인용한다. "주님께서 그들의 왕들을 당신들의 손에 넘기실 것이니, 당신들은 그 이름을 하늘 아래에서 없애버려, 아무도 기억하지 못하게 할 것입니다. 당신들은 당신들과 맞설 사람이 하나도 없을 때까지 그들을 다 진멸시킬 것입니다"(신명기 7:24); "여호수아가 아뢰었다. "주 하나님, 우리 백성을 요단 강 서쪽으로 잘 건너게 하시고는, 왜 우리를 아모리 사람의 손에 넘기어 멸망시키려 하십니까?""(여호수아 7:7); "의인은 칭찬을 받으며 기억되지만, 악인은 그 이름마저 기억에서 사라진다"(잠언 10:7). 원문에는 마지막 부분이 시편 41장 15절의 인용구라고 적혀있으나 시편 41장은 13절로 끝나기 때문에 13절의 오기로 보인다.

6 Clifford Geertz, *The Interpretation of Cultures* (New York: Basic Books, 1973), pp. 369-380 [클리퍼드 기어츠, 『문화의 해석』, 문옥표 옮김, 까치, 2009, 431-444쪽].

즉 사적인 이름을 가지고 있어서 이름은 반복 없이 무제한적으로 만들수 있다. 이 이름은 거의 사용되지 않으며, 보통 그의 손윗사람이나 동년배에게만 알려질 뿐 손아래사람에게는 알려지지 않는다. 한 사람이 죽을 때 개인적 이름도 함께 죽는다. 그러나 발리인들은 개인적 이름 외에도 이름과 동일한 의도와 목적을 갖는 지시수단을 가진다. 예컨대 '누구의 아버지'와 같이 '테크노니미'(teknonymy) 호칭으로 부르는 식이다. 이렇게 발리인들은 개인적 이름이 아니라 개인적 이름에 가까운 수단을 통해 한 사람을 기억한다.

호칭이 별명이든, 어떤 한정적 서술이든, 아니면 그런 식의 다른 어떤 장치이든 간에, 그 호칭을 개인적 이름에 가깝게 만드는 것은 그 호칭에 아무 내용이 없다는 사실이다. 물론 몇몇 이름은, 이를테면 '그레이스'(Grace)나 '고어'(Gore)처럼 사전적 의미를 가지며, 성씨의 경우에 이는 더 많이 나타난다. '그린'(Green), '굿'(Good), '골드'(Gold)의 경우를 생각해보라. 내 설명에서 이러한 이름들에 내용이 없다는 말은 언어에서 저 이름들의 의미가 저들에 대한 지시를 한정하지 않음을 의미한다. '영'씨(Mr. Young)는 나이가 들어도 '영'으로 불릴 것이고, '스몰' 부인(Mrs. Small)은 매우 키가 크더라도 여전히 그 이름으로 지시될 수 있다. 어떤 사람의 이름이 '게이'(Gay)라 해도 그는 아마 동성애자가 아닐 것이다. 별명도 마찬가지이다. '땅딸보'(Stumpy)는 어린 시절 키가 작고 통통했으나 지금은 키가 크고 날씬하다 해도, 여전히 이 별명이 그녀를 평생 따라다닐 수 있다. 내용이 없이 지칭된다는 점은 개인적 이름 및 그 동족어를 망각의 심연을 차단하는 마지막 방벽으로 만든다.

잠시 사고 실험을 해보자. 당신의 중대한 업적이 당신이 죽고 난 뒤에도 존속하지만 오직 익명으로 남는 경우와 전설 속 다이달로스(Daedalos)처럼 당신의 이름은 존속하지만 당신의 업적은 아무것도 남지 않는 경우 가운데 어느 쪽을 선호하는지 묻는다면 당신은 어떻게 답하겠는가?

스페인 철학자 미겔 데 우나무노(Miguel de Unamuno)는 자신이 선호하는 쪽이 무엇인지 알고 있었고, 당신의 선택 또한 안다고 믿었다.[7] 그는 당신도 자신처럼 작품의 존속보다 이름을 남기는 쪽을 선택하리라 믿었다. 나는 그가 선호하는 쪽에 동의하지 않으며, 당신이 무엇을 선호하는지 알지 못한다. 하지만 내가 당신의 선호를 알지 못한다는 단순한 사실로도 우나무노의 요점은 충분히 강조된다. 그 불멸성에 실체가 없다 할지라도 이름을 남기고자 하는 욕망은 얼마나 강력한가.

종교가 그토록 위력적으로 표현하는 것이 바로 불멸에 대한 이 강력한 욕망이다. 불멸하는 이름을 향한 바람의 원천은 한갓 허영이 아니다. 단순히 영광을 추구한다는 의미에서 '스스로 명성을 얻으려는' 욕망도 아니다. 도리어 그것은 소멸과 완전한 망각에 대한 공포이다. 기억의 인간적 투사, 즉 '기념'(commemoration)은 기본적으로 불멸의 어떤 형태를 확보하려는 종교적 투사이다.

베네딕트 앤더슨(Benedict Anderson)은 인상적인 질문을 던진다. 왜 우리는 무명의 전사자들을 위해서는 기념비를 세우면서, 무명의 사회민주주의자나 무명의 자유주의자를 위해서는 기념비를 세우지 않는가?[8] 답은 확실히 이러한 이름표로 우리가 기억의 '자연적' 공동체를 찾는 것이 아니라

---

7 Miguel de Unamuno, *Tragic Sense of Life*, trans. J. E. Crawford Flitch (New York: Dover, 1954), p. 55 [미겔 데 우나무노, 『생의 비극적 의미』, 장선영 옮김, 누멘, 2018, 80쪽].

8 Benedict Anderson, *Imagined Communities: Reflections on the Origins and Spread of Nationalism* (London: Verso, 1983) [베네딕트 앤더슨, 『상상된 공동체: 민족주의의 기원과 보급에 대한 고찰』, 서지원 옮김, 도서출판 길, 2018].

는 사실과 관련이 있다. 왜냐하면 그러한 이데올로기들은 어떤 형태로도 불멸의 사업에 관여하지 않기 때문이다. 이 점은 이데올로기의 강점인 동시에 약점이다. 그러나 민족은 종교공동체처럼 불멸성과 관련이 있다. 누가 "영웅적이지 않은 죽음"(지그프리드 사순)을 기억할 것인가의 문제에 더 자주 직면하는 것은 어쩌면 종교적 집단보다 세속적 집단이다.[9] 안나 아흐마토바(Anna Akhmatova)가 적색 테러에 관한 그녀의 위대한 시를 "진혼곡"(Requiem)이라고 부르며 세속적인 것과 종교적인 것의 구분을 모호하게 한 것은 결코 우연이 아니다. 그 시에는 이름을 기억하는 일에 대한 불안이 전부 담겨있다. 그녀는 다음과 같이 쓴다. "이 모든 여인들의 이름을 부르고 싶었으나, 명단을 빼앗겨 찾을 길 없도다."[10] 나는 종교적 주제로서의 기억하기가 기억의 정치학에서 가장 중요하다고 생각하지만, 이것을 윤리학적 주제로서의 기억하기와 구별하려 한다.

2. 기억과 돌봄

에드워드 올비(Edward Albee)의 희곡 『아기에 관한 극』(The Play about a Baby)에서 주인공 중 한 명은 상당히 명랑한 말투로 관객들에게 다음과 같

---

9 [옮긴이 주] 지그프리트 사순(Siegfried Sassoon, 1886-1967)은 유대계 영국 시인으로 제1차 세계대전에 참전하여 부상당한 체험을 바탕으로 전쟁의 비참함과 무의미함을 주제화한 서정시인으로 유명하다.

10 Anna Akhmatova, *Poems of Akhmatova*, trans. Stanley Kunitz with Max Hayward (New York: A Mariner Book, Houghton Company, 1967), p. 99 [지나이다 기뻐우스 편, 『레퀴엠: 혁명기 여성 시인 선집』, 석영중 옮김, 고려대학교 출판부, 2004, 81쪽].

은 서늘한 이야기를 들려준다. 그는 자신의 집에서 열린 파티에서 아주 평범한 이름을 가진 두 젊은 여성과 함께 서 있었다. 화자와 지극히 가까운 사이인 나이 든 여인이 그들에게 다가왔다. 그는 젊은 여성들을 이 나이든 여인에게 소개했으나, 그녀를 이 젊은 여성들에게 소개할 때가 되자 막막해졌다. 아무리 생각해도 그녀의 이름을 기억해낼 수 없었기 때문이다. 두 젊은 여성이 등을 돌리자, 그녀는 그를 꾸짖었다. "아들아, 네 엄마의 이름도 기억 못하는 거니?"

올비의 연극은 허구다. 그러나 만일 내가 온전한 정신상태의 누군가가 잠시 깜박한 것도 아니고, 자신의 어머니와 매우 가까운 사이인데도 갑자기 제 어머니의 이름을 망각한 것을 보았다면, 나는 그가 제정신인지 의심하지 그의 도덕성을 의심하지 않을 것이다. 비트겐슈타인의 구절을 빌리자면, 나는 그와 상당한 거리감을 느낄 것이다. 하지만 올비의 경우와 달리, 작전에서 유일하게 사망한 병사인데도 그 병사의 이름을 기억하지 못하는 장교에게는 기이하거나 광기 어린 면이 전혀 없다. 여기서 중요한 것은 그의 광기가 아니라 '돌봄'(caring)이다. 장교의 망각 이야기의 요점은 우리가 이것을 젊은 병사를 돌보지 않았다는 강력한 표시로 받아들인다는 데 있다.

장교의 망각에 관한 우리의 작은 이야기는 기억의 윤리의 핵심을 이루는 관계의 삼각형을 조명한다. 삼각형의 한 변은 기억과 돌봄을 연결하고, 둘째 변은 돌봄과 윤리를 연결하며, 그런 뒤에야 우리는 기억과 윤리를 연결할 준비가 된다. 이것이 내가 지금 추구하려는 경로이다.

기억과 돌봄은 어떠한 관계에 있는가? 나는 그것이 내적 관계라고 주장한다. 기억은 부분적으로 돌봄 개념을 구성하기 때문에 이 두 개념들 사이의 관계는 성립하지 않을 수 없다. 만일 내가 어떤 사람이나 어떤 것을 돌보는 중에 그 사람 또는 그것을 망각한다면, 이것은 내가 그 사람이나 그것에 대한 돌봄을 중단했음을 뜻한다. 장교가 아직도 그 병사를 돌보고 있으나 그를 기억하지 못한다고 말하는 것은 모순이다. 장교의 사례는 시간이라는 지표에 의존한다. 그가 '지금'(말하자면 신문에서 보고된 인터뷰 시점에) 그 병사를 기억하지 못한다는 사실이 반드시 그가 '그 당시'(그 병사가 죽었던 시점에) 그 병사를 돌보지 않았음을 의미하지는 않는다. 그러나 장교가 지금 그 병사를 기억하지 못한다는 사실은 적어도 그가 그 당시 병사를 돌보지 않았다는 강력한 암시가 아닐까?

이 물음에 답하기 위해 돈 후안(Don Juan)이라는 수수께끼 같은 인물로 화제를 돌려보자. 17세기에 돈 후안의 문학적 이미지를 창조한 극작가 티르소 데 몰리나(Tirso de Molina)는 그를 종교적 이단으로 묘사했다. 돈 후안은 자신이 유혹하고 버린 여성들을 전혀 돌보지 않았고 교회에 반항하기 위해 그들을 이용했을 뿐이다. 다른 한편, E. T. A. 호프만(Ernest Theodor Wilhelm Amadeus Hoffman)의 돈 후안은 이상적인 여성을 깊이 돌보는 낭만적 인물이지만, 현실에서 마주하는 살아있는 여성들을 돌보는 데에는 전혀 관심이 없다. 모차르트가 작곡하고 다 폰테가 대본을 쓴 오페라 『돈 조반니』(Don Giovanni)에 대한 피터 브룩(Peter Brook)의 해석에 따르면, 돈 후안은 자신의 유혹 명단—"일천 명을 넘어 세 명 더"(mille e tre), 이는 단지 스페인에만 해당되는 숫자임에 유념하라—에 적힌 모든 여성 한 사람 한 사람을 정성스럽게 돌보는 남자다. 하지만 그는 오직 유혹하던 '그때'만 그녀들을 돌보며, 나중에는 그녀들을 완전히 망각한다.

자, 『돈 조반니』 속 주인공의 이러한 모습은 심리학적으로 설득력이 있는가? 사랑과 달리 열병은 연대기적 연속성을 요구하지 않으며, 따라서 기억을 포함할 필요가 없는 반면, 돌봄의 한 형태인 사랑은 기억을 포함한다.

그러므로, 돈 후안 자신이 유혹한 여성들을 기억하지 못한다는 점은 그 자신과 여성들의 관계가 사랑이 아니라 열병에 기초함을 강력히 암시한다. 브룩의 해석은 그 자체로 흥미롭지만 내게는 심리학적 설득력이 없어 보인다. 우리가 '지금' 누군가를 기억하고 있다는 것은 지금은 아니더라도 우리가 최소한 그 당시에 그를 돌보고 있었다는 강력한 암시이다. 역으로, 장교가 죽은 병사의 이름을 지금 기억하지 못한다는 것은 그가 그 당시에 그 병사를 크게 돌보지 않았음을 강력히 암시한다.

기억과 돌봄 사이의 관계가 내적이라면, 여기에 포함된 내적 관계는 하나의 복합개념이다. 전형적인 내적 관계는 관계의 두 항에 대해 구성적(본질적, 규정적)이다. 흑과 백 사이에 있는 '더 밝음'의 관계는 흑과 백 양자에 대해 구성적이다. 만일 그 관계가 유지되지 않으면, 백은 백이 아니고 흑은 흑이 아닐 것이다. 이에 반해, 기억과 돌봄의 경우에 돌봄은 기억의 구성적 요소가 아니다.

때때로 우리는 우리가 돌본 적 없는 사람과 사건을 기억한다. 우리는 특히 우리가 싫어한 사람, 즉 돌봄의 어떤 긍정적인 의미에서 우리가 그들을 돌본 적이 없는 사람을 잘 기억한다. 혹은 우리가 전혀 기억하지 못하는 사람을 깊이 돌볼 수도 있다. 누군가 갓난아기 때 자기 어머니와 이별해서 그녀를 전혀 기억하지 못하면서도 그녀를 깊이 돌볼 수도 있다—이를테면, 애써 어머니를 찾으려 하고 간절히 그녀 가까이 있기를 추구할 수 있다.

따라서 기억은 돌봄의 필요조건이 아니고 돌봄도 기억의 필요조건이 아닌 것 같다. 내가 주장하려는 바는 기억의 조건적 의미가 돌봄에 필수적이라는 점이다. 만일 내가 미라(Mira)라는 여성을 돌보는 동시에 기억한다면, 미라에 대한 나의 기억은 내가 그녀를 돌보는 활동에 내재되어 있다. 내가 미라를 계속 돌보면서 그녀를 기억하지 않을 수는 없다.

이것과 다음의 경우를 비교해보자. 지금 내 나이는 내 어머니가 돌아가셨을 무렵의 나이보다 더 많다. 하지만 그녀의 나이와 내 나이는 우연한 사실이다. 그러나 어머니와 내가 둘 다 살아있다면 내가 내 어머니보다 어리다는 것은 내가 그녀의 아들이라는 점에 내재한다.

해리 프랑크퍼트(Harry Frankfurt)는 돌봄과 중요성 사이에 개념적 연관이 성립한다고 여긴다.[11] 동의하기 어렵다. 내 생각에는 아라벨라(Arabella)를 돌보면서도 아라벨라가 내 삶에서 진실로 중요하고 존재 자체로 가치 있다는 의미에서 중요하지 않다거나 별로 중요하지 않다고 말하는 데에는 아무런 모순이 없다. 나는 아라벨라를 돌보지만 아라벨라가 '내게' 별로 중요하지 않다고 말하는 것에도 모순은 없다.

하지만 문제가 남아있다. 내가 어떤 것을 돌보기 때문에 그것이 내게 중요한가? 아니면 그것이 내게 중요하기 때문에 나는 그것을 돌보는가? 프랑크퍼트와 마찬가지로 나는 전자를 택하겠다. 돌봄이 중요함을 부여하는 것이지, 그 역은 아니다. 나는 내가 중요하다고 생각하는 것을 전부 돌보지는 않으며, 내가 돌보는 모든 것이 내게 중요한 것도 아니다. 내가 '반성하는 가운데'(on reflection) 돌보는 것들만이 내게 중요하다. 예를 들어, 반성을 통해 나는 내 생각을 지배하던 것들과 내가 집착하던 감정들을 중요하지 않은 것으로 떨쳐버릴 수 있다. 이렇게 해서 나는 그런 식의 돌봄이 강박적인 집착임을 인지한다. 심지어 반성하는 순간 나는 내가 그런 것들을 '진심으로' 돌본다는 점을 부인할 수도 있다. 이 점에서 우리는 '돌

---

[11] Harry Frankfurt, *The Importance of What We Care About* (Cambridge: Cambridge University Press, 1998), pp. 80–95; Harry Frankfurt, *Necessity, Volition, and Love* (Cambridge: Cambridge University Press, 1999), pp. 155–180.

봄'(caring)과 '염려'(concern)를 서로 구별할 수 있고, '염려'를 반성적 돌봄을 뜻하는 용어로 사용할 수도 있을 것이다. 이런 점에서 돌봄은 우리가 돌보고 있는 것이 우리에게 중요하다는 강력한 징후에 불과하다. 오직 염려만이 우리에게 중요한 것과 단지 징후적으로가 아니라 개념적으로 묶여있다. 하지만 나는 여전히 '돌봄'이라는 용어를 고수하고, 이 말을 '염려'와 같은 뜻으로 사용할 것이다.

존 오스틴(John Austin)처럼 나도 철학을 위해 지금은 폐기된 옛 의미들을 보존하는 법칙이 있어야 한다고 생각한다. 과거에 '돌보다'(care)는 말은 지금은 폐기된 것으로 선언된 의미, 말하자면 '애도하다'(mourn)의 의미로 쓰였다. 애도의 관념을 통해 돌봄이 기억에 연결된다는 함축은 내 주장과 궤를 같이한다. 게다가 '돌봄'은 '염려'보다 훨씬 더 타인에 대한 존중을 암시한다. 두 낱말은 모두 사람과 직접 연관되지 않은 다양한 사물, 그리고 활동과 관련하여 사용될 수 있다. 예를 들어, 어떤 이는 정격 악기로 바흐를 연주하는 것을 엄청나게 돌보고 깊이 염려할지도 모른다. 하지만 나는 '돌봄'이 '염려'보다 사람을 향한 감정에 더 적합한 낱말이라고 생각한다. 그리고 윤리에 관한 논의에서 우리에게 필요한 '돌봄'의 의미는 사람에 대한 돌봄이다. 따라서 나는 '돌봄'이라는 용어를 사용할 것이다.

3. 윤리와 돌봄

그렇다면 기억은 기억과 돌봄 사이의 내적 관계를 통해 도덕으로 융합된다고 할 수 있다. 그리고 돌봄, 특히 돌봄의 결여는 상당히 자연스럽게 도덕에 포함되는 것으로 보인다. 물론 어떤 이들은 돌봄이 도덕의 중심 태도로 간주되어야 한다고 덧붙이기를 주저하지 않을 것이다.

돌봄이 도덕에 속하고 심지어 도덕의 핵심을 이룬다는 주장에 맞서, 나는 우리가 '돌보지 않기' 때문에 우리에게 도덕성이 필요하다는 정반대의 주장을 제안하려 한다. 다시 말해, 우리는 보통 인류 전체의 안녕을 주의깊게 염려하지 않는다. 우리는 보통 우리의 부모님, 아이들, 배우자, 연인, 친구, 그리고 우리가 속해있는 몇몇 중요한 집단 정도만 돌볼 뿐이다. 우리가 모든 사람을 돌본다고는 결코 말할 수 없다. 사람들은 대체로 인류 일반에 거의 항상 무관심하다. 영국의 한 명망가는 어떻게 지내느냐는 질문에 "신경쓰려 하지 않으면서요"라고 답한 적이 있다. 대부분의 사람들은 거의 늘 대다수의 타인들을 신경 쓰지 않으면서 살아간다.

돌봄은 타인을 향한 노력을 요구하는 태도다. 우리 중 몇몇은 선한 성향을 타고난 사람들로, 이들은 우리의 동료 인류 일반에게 확산적으로 상냥한 태도를 보이곤 한다. 하지만 이러한 확대된 선의지만으로는 돌봄이 필요한 타인들이 요구하는 바로 그 필요와 관심에 답하기에 불충분하다. 문제는 우리가 모르는 사람을 좋아하기 힘들다는 점이 아니다. 돌봄은 선호를 필수적으로 요구하지 않는다. 어려운 것은 돌봄이 '주의'(attention)를 함의한다는 점이다. 길리건(Carol Gilligan)이 주장하듯, 여성은 남성보다 자신의 주의력을 더 잘 나누어 쓸 수 있고, 따라서 남성보다 더 타인들을 잘 돌볼 수 있을지도 모른다.[12] 그러나 테레사 수녀조차 모든 사람에게 주의를 기울일 여력은 없었다. 표도르 도스토옙스키(Fyodor Dostoyevsky)가 그랬듯이, 우리는 인류 일반을 돌보지만 개개인을 돌보지는 않는 사람을 의심

12　Carol Gilligan, *In a Different Voice* (Cambridge: Harvard University Press, 1982) [캐럴 길리건, 『침묵에서 말하기로: 심리학이 놓친 여성의 삶과 목소리』, 이경미 옮김, 심심, 2020].

한다. 오직 자신이 타인에 대해 '무엇을 느끼는지'에만 주의할 뿐 타인 자체에 주의를 기울이지 못하는 사람들은 말할 것도 없다. 요컨대 우리는 감상주의자를 의심해야 한다.

우리는 우리의 친구뿐 아니라 적에게도 주의를 기울인다. 그러나 우리는 오직 친구의 안녕만을 염려한다. 타인에 대한 우리의 타고난 무관심을 극복하기 위해 우리에게는 도덕이 필요하다. 분명 악에 맞서기 위해서라기보다 이런 무관심함에 맞서기 위해 우리는 도덕을 필요로 한다. 악은 돌봄만큼이나 희소품이다. 악의 평범성(banality of evil)은 무관심의 평범성(banality of indifference)만큼 흔하지는 않다. 그럼에도 악과 무관심의 결합이 물과 독의 결합만큼 치명적이라는 점은 인정해야 한다. 어떤 의미에서 악의 평범성에 관한 주장은 바로 이 결합을 가리킨다.

도덕을 무관심의 해독제로 보는 나의 입장에는 명백한 난점이 하나 있다. 도덕 그 자체는 낯 모르는 타인에 대한 우리의 무관심의 관성을 극복하기에 충분한 동기가 되지 못한다. 우리의 일반적인 정의감과 인간으로서의 인간에 대한 존중은 우리를 움직이기에 충분해 보이지 않는다. 데이비드 흄(David Hume)이 믿었듯이, 우리를 동기부여 하기 위해서는 동료 인류를 위한 적절한 양의 공감(sympathy)이 필요하다.[13] 나는 이 점에 동의하지만, 공감은 돌봄보다 훨씬 약한 태도다. 공감은 돌봄만큼의 주의력과 밀도를 요구하지 않으며, 단지 선의지에서 유래하여 부유하는 감정일 뿐이다.

돌봄은 무엇을 돌본다는 말인가? 의미 있는 타인의 안녕을 돌본다. 그것은 상대의 결핍과 필요와 관련된다. 보통은 합리적인 수준의 결핍과 필요

---

13 [옮긴이 주] 데이비드 흄, 『인간이란 무엇인가』, 김성숙 옮김, 동서문화사, 2016; 데이비드 흄, 『도덕 원리에 관한 탐구』, 강준호 옮김, 아카넷, 2022.

와 관련되지만, (돌봄의 특별한 형태인) 사랑의 경우에 우리는 사랑하는 사람의 변덕에도 좌우된다. 돌봄은 소속감을 강화할 수도 있다. 우리가 그들의 성취와 무관하게 타인에게 주의를 기울이고 염려할 때 돌봄은 그들에게 안도감을 준다. 돌봄은 일종의 감정일 뿐 아니라 태도이기도 하다. 낙관주의가 태도인 것과 같은 의미에서 그렇다. 그것은 실행방식일 뿐만 아니라 관찰하거나 지각하는 방식이기도 하다. 그것은 사심 없는 태도이다.

'돌봄'(Sorge)이라는 관념을 널리 알린 것은 마르틴 하이데거(Martin Heidegger)이다.[14] 하이데거에게 돌봄은 인간 조건의 기본적인 특색이다. 이것은 시간 속에서 사는 방식이다. 돌봄은 계획함으로 현시된다. 다시 말해 이는 열린 미래를 가졌다고 감각하는 존재만이 염려할 수 있는 방식으로 누군가를 돌보려 함으로 드러난다. 그러나 하이데거의 돌봄 개념은 미래의 본질적 역할을 강조하지만, 나는 과거의 중요성을 강조한다. 우리가 타인을 돌볼 때, 우리는 그가 공통의 과거와 공통의 기억을 공유하는 사람이기를 기대하는 것을 자연스러운 태도로 여긴다.

비록 돌봄이 우리 개인의 자아와 관련해서는 사심 없는 태도라 해도, 그것이 예를 들어 부족주의(tribalism) 혹은 자문화 중심주의(ethnocentrism) 형식의 집단적 자기중심주의(collective egoism)를 피할 수 있는 것은 아니다. 이것은 돌봄을 고귀한 태도에서 끔찍한 태도로 바꿀 수 있다. 우리는 "자기 편의" 사람들을 깊이 돌보고 그들을 위해 진정한 희생을 할 준비가 되어 있지만, 내 부족 밖의 사람들을 완전히 무시하는 인간형을 쉽게 볼 수

---

14 Martin Heidegger, *Being and Time*, trans. John Macquarrie and Edward Robinson (Oxford: Blackwell, 1962), p. 236 [마르틴 하이데거, 『존재와 시간』, 이기상 옮김, 까치, 1998, 260쪽 이하 참조]—옮긴이 주: 『존재와 시간』의 국역본에서 채택한 역어는 돌봄이 아니라 '염려'이다.

집중 돌봄   45

있다. 사심 없는 이상주의(unselfish idealism)는 때로 외부인에 대한 형언할 수 없는 잔인함의 원인이 되기도 한다.

돌봄과 개인의 자율성 사이에 내재하는 긴장관계 때문에 돌봄은 다원주의적 자유주의자들에게서도 문제적일 수 있다. 내 생각에는 자유주의자의 시험은 타인이 큰 실수를 저지를 수 있는 권리를 받아들이는 데 있다. 우리가 기본적으로 무관심했던 사람들의 실수에 대해 관용의 태도를 보이기는 쉽다. 그러나 우리가 돌보는 사람들과 관련해서 그렇게 하기는 어려운 일이다. 아마도 우리의 자녀와 관련해서 가장 어려울 것이다. 그 아이들이 가진 뚜렷한 재능을 낭비하거나, 건강에 대해 무책임하게 행동하거나, 명백히 잘못된 배우자를 선택하는 것을 지켜보는 것은 고통스럽고, 때로는 견딜 수 없는 일이다. 돌봄은 타인의 자율에 대한 존중을 희생시키는 방식으로 작동하기 쉽다. 우리가 그토록 아끼는 사람이 우리가 보기에 명백한 큰 실수를 하지 않도록 막으려 할 때, 돌봄은 정서적 협박이나 적극적 간섭으로 변질될 수 있다. 나는 우리가 덕목들에 관하여 이야기할 때 취하곤 하는 설교조의 말투를 피하기 위해 돌봄의 '대가'에 대해 언급하고 있다. 잔소리란 이런 가격표가 붙어있지 않은 말이다.

돌봄의 또 다른 중요한 특색은 방어적이라는 것이다. 돌봄은 위험과 실패에 대해 지속적인 근심과 우려를 암시하는 태도이다. (다시 우리 자녀들에 대한 돌봄을 떠올려 보라.) 돌봄은 또한 의무와 평가를 동반한다. 예를 들어, 나는 친구나 연인에 대한 배신은 돌봄에 반하는 죄라고 믿는다. 서로 가까운 사람들이 모두 서로를 돌본다고 추정할 수는 없다. 타인에게는 지극히 친절하지만 자신의 아내와 아이들에게 잔인한 부류의 인간을 우리는 모두 본 적이 있다. 우리의 도덕적 책무는 모든 이들에게, 즉 가깝고 친근한 이들만큼이나 멀고 소원한 이들에게도 확장되어야 한다. 하지만 돌봄은 우리의 두터운 관계의 핵심을 이루는 태도이다. 그러한 관계는 단순히 도덕적인 옳고 그름 이상을 요구한다.

특히 버나드 윌리엄스(Bernard Williams)의 선례를 따라, 나도 영어에 두 가지 용어, 즉 '윤리'(ethics) 라는 말과 '도덕'(morality)이라는 말이 따로 있다는 사실을 이용하려 한다.[15] '윤리'라는 낱말은 희랍어에서 왔고, '도덕'이라는 낱말은 라틴어에서 유래한다. 내 용어법에서 '도덕'은 다른 어떤 속성 때문이 아니라 단지 그들이 우리의 동료 인류라는 이유만으로 우리와 관련된 이들에 대한 우리의 행위를 지도해야 한다. 이것이 얕은 관계이다. 반면 '윤리'는 우리의 두터운 관계를 지도한다. 사실 우리가 타인을 벌거벗은 인간으로 언급하는 경우는 거의 없다. 우리는 오히려 그들이 고통과 궁핍함을 겪고 있는 사람임을, 즉 빈자, 병자, 노인, 고아, 과부라고 언급한다. 이러한 인간 고통의 꼬리표는 사람들의 도덕적으로 관련된 측면을 드러내며, 도덕적 응답을 요구한다. 하지만 이러한 지칭들은 자기중심적인 관점에서 정의되지 않는다. 유대율법에 따르면, 내가 자선을 행할 때 '나의' 마을의 빈자가 빈자 일반보다 더 우선해야 한다는 점은 바로 그와 나의 관계에 의해 규정된다.

우리는 두터운 관계 개념을 어떤 사람이 자기의 고유한 자아와 맺는 아주 두터운 관계까지 포함하도록 확장할 수도 있다. 그러한 관계는 좋은 삶으로 이끄는 염려를 포함한다. 이러한 특수한 경우가 윤리 개념을 좋은 삶으로 이끄는 염려로 간주한 윌리엄스와 나의 접점이다. 그러나 기억이 중요한 까닭은 기억이 돌봄과 엮여있다는 점에서 도덕이 아니라 윤리에 우선

---

15 Bernard Williams, *Ethics and the Limits of Philosophy* (Cambridge: Cambridge University Press, 1985), ch. 8-9 [버나드 윌리엄스, 『윤리학과 철학의 한계』, 이민열 옮김, 필로소픽, 2022, 제8-9장 참조].

적으로 속한다는 데 있다.

내가 말하는 것은 두텁고 얇은 관계(thick and thin relations)이지, 두껍고 얇은 서술(thick and thin descriptions)이 아니라는 점에 유의하라. 서술의 측면에서 두꺼움과 얇음은 반드시 그러한 서술의 해석과 관계된다. 두꺼운 서술은 문화에 속박되어있고 역사에 민감한 반면, 얇은 서술은 훨씬 더 맥락에서 독립적이다. "그는 경례를 하고 있다"는 두꺼운 서술을 필요로 한다. 반면 "그가 잠을 자고 있다"는 단지 얇은 서술만으로 충분하다. 높은 계급을 인지하고 그것에 신호(경례)를 보낸다고 간주될 때, 그 행위는 또 다른 내용에 의존해야 하지만, 수면을 인지한다고 간주되는 것은 그렇지 않다. 두터운 관계와 두꺼운 서술, 또 얇은 관계와 얇은 서술 사이에는 상관관계가 있지만, 같은 것은 아니다. 이것이 의미하는바 중 하나는 얇은 관계에 대한 얇은 서술이 두터운 관계에 대한 두꺼운 서술 보다 일반적인 원리로 표현되기 용이하다는 것이다. 이것이 참이라면 도덕은 원리로 표현되는 반면, 윤리는 모범적 사례와의 비교에 의존한다고 예상할 수 있다. 우리는 곧 그러한 유명한 사례인 착한 사마리아인의 예를 마주할 것이다.

길버트 라일(Gilbert Ryle)의 은유에 따르면, 윤리는 좋은 예들을 끝없이 비교한다는 점에서 리트머스 시험이라기보다는 와인 시음과 같은 것으로 드러날 수 있다. 윤리는 내가 '예시하는 철학'(e.g. philosophy)이라고 불러온 것에, 도덕은 '정의하는 철학'(i.e. philosophy)이라고 불러온 것에 적합해 보인다.

윤리와 도덕에 대한 나의 구분을 우리의 주도적 사례, 즉 장교와 전사한 병사의 예에 적용해 보면, 그 장교가 아무런 잘못도 하지 않았을 경우 그는 윤리적 지침은 어겼지만 도덕적 지침을 어기지는 않았다고 말할 수 있다. 그러나 그 장교를 비난하는 우리는 충성으로 맺어진 아주 두터운 관계와 공유된 트라우마적 경험에 기반을 두고 있는 군부대에서 지휘관은 자기 병사들을 도구적으로만 다루어서는 안 되고 마치 형제처럼 돌봐야 한다는 관념을 지지한다. 하지만 다른 사람들은 몰라도 전투중인 장교가 실로 자기 병사들을 도구적이지 않은 의미에서 돌보아야만 하는가는 의문의 여지가 있다. 물론 우리는 좋은 전투 사령관이라면 당연히 자기 병사들의 요구를 충족시키고 그들이 쾌적한 심신을 유지하도록 돌볼 것이라 기대한다. 병사들의 이름을 아는 것은 그러한 목표에 도움이 될 수 있다. 그러나 이 모든 것은 전장에서 최선의 결과를 확보하려는 목표를 위한 수단으로서의 돌봄이다.

지금까지의 장교와 군대의 예가 못마땅하다면, 이번에는 외과의사라는 더 숙련된 전문직종을 생각해보자. 당신은 의사가 환자를 살리기 위해 최선을 다 했음에도 불구하고 자기 수술대 위에서 죽은 환자들의 이름을 전부 다 기억하기를 원하는가? 이러한 고찰을 제안하는 것은 내가 그 장교나 의사를 향한 고발의 '타당성'(validity)이 아니라 '본성'(nature)에 주목한다는 점을 분명히 하기 위해서다. 나는 이러한 고발의 본성이 도덕적이 아니라 윤리적이라고 주장한다.

4. 내 이웃은 누구인가?

만일 도덕의 범위가 인류 전체이자 모든 사람이라면, 윤리의 범위는 어디까지인가?

종교적 윤리에는 가능한 한 가장 넓은 범위(도덕의 범위)와 더 좁은 범위 사이에 긴장이 있는 것 같다. 우리는 이러한 긴장을 유명한 계명 "너의 이웃을 네 몸처럼 사랑하여라"(레위기 19: 18)에 대한 다양한 해석에서 발견할 수 있다. 요나단은 다윗을 "자신의 영혼"처럼 사랑했다. 다윗은 자신을 향한 요나단의 사랑을 여인의 사랑에 비유했다. 이것은 그가 누구인지와 상관없이 대해야 한다는 식으로 우리에게 요구되는 이웃에 대한 태도가 아니다. 이 구절에서의 "사랑"은 내가 말하는 의미에서의 돌봄과 유사해 보인다. 하지만 그러면 우리가 사랑하거나 돌보아야 할 이웃은 누구인가?

해석은 다양할 뿐 아니라 극단적으로 나뉜다. 한 극단의 예로 사해사본(Dead Sea Scrolls)과 관련된 에세네파(Essenes)를 살펴보자. 그들은 "네 이웃"이 해당 분파의 동료 구성원이라고 주해한다. 그 분파의 성경 독해에 따르면, 모든 외부인들은 그 정의상 악하고 에세네인에게는 그들을 증오할 의무가 있다. 따라서 "네 이웃을 사랑하라"는 계명은 세상에 대한 증오를 교육하는 종교적 의식으로 변형된다.

반대편의 극단에 자리한 고대 랍비 벤 아자이(Ben Azzai)[16]는 사랑(돌봄)의 계명을 동료 인류 전체로 확장시켰다.[17] 유대 보편주의적 접근법을 지지한 모제스 멘델스존(Moses Mendelssohn)이나 헤르만 코헨(Hermann Cohen)등이 이러한 "너의 이웃" 해석을 받아들였다는 것은 놀랍지 않다.[18] 하지만 이 구절에 대한 이런 보편주의적 독해는 유대 주석가들의 표준적 해석과 거리가 멀다.

마이모니데스(Maimonides)[19] 못지않은 권위를 가지고 공유되는 "너의 이

---

16 [옮긴이 주] 시므온 벤 아자이(Simon Ben Azzai)는 2세기 초 이스라엘의 야브네에서 활약한 랍비로서 '탄나'(고대 유대 현인) 중 한 사람이다.

17 Sifra K'dushim 2,4 Midrash for Leviticus.

18 Moses Mendelssohn, *Jerusalem*, trans. Allan Arkush (Hanover and London: Brandies University Press, 1983), p. 102.

19 [옮긴이 주] 마이모니데스 (Maimonides, 1135-1204)는 중세 아랍에서 활동한

옷"에 대한 훨씬 더 전형적인 독해는 "너의 이웃"을 오직 동료 유대인에 국한된 것으로 간주한다. 착한 사마리아인에 관한 이 인상적인 일화는 그러한 비(非)보편주의적 해석의 배경을 거스른다(누가복음 10: 25–37).

착한 사마리아인 이야기는 '우리의 이웃은 누구인가?'라는 우리의 질문에 관한 직접적 답변이다. 한 유대인 남성이 예루살렘에서 여리고로 가던 길에 강도에게 공격받아 심각한 부상을 입은 채 길가에 버려졌다. 우연히 어떤 제사장이 그 길을 지나갔고, 그 다음 레위인도 지나갔다. 두 사람 모두 종교적인 의미에서 동료 유대인이었지만, 둘 다 그를 "피해서 갔다." 그 다음 어느 사마리아인이 왔고, 그는 유대인과 적대적인 민족의 일원이었음에도, 성경 구절 그대로 "그를 돌보았다." 이야기 뒤에 예수는 수사학적으로 묻는다. 이 세 사람 중 누가 진정으로 그 부상당한 사람의 이웃이었는가?

여기에서 드러난 생각은 이웃이라는 개념이 부족, 종교, 인종의 경계를 넘나들 수 있을 만큼 충분히 강력하다는 것이다. 착한 사마리아인은 그의 동료를 대면했던 것이다. 상대의 고통을 목격하고서 "그는 동정심을 느꼈다." 신약성서가 성서 히브리어 계명의 해당 낱말 '레아'(Re'a)를 히브리어의 표준적 의미인 친구, 반려인, 동료가 아니라 '이웃'이라고 번역하게 된 이유는 이러한 물리적 근접성(physical proximity)에 있다.

임마누엘 칸트(Immanuel Kant)는 그가 이웃을 "하나의 거주지에서 서로 도움이 필요한 본성 때문에 모여 살아가는" 동료 인간으로 정의할 때, 바로 이 근접성의 개념을 채택한다.[20] 하지만 그러면 의문이 생겨난다. "하나의

대표적인 유대철학자이다.

20 Immanual Kant, *The Metaphysics of Morals*, trans. Mary Gregor (Cambridge: Cambridge University Press, 1991), pt. 2, sec. 30 [임마누엘

거주지"는 실제로 무엇을 의미하는가? 만일 "하나의 거주지"가 '안정적인' 거주지를 의미하여 (여리고로 향하는 길가처럼) 우연히 마주치는 정도의 장소는 제외된다면, 이 거주지에 포함된 사람들 사이의 관계는 보통 얕은 도덕적 관계보다는 훨씬 더 두터운 윤리적 관계에 가까울 것이다. 이는 칸트가 의도한 것이 아니다.

칸트에게는 다른 인간들과 같은 행성에 거주한다는 사실만으로도 이들을 충분히 이웃으로 볼 수 있다. 그래서 여리고로 가는 길에서의 다친 유대인과 착한 사마리아인의 만남은 이들을 이웃으로 만들기에 더욱 충분하다. 사마리아인은 동료 인간을 도울 기회를 얻게 되었다.

흄이 간파했듯, 우리가 누군가에게 공감할 가능성을 높여주는 몇 가지 상황이 있다.[21] 우리 가까운 곳에서 고통받는 사람은 멀리 있는 사람보다 더 많은 돌봄과 연민을 받는다. "우리와 같은" 사람은 우리와 같지 않은 사람들보다 더 공감받기 쉽다. 우리의 동포들은 외국인보다 우리의 공감을 더 많이 자아낸다. 공감은 고통에 대한 반응이지, 성공에 대한 반응이 아니다. 나는 경쟁에서 진 사람에게 공감하지만, 이긴 사람에게는 공감하지 않는다. 일반적으로 이 모든 상황은 함께 나타나며, 신약성서 속 이야기의 역사적 배경에서는 더욱 그렇다. 즉 가까이에 사는 것, 친족인 것, 유사하고 친숙한 사람인 것은 모두 완벽한 돌봄은 아니라 해도 최소 상호 간의 공감

칸트, 「덕론의 형이상학적 기초원리」, 『도덕형이상학』, 이충진 · 김수배 옮김, 한길사, 2018, §30, 354쪽(VI 453)].

[21] David Hume, *A Treatise of the Human Nature* (Oxford: Clarendon Press), p. 581 [데이비드 흄, 『인간이란 무엇인가』, 김성숙 옮김, 동서문화사, 2009, 627쪽]; 또한 Edward Royzman and Rahul Kumar, "On the relative preponderance of empathic sorrow and its relation to commonsense morality," *New Ideas in Psychology* 19 (2001), pp. 31–144 참조.

을 얻을 기회를 증대하는 것과 관련된 특성들이다. 착한 사마리아인 이야기의 묘미는, 이러한 특성들이 견지됨에도 불구하고 고통에 반응한 유일한 사람이자 진정한 이웃은 그러한 특성을 가지지 않았음을 보여준 데 있다.[22]

이 이야기에 관한 나의 독해에서 동료 유대인인 레위인은 다친 유대인의 이웃이었지만 자신의 윤리적 의무를 저버렸다. 반면 사마리아인은 그의 이웃이 아니었고, 그래서 그에게 어떠한 윤리적 의무도 없었다. 하지만 그는 도덕적 의무에 응답했다. 낯선 사람임에도 동료 인간에게 도움과 원조를 제공했다는 점에서 어쩌면 그는 도덕적 의무 이상의 것을 행했다. 따라서 나의 해석은 제사장과 레위인을 윤리적 관점으로 평가해야 하고, 자기 이웃을 배반했다는 점에서 그들의 부족함을 지적해야 한다는 것이다. 반면 착한 사마리아인은 도덕적 관점에서 평가되어야 하고, 동료 인간을 도왔다는 점에서 그의 탁월함이 발견되어야 한다.

칸트의 독해에서 "너의 이웃을 네 몸처럼 사랑하라"는 상대가 그들의 사랑을 받을만한 존재인지 아닌지를 떠나, 모든 사람이 서로에 대해 갖는 의무이다. 따라서 내 용어법에 따르면, 칸트는 이러한 성서적 준칙을 도덕적 준칙으로 해석한다. 그러나 내 논의에서 사랑, 즉 돌봄은 상대가 우리의 사랑을 받을 만한 존재일 때에만 우리가 타인을 향해 보일 수 있는 두터운 관계이다. "우리의 사랑을 받을 만하다"는 말은 그가 사랑스러운 특성을 가진다는 뜻이 아니라, 그가 그냥 우연히 마주친 존재가 아니라 우리와 역사적 관계를 맺고 있는 존재라는 뜻이다.

---

22 Peter Winch, *Trying to Make Sense* (Oxford: Blackwell, 1987).

5. 체계적 애매성

'내 이웃은 누구인가?' 라는 질문의 답은 '이웃'이라는 단어의 의미에 달려있다. '돌봄', '인격', '개인'과 마찬가지로 이웃이라는 단어는, 길버트 라일의 언어로 말하자면 체계적으로 애매하다. 이러한 애매성은 이러한 용어들이 윤리와 도덕, 즉 두터운 관계와 얕은 관계라는 이중영역을 점유한다는 점에서 유래한다. 도덕의 맥락에서 '이웃'은 단순한 동료 인간을 의미한다. 하지만 윤리의 맥락에서 이웃은 유의미하고 적극적인 개인적 관계의 역사를, 혹은 내 삶에서 한번도 마주친 적 없었을지라도 내가 속한 동료 유대인의 공동체와 같이 어떤 상상된 공동체를 통해 매개될 수 있는 역사를 우리와 공유하는 사람이다.

윤리의 범위는 우리의 두터운 관계들을 통해 결정되고, 그러한 두터운 관계들은 또 우리의 은유적 이웃이 누구인지 결정한다. 하지만 이때 어려운 질문이 제기된다. 무엇이 두터운 관계인가? 우리가 가지곤 하는 실제적 관계인가? 아니면 우리가 가진다거나 가지고 있어야 한다고 상정하는 관계인가? 후자의 관계라면 가장 넓은 범위에서는 전 인류를 포괄하는가? 그렇다면 도덕은 윤리로 변한다.

나는 다음 장에서 이 난제를 다룰 것이다. 다음 장에서 나는 (모든 관계를 두텁게 만듦으로써) 도덕을 윤리로 바꾸는 "기독교적" 기획을 도덕과 윤리의 분리를 유지하려는 "유대교적" 기획과 비교한다. 그리고 가깝고 친근한 사람이든 멀고 소원한 사람이든 간에 우리와 타인들의 관계를 똑같이 오직 도덕이라는 얕은 관계에 기초하게 하려는 제3의 가능성도 존재한다. 그러나 고대 스토아학파를 제외하고는 그 누구도 이러한 입장을 옹호하지 않았다.

하지만 칸트의 영향으로, 다수의 철학자는 도덕이 적절하게 이해되면 두터운 관계 역시 얕은 관계처럼 잘 다룰 수 있을 것이라고 믿는다는 점에서 도덕과 윤리의 구분을 부정할 것이다. 이러한 입장은 당연히 진지하게 논의할 가치가 있지만, 여기서 다루지는 않을 것이다. 다만 한 가지를 짧게 언급하자면, 칸트적 입장과 내 입장 사이의 쟁점은 '도덕'이라는 낱말에 대한 무의미한 트집잡기로 악화되기 쉽다. 칸트적 입장에서 두터운 관계를 얕은 관계와 크게 다른 것으로 다루면서도, 여전히 둘 다 도덕적 관계라고 주장한다면 그럴 수 있다.

돌봄 역시 도덕의 맥락에서는 얕고 임시적인 개념이지만, 그럼에도 착한 사마리아인 이야기가 보여주는 것처럼 돌봄을 수행할 때는 지나친 요구가 수반될 수 있다. 그렇지만 착한 사마리아인은 여관 주인에게 다친 사람을 돌봐달라고 돈을 지불한 뒤 여관을 떠날 수 있게 되고, 그렇게 그가 다친 유대인과 우연히 맺었던 관계는 이는 '인격'(person)이라는 용어도 마찬가지다. 도덕의 맥락에서 인격은 단순한 인간, 즉 도덕의 주체를 의미한다. 그러나 윤리이론에서 '인격' 또는 '개인'(individual)은 개개인의 성취의 정도를 함의하는 용어이지, 도덕이론에서와 같이 보편적 가정의 용어가 아니다. 윤리적 맥락에서 인격은 '개성'(personality)을 지닌 누군가이고, 그 개성은 기억으로 구성된다. 내 설명에서 기억은 인격적 정체성의 기준이 아닌데, 이는 '인격'의 개념이 얕은 관계로 간주되기 때문이다. 도리어 기억은 '개성'적 정체성의 핵심이다. 인간학적 의미에서 개성적 정체성은 윤리이론에 필수적이고, 형이상학적 의미에서 인격적 정체성은 도덕이론에 필수적이다.

기억과 추모라는 개념을 사용할 때도 도덕과 윤리 사이에서와 동일한 체계적 애매성이 생겨나는가? 윤리의 맥락뿐 아니라 도덕의 맥락에서도 기억해야 할 최소한의 책무 같은 것이 있는가? 결과적으로 다친 사람은 생명을 구해준 이방인, 즉 착한 사마리아인에게 감사해야 할 도덕적 책무가 있는 것으로 보인다. 자신에게 베푼 착한 사마리아인의 자선과 돌봄을 기억조차 하지 않는다면, 그가 어떻게 생명의 은인에게 경의를 표할 수 있겠는가?

게다가 만약 할 수만 있다면, 피해자는 자신에게 일어난 일의 기억을 가해자들, 즉 강도뿐만 아니라 자기를 염려하는 척도 하지 않고 지나친 제사장과 레위인에게도 부과할 도덕적 자격이 있지 않은가? 나아가 한국의 "위안부" 여성들은 2차 세계 대전 동안 일본군에 의해 자행된 끔찍한 폭력에 관한 자신들의 기억을 일본인들에게 부과할 도덕적 자격이 있지 않은가? 유대인들은 자기 말살의 기억을 독일인 가해자는 물론이고 알고서도 아무런 도움을 주지 않았던 이들에게도 부과할 도덕적 자격이 있지 않은가? 이 물음들은 제2장에서 제출되는 집단적 기억의 맥락에서 다루어질 것이다.

2장

The Ethics of Memory

지속되는 과거

1. 공유기억

우리가 마땅히 기억해야 하는 일화가 있는가? 우리가 잊어야 마땅한 일화가 있는가? '우리'를 집단 또는 공동체적인 우리로 이해해보자. 그러면 이 두 질문은 집단적 기억의 윤리에 관한 질문이 된다.

기억의 개념은 의지나 신념의 개념처럼 주로 개인에게 적용된다. 이는 이 개념이 집단과 관련되어 사용되기보다 개인적 의미에 해석적 우선성이 부여되었다는 뜻이다. 우리가 "민족은 해방의 날을 기억한다"는 명제의 의미를 한 어린이에게 설명해야 한다면, 자신의 친구를 위해 어떤 것을 기억한다는 것이 무엇을 의미하는지 그 어린이에게 먼저 물은 다음, 이 질문에 대한 그의 이해에 비추어서 저 명제를 설명해야 한다. 그러나 우리는 민족을 위해 기억한다는 것이 무엇인지에 대한 이해를 앞서 전제하고서, 이를 이용하여 자신의 친구를 위해 기억한다는 것이 무엇인지를 어린이에게 설명할 수는 없다. 의미의 설명 순서는 해석적 우선성을 반영한다. 그렇다고 해서 우리가 개인을 더 잘 이해하기 위해 집단적 모델을 사용해서는 안 된다는 뜻은 아니다. 플라톤은 바로 이 작업을 수행했다. 개인이 '소문자'로 쓰는 것을 도시국가는 '대문자'로 쓴다고 여김으로써, 플라톤은 개별 영혼의 구조를 설명하기 위해 국가를 이용한다.

정신적 어휘가 한 번 사용되면 우리는 끊임없이 해석학적 순환에 사로잡히게 된다. 우리는 개인적 심리학에 호소함으로써 집단적 심리학을 이해하고, 또한 역순으로도 이루어진다. '민족은 전몰장병을 기억한다'는 문장을 보자. 문제는 그것이 은유인지 아닌지에 있지 않다. 다시 말해 적어도 '기억'의 확장된 의미 여부에 달려 있지 않다. 문제는 그것이 기만적이지 않은 은유인가 아닌가에 있다. 기만적 은유는 1차 영역인 개인적 심리학의 영역에서 나온 것과 유사하지 않은 특징들이, 참된 유사한 특징들과 더불어 집단 심리학이라는 2차 영역으로 전달됨으로써 생겨난다. 그렇게 유사하다고 전달되었으나 유사하지 않은 특징들은 집단 심리학에 관한 거짓된 설명을 제공한다. 말할 필요도 없이 기만적이지 않은 은유는 이런 식으로 우리를 속이지 않는 은유이다.

예를 들어, 집단적 의지는 기만적 은유이다. 그것은 개인의 의지의 중요한 특징, 즉 중심을 가진다는 특징을 집단의 영역으로 옮긴다. 사회에는 자아처럼 중심에 해당하는 것이 없고, 따라서 집단적 의지는 초점이 없다.[1] 덧붙이고 싶은 것은 만일 집단에 한 사람의 '지도자'(*Führer*), 또는 집단적 의지의 구현자이자 의지 통일의 유일한 보증자로서 요청된 다른 지도적 개

---

[1] Jon Elster, *Solomonic Judgments: Studies in the Limitations of Rationality* (Cambridge: Cambridge University press, 1989), ch. 4; Jon Elster, *Ulysses Unbound* (Cambridge: Cambridge University Press, 2000), ch. 2, p. 12.

인이 주어진다면, 이러한 기만적 은유는 정치적으로 위험한 은유로 변모할 수도 있다는 점이다.

확실히, 모든 거짓 그림(또는 기만적 은유)이 위험한 것은 아니다. 예를 들어, 어떤 사람들은 무언가를 기억하려 할 때 걷는 속도를 늦추고 무언가를 잊으려 할 때 속도를 높이는 경향이 있는데, 이것은 전혀 해롭지 않다. 그들은 속도를 늦추면 자신이 기억하려고 하는 사건에 더 근접하고, 속도를 높이면 그 사건에서 멀어진다고 생각하는 것 같다. 이것은 주사위 게임을 하는 도박사가 낮은 숫자를 얻고 싶을 때는 손안의 주사위를 천천히 흔들며 부드럽게 던지지만, 높은 숫자를 얻고 싶을 때는 힘차게 흔들어 격하게 던지려고 하는 마법적 사고와 상당히 비슷하다. 그러나 이러한 그림들은 지도자의 원칙처럼 섬뜩하기보다는 훨씬 유쾌하다.

이 지점에서 나는 '공유기억'(shared memory)과 '공통기억'(common memory)의 구별을 도입하고 싶다. 나는 이 구별이 장점을 지닌다고 생각한다. 1989년 12월 루마니아의 부쿠레슈티(Bucharest) 광장에서 독재자 니콜라에 차우셰스쿠(Nicolae Ceausescu)를 야유하던 사람들이 집회를 열었는데, 이것은 결국 차우셰스쿠를 몰락으로 이끈 봉기의 시작이었다. 실제 역사와 다르지만, 잔혹한 비밀경찰, 이른바 악명 높은 '세쿠리타테'(Securitate)의 도움으로 차우셰스쿠가 회복하여 권력을 되찾았다고 가정해보자. 당시 루마니아 공포 정치의 성격을 고려할 때, 광장에서의 집회에 대해 누가 감히 큰 소리로, 아니 속삭일 용기라도 있었겠는가? 그 사건에 참여했거나 아니면 그것을 텔레비전으로 지켜보았던 루마니아의 모든 사람은 그 인상적인 장면을 기억할 것이다. 그런 경우 광장에서 야유했던 기억은 '공통의' 기억이 되겠지만, 결코 '공유된' 기억은 아니다.

그렇다면, 공통기억은 집합 개념이다. 그것은 각자가 개별적으로 겪었던 어떤 일화를 기억하는 사람들의 기억을 전부 합산한 것이다. 만일 주어진 사회 안에서 그 일화를 기억하는 사람들의 비율이 특정 임계값(말하자면, 거의 대부분, 압도적 다수, 70% 이상 등)을 넘어선다면 우리는 그 일화의 기억을 공통기억이라고 부른다. 물론 모든 것은 당면한 사회에 따라 달라질 수 있다.

다른 한편, '공유' 기억은 개인적 기억들의 단순 집합이 아니다. 그것은 소통을 요구한다. 공유기억은 일화를 기억하는 사람들의 서로 다른 관점들을, 예를 들어 광장에 있었던 사람들이 저마다 자신의 입장에서 획득한 단편적인 경험들을 하나로 통합하고 보정한다. 당시 그곳에 있지 않았던 공동체의 다른 구성원들은 직접적인 경험을 통해서라기보다, 다양한 경로로 서술된 내용을 통해 광장에 있었던 사람들의 경험에 연결될 수 있을 것이다. 공유기억은 기억 노동의 분업(a division of mnemonic labor)에 기초한다.

우리는 특정 역사적 사실들을 배우게 된 경로를 종종 의식하지 못하듯이 타인들과 기억을 공유하게 되는 경로도 보통 의식하지 못한다. 그러나 우리가 그러한 경로를 실제로 의식하게 되는 극적인 경우들이 있다. 심리학자들이 이러한 '섬광기억'(flashbulb memories) 때문에 당혹해하는 것은 당연하다.[2] 예를 들어, 뉴욕 사람 대부분은 세계 무역 센터가 공격받았다는 소식을 들었을 때 자신이 어디에 있었고 그 소식을 어떻게 전해 들었는지 아주 생생히 기억한다. 물론 그들 모두가 그들의 삶에서 확실히 중대한 사

---

2 Eugene Winogrod and Ulric Neisser, eds., *Affect and Accuracy in Recall: Studies of "Flashbulb" Memories* (Cambridge: Cambridge University Press, 1992); 또한 Martin Conway, *Flashbulb Memories* (East Sussex: Lawrence Erlbaum, 1995)를 보라.

건인 그 공격 자체를 기억한다는 사실에 당혹스러운 점은 전혀 없다. 당혹스러운 것은 아주 많은 사람들이 공격에 수반된 사소한 정보들을, 이를테면 그 공격에 대해 누가 그들에게 말해 주었는지, 그때 그들이 정확히 무엇을 하고 있었는지 등을 기억한다는 점이다. 문제는 보통은 기억에서 사라지는 그러한 세부사항들이 왜 그토록 생생하게 떠올려지는가이다.

일반적인 설명은 사건이 극적일 때 우리는 이야기를 더 자주 되풀이하는 경향이 있기 때문에 이러한 세부사항을 잘 기억한다는 것이다. 그러나 나는 섬광기억 현상을 공유기억과 묶어주는 설명을, 아니 설명이라기보다 나 자신의 사변을 덧붙이고 싶다. 극화된 사건과 관련하여, 우리는 우리를 공유기억에 접속시키는 경로를 의식한다. 우리에게 이러한 사건의 중요성은 우리가 일어난 일과 개인적으로 연결되어 있다는 점에 의존하며, 따라서 우리는 일어난 일에 대한 기억뿐만 아니라 말하자면 그 일에 대한 우리의 참여 역시 공유한다. 미국의 흑인들이 마틴 루터 킹 목사의 암살에 대해 백인들보다 훨씬 강한 섬광기억을 지닌 반면, 백인들은 존 케네디 대통령의 암살에 대해 더 강한 섬광기억을 지닌다는 사실은 놀랍지 않다.[3] 설령 섬광기억이 전반적으로 신뢰할만한 것이 아니라고 밝혀지더라도, 그 사실은 우리가 공유하는 사건이 우리에게 대단히 중요한 사건일 때, 우리가 그 사건과 관계하게 되는 경로를 보고하는 일을 (그 보고가 거짓일 때조차) 우리 스스로 중요하게 여긴다는 점은 손상되지 않을 것이다.

케네디와 킹의 암살에 대한 백인들과 흑인들의 섬광기억의 경우, 이 두 사건은 두 공동체에서 상이한 의미를 지닌 것 같다. 따라서 두 집단의 사람들의 섬광기억은 강도와 어쩌면 정확도에서도 차이를 보일 것이다. 섬

---

[3] R. Brown and J. Kulick, "Flashbulb Memories," *Cognition* 5 (1997), pp. 73–99.

광 현상은 반드시 하나의 기억의 공동체에 국한되는 것이 아니다. 전 세계의 많은 사람들이 케네디 암살에 대한 섬광기억을 상당 기간 간직했다. 그러나 당시 세계의 많은 사람들은 미국 대통령의 역할이 미국인의 기억에만 국한되기에는 너무도 중요하다고 느꼈다. 확실히 베를린의 많은 사람들은 자신들이 케네디에게 정서적으로 크게 기대고 있어서 강렬한 감정을 느꼈다. 하지만, 모든 것이 지나고 나면, 나는 독일인들이 우리 같은 외부인들보다 베를린 장벽의 붕괴에 대해 훨씬 더 강한 섬광기억을 가질 것이라고 믿는다.

나는 공통기억과 달리, 공유기억이 이른바 노동 분업에 의존함을 이미 언급했다. 실제 노동의 정교한 분업을 특징으로 갖는 현대 사회에서는 기억 노동의 분업 역시 정교하다. 전통사회에는 사람들로부터 그들의 성직자, 이야기꾼, 또는 주술사로 이어지는 직접적인 경로가 존재한다. 그러나 현대 사회에서 공유기억은 기록보관소 같은 기관들을 통해, 그리고 기념비와 거리 이름 같은 공동의 기억 장치를 통해 사람과 사람 사이를 오간다. 이러한 기억 장치들 중 일부는 제 기능을 못 하기로 유명하다. 기념비는 눈에 잘 띄는 곳에 있더라도, 시간이 지남에 따라 "보이지 않게"(invisible) 되거나 판독하기 어렵게 된다. 기억 장치로서 좋든 나쁘든, 이 복잡한 공동 기관들은 상당한 정도로 우리의 공유 기억을 책임지고 있다.

공유기억의 분업에서 보통의 평범한 사람들은 과거사에 대해 흐릿한 생각만 가질지도 모른다. 내가 프라하에서 만난 한 청년은 전쟁 중에 리디체(Lidice)에서 어떤 끔찍하고 사악한 일이 일어났다는 것을 막연하게 알고 있었으나, 그것이 어떤 전쟁이며 정확히 무슨 일이 있었는지는 제대로 기억하지 못했다. 거기서 일어났던 것은 프라하의 나치 총독 라인하르트 하이드리히가 체코 지하투사들에 의해 암살당한 뒤, 이에 대한 보복으로 나치가 리디체의 남성 주민들을 학살한 일이었다. 이 청년은 누락된 정보를 채울 수 있는 공유 기억의 연결망에 접속되어 있다. 하지만 그가 거의 같은 시기에 프랑스의 오라두르 쉬르 글란(Oradour-sur-Glane)이나 네덜란드의 푸텐(Putten)에서 일어났던 보복학살들에 대한 세부사항들을 채울 수 있는 연결망에 접속될 가망은 물론 낮다.

2. 공유기억의 의지주의

한 가지 중요한 의미에서 개인적 기억은 비자발적이다. 내가 끌어온 구별은 수의근(隨意筋, voluntary muscle)과 불수의근(不隨意筋, involuntary muscle)의 구별과 유사하다. 수의근은 요구한 대로 직접 움직일 수 있다. (여기서 우리는 요구에 반응할 수 있고, 그렇게 하도록 적절히 동기부여될 수 있는 피조물에 대해 말하고 있다.) 어떤 의미에서 나는 달리기 시작함으로써 내 심장 근육이 움직이게 할 수 있다. 그러나 이것은 근육 운동의 간접적인 방법이다. 다양한 근육을 움직이는 능력 면에서 사람들에게는 어느 정도 차이가 있다. 파티에서 어떤 사람들은 자신의 귀를 씰룩거리는 것과 같이, 우리 중 대부분이 마음대로 움직일 수 없는 근육을 움직여서 우리를 웃게 만들곤 한다. 그러나 보통 사람들의 경우 대체로 심장 근육은 비자발적이며 손 근육은 자발적이다.

기억, 즉 개인적 기억은 심장 근육처럼 비자발적인가, 아니면 손 근육처럼 자발적인가? "잊어버리라"는 말만으로 망각이 제대로 보장되지 않는다는 것은 분명하다. 도리어 더 기억하기 쉽다. 유사하게, 기억하라는 말로, 그리고 기억을 떠올리도록 적절히 유도된다고 해서 우리가 그렇게 할 수 있다는 보장은 없다. 우리는 요구된 대로 기억할 수 없다. 물론 우리는 기억하기 위해 도움이 되는 간접적인 방법을 이용할 수도 있다. 이를테면 우리가 한 일을 재구성하면 우리가 잃어버린 열쇠를 둔 곳으로 인도되리라는 희망을 품고서, 우리는 마지막에 열쇠를 어디서 사용했고 그 후에 어디에 갔는지 떠올리려고 한다. 그러나 그러한 기억 발견 장치는 기억하기 위한 간접적인 방법이지 요구대로 기억하기의 실례가 아니다.

이 모든 것과 윤리 또는 도덕의 연관은 직접적인 것으로 보인다. 기억이 우리의 통제 아래 있지 않다면, 우리가 기억한다고 해서 도덕적으로나 윤리적으로 칭찬받을 수 없고, 기억하지 못한다고 해서 그렇게 비난받을 수 없다. 철학적 상투어구 가운데 '당위는 능력을 함축한다'(*Ought* implies *Can*)는 말이 있지만, 우리가 마음대로 할 수 없는 것을 하도록 책무지우는 일은 아무 의미도 없다. 결국, 기억하기와 망각하기는 도덕적 내지 윤리적 계명과 평가를 위해 적절한 주제가 아닐지도 모른다.

존 로크(John Locke)는 바로 이 강력한 논증을 신념에 적용하여 종교적 관용을 옹호했다.[4] 그는 이단자들은 자신들이 믿는 것을 믿을 수밖에 없기 때문에, 이러한 신념을 소유해서가 아니라 이 신념에 따라 '행위'한 것에 대해서만 비난받을 수 있다고 주장했다. 실제로 신념, 기억, 그리고 사랑의 비자발성에 관한 논증은 마음의 상태를 도덕적 판단의 영역에서 제거하려는 시도와 도덕과 윤리를 행위에 국한하려는 시도에서 중대한 역할을 했다. 기억과 망각이 우리의 통제 아래에 있는것이 아니라면, '기억에 관한 윤리나 도덕이 존재하는가?'라는 우리의 본래 질문의 답은 분명 '아니오'일 수밖에 없다.

---

4 [옮긴이 주] 존 로크, 『관용에 관한 편지』, 공진성 옮김, 책세상, 2021.

하지만 나는 우리가 요구된 대로 어떤 것을 할 수 있다는 요건이 우리 자신이 통제력을 지니고 있다는 것의 기준이 된다면, 이는 불합리하게 높은 기준이라고 생각한다. 약속을 지키는 경우를 생각해보자. 그것은 도덕적 판단을 적용한 모범적 사례이다. 그런데 우리가 어떤 약속을 지키기 위해서는 그 약속을 기억해야 한다. 약속의 망각은 약속을 지키지 못한 것에 대한 정당화가 아니라 기껏해야 변명에 지나지 않는다. 우리에게는 약속을 지키는 일이 요구되는 만큼 우리의 약속을 기억해야 한다는 것이 함께 요구된다.

그러나 설령 우리가 당신은 기억과 망각에 대해 통제권이 없으며, 따라서 기억과 망각에 대해 도덕적으로 책임이 없다는 주장을 허용하더라도, '공유' 기억의 경우라면, 문제는 달라진다. 약간의 우회로를 경유하여 설명해보자. 대부분의 경우 우리는 전적으로 혼란을 일으키지 않고서는 '모든 사람이 그 일을 할 수 있는 한에서만 그것을 행하라'는 칸트적 보편화를 수행할 수 없다. 나는 모든 사람이 항상 아픈 이를 돌보아야 한다면 그 밖의 모든 일이 등한시될 것이고 어떤 작업도 수행되지 않으리라는 점을 알기 때문에, 아픈 이를 돌보기로 결정할 수 없다. 다른 한편, 바로 이러한 점을 고려해서 누구도 아픈 이를 돌보지 않는다면 아픈 이의 상황은 악화될 것이다. 그러한 경우 우리는 노동 분업을 고려한다.[5] 우리는 누군가가 아픈 이를 돌볼 수 있어야 한다고 여기며 집단으로서의 책임을 가진다. 그러나 그 일을 할 사람들이 충분하다면 개개인이 전부 그것을 수행해야 할 의무는 없다.

이제 공유기억에 대한 책임은 기억의 공동체의 모든 사람들 각자가 그

---

5   Edna Ullmann—Margalit, "The Generalization Argument: Where Does the Obligation Lie?" *Journal of Philosophy* 73 (1976), pp. 511–522.

기억이 유지되도록 관리해야 한다는 데 있다. 그러나 모든 것을 기억하는 것이 개별 구성원의 의무는 아니다. 기억이 생생히 유지되는지 확인해야 하는 책임은 어쩌면 공동체의 개별 구성원에게 최소한의 기억을 요구할 수도 있지만, 그 이상을 요구할 수는 없다.

3. 기억의 기억

공유기억에 관한 우리의 개념은 기억 노동의 분업이라는 관념에 기초한다. 이제까지 그것은 주어진 특정 시간 내에 발생하는 분업, 즉 노동의 공시적 분업을 의미했다. 그러나 기억 노동의 분업이라는 관념은 통시적으로도 확장될 수 있다. 특정 기억 공동체의 일원으로서 나는 이전 세대 사람들의 기억과 관계한다. 그들은 다시 그들보다 앞선 세대 사람들의 기억과 관계하며, 이는 우리가 해당 사건을 최초로 기억하는 세대에 닿을 때까지 거슬러 올라갈 수 있다. 이 이행의 계열은 실제 사건에 대한 최초의 기억으로 끝난다. 다시 말해 그것이 사실이라면, 일화에 대한 첫 번째 세대의 기억은 그 일화의 사건이 실제 일어났음을 의미한다.

물론 개인적 기억은 개인적 지식처럼 일종의 성취이다. 만일 고양이가 매트 위에서 박쥐를 먹고 있었다는 나의 기억이 사실이라면, 마찬가지로 고양이가 매트 위에서 박쥐를 먹고 있었다는 나의 지식이 참이라면, 그러면 고양이가 매트 위에서 박쥐를 먹고 있었다는 명제는 참이다. 반면, 고양이가 매트 위에서 박쥐를 먹고 있었다는 나의 순전한 믿음만으로는 고양이가 매트 위에서 박쥐를 먹고 있었다는 결론이 도출되지 않는다.

하지만, '기억'의 개인적 사용은 방금 설명된 의미에서 '인식'에 가깝지만,

'기억'의 집단적 사용은 '인식'보다 '믿음'에 가깝다. 성경 속 이집트로부터의 탈출(출애굽)에 관한 유대인들의 공유기억을 생각해보라. 우리에게 그러한 공유기억이 있다는 것이 사실이라 하더라도, 이로부터 저 극화된 사건이 실제로 일어난 적 있다는 귀결에 이르지는 못한다. 살아있는 누군가의 경험을 넘어선 역사적 사건의 공유 기억은 기억의 기억이며, 통시적인 노동 분업을 통해 실제 사건으로 끝나는 기억일 필요는 없다. 이러한 종류의 기억은 반드시 과거에 일어난 사건뿐 아니라 과거에 일어났다고 상정된 사건에 대한 기억까지 포괄한다.

마지막 진술문은 명료화될 필요가 있다. 어리석은 사람을 가리켜 '반편이'(half-wit)라고 말하는 것은 그의 재치가 두 편으로 나뉜다는 뜻이 아니다. 마찬가지로 아놀드 슈왈츠제네거를 '지적 난쟁이'라고 부르는 것은 그가 지적인 동시에 난쟁이라는 뜻이 아니다. '반편이'나 '지적 난쟁이' 같은 표현은 깨뜨릴 수 없는 합성어이다. 그 용어들은 의미가 변화되지 않고서는 구성요소로 나눌 수 없다. 이제 나는 "이집트로부터의 탈출에 대한 집단기억"(the collective-memory-of-the-Exodus-from-Egypt)이라는 표현을 그러한 합성어로 취한다. 이는 우리가 공유기억의 전승을 통해, 우리가 기억하는 것과 같은 이집트로부터의 탈출이라는 역사 속의 사건이 있었다는 점을 '출애굽'이라는 용어로부터 추론할 수 없음을 의미한다. 공유기억은 사건이 아니라 사건에 대한 이야기로 역사 속으로 되돌아온다.

공유기억의 공동체에 속한다고 해서 사건-기억이 실제 사건의 기억이라는 관념을 반드시 포기해야 하는 것은 아니다. 이집트로부터의 탈출에 관한 기억이 실제 역사적 사건의 기억이라 해도, 그것은 사건에 대한 '닫힌 기억'(a closed memory)이다. 이 사건으로 이어지는 기억의 유일한 끈은 공동체의 전통에 의해 정식 기억 노선으로 공인된 기억뿐이다. 원래의 사건에 대한 다른 역사적 노선들은 그것들이 전통적 기억의 형태를 확인해주는 한에서 용인될 수 있으며 심지어 환영받을 수도 있다. 그러나 그것들이 공유기억의 전통적 노선과 모순되거나 상충한다면 금지된다.

'역사', 즉 비판적 역사는 닫힌 기억에 의존하길 꺼린다는 점에서, 즉 과거 사건을 현재의 역사적 서술과 연결하는 대안적 노선의 추구에 전념한다는 점에서 공유기억과 다르다. 역사를 서술할 때, 어떤 사람은 기억에 관계되는 사건을 확보하기 위해 존재론적으로 개입한다. 그러나 전통적인 공유기억의 경우 사정이 다르다. 어떤 주어진 전통에서 근본주의자가 된다는 것은 저 전통의 사건-기억이 실제 과거 사건의 기억이라고 믿는 것과 같다. 반면, 전통주의자가 된다는 것은 저 전통의 사건-기억의 진실성에 대한 판단을 유보하는 것과 같다. 전통주의자에게 기억 자체는 대단히 중요하지만, 그 진실성은 덜 중요하다.

나는 예고 없이 '전통'이라는 관념을 공유기억의 관념에 이미 도입했다. 전통은 공유기억의 한 형식으로서, 과거의 형태를 전승하는 기억의 노선은 대안적 역사적 노선에 기초한 도전의 영향을 받지 않을 정도로 신성화되거나 공인되거나 심지어 정전화된다. 내가 염두에 두고 있는 모범적인 공유기억은 일화에 대한 기억(the memory of an episode)이다. 그러나 공유기억은 '이어받은 것'(legacy), 즉 태도와 원리 같은 추상적인 것들에 대한 기억으로, 또는 건물이나 기념물과 같은 구체적인 대상으로 이루어진 '유산'(heritage)으로 표현될 수 있다.

공유기억은 '향수'(nostalgia)의 표현일 수도 있다. 향수가 공동의 기억의 중요한 요소라는 말부터 해야겠다. 그러나 그것은 사람들이 흔히 생각하듯 그렇게 무결한 특성을 지닌 것은 아니다. 과거의 '키치적'(kitsch) 재현 경향은 향수와 밀접하게 연관되어 있다. 그렇다면 악취미의 표현을 제외한다면 키치는 어째서 나쁜가? 다시 말해, 키치, 특히 향수를 자아내는 키치가 도덕적으로 잘못된 것은 무엇 때문인가?

향수의 본질적 요소는 감상성(sentimentality)이다. 그리고 특정 상황에서 감상성이 문제적인 까닭은 그것이 도덕적 결과를 초래하는 특수한 방식으로 현실을 왜곡하기 때문이다. 향수는 과거를 이상화함으로써 왜곡한다. 과거의 사람들, 사건들, 그리고 대상들은 순수하게 무결함을 부여받은 것으로 제시된다. 향수어린 과거에 대한 공격은 우는 아이, 미소짓는 거지, 우울한 광대, 잠든 아기, 그리고 슬픈 갈색 눈을 가진 개 등과 같은 전형적인 키치적 대상들을 공격하는 것과 같다. 향수는 과거를 향한 다정함을 실어나를 수 있지만, 과거의 공유기억이 키치적일 때 위협적인 감정을 동반할 수도 있다.

나의 비판은 감상성에 엄격히 국한된다. 이는 결코 과거에 관한 감정이나 과거 안의 감정을 향한 비판이 아니다. 물론, 집단적 기억은 단지 과거에 대한 분별력뿐만 아니라 감수성의 유지와도 상당한 연관이 있다. 여기서 나는 감수성을 기억된 사건과 감정을 결속시키는 체계적인 방식이라고 정의한다. 그 사건에 참여하거나 그 사건을 지켜보는 일은 어떤 느낌이었을까? 뉴욕의 쌍둥이 빌딩이 무너졌을 당시 그 자리에 있었던 경우는 말할 것도 없고 그 광경을 목격한 데서 오는 놀라움과 공포는 붕괴에 관한 기억의 핵심이지, 단지 부차적인 것이 아니다.

감수성은 제도화된 기관보다 명료하게 표현할 수 있는 시인의 고조된 언어로 더 잘 전달되며, 이와 마찬가지로 (또는 그에 못지않게) "거기" 실제 있었던 부모의 명료한 표현이 아니라 몸짓 같은 형식으로도 자기 아들딸에게 비교적 잘 전달된다. 과거와 연관된 정서와 감수성에 관한 이 주제는 이 책의 제4장과 제5장에서 다루어진다.

4. 집단적 기억과 신화

기억은 보통 역사와 대조된다. 그 대조는 상식과 학문의 대조와 다소 비슷하다. 과학이 체계적이고 비판적인 상식으로 간주되는 것처럼, 역사도 체계적이고 비판적인 집단적 기억으로 간주된다. 그러나 집단적 기억은 상식보다는 관습적 지혜에 더 가깝다. 전체적으로, 이러한 유비는 집단적 기억을 공유기억의 한 형식으로 정당화한다.

현대의 공유기억은 양 극점, 즉 역사와 신화의 밀고 당김 사이에 위치한다. 나는 '신화'라는 말을 과거에 관한 순전히 그릇된 믿음, 즉 상징적 의미가 부여되고 강력한 감정으로 가득 찬 믿음이라는 뜻으로 쓰지 않는다. 마찬가지로 '역사'라는 말을 과거를 차갑고 비판적으로 다루는 믿음, 즉 과거에 관한 순전히 개연적인 믿음의 의미로 쓰지 않는다. 역사와 신화 사이에 기억을 위치시킴으로써 나는 기억이 진리 추구와 '고귀한' 거짓말 사이에서 찢겨 있다는 점을 의도하는 것이 아니다.

공유기억은 두 세계관 사이에 찢겨 있다. 하나는 그 순수한 형식상 과학으로 현시되지만, 다른 하나는 신화에 의해 드러난다. 대조적인 특징은 세계를 마법적 공간으로 봄(신화)과 세계를 탈마법화된 공간으로 봄(비판적 역사) 사이의 베버적 대조이다.[6]

마법적 세계관의 구현으로서 신화는 경이로운 동물들, 자연과 역사에 대한 초자연적 개입들, 영웅들과 신들, 그리고 신이 되는 길목에 있는 영웅들로 가득하다. 거기서는 모든 것이 문자 그대로 매혹적이다. 대조적으로, 역

---

6   Max Weber, *The Protestant Ethic and the Spirit of Capitalism*, trans. Talcott Parsons (London: Allen & Unwin, 1930) [막스 베버, 『프로테스탄티즘의 윤리와 자본주의 정신』, 김덕영 옮김, 도서출판 길, 2010].

사의 존재론은 은유적 의미에서 '실제 삶보다 더 위대한' 영웅들과 은유적 의미에서 매혹적인 사람들, 또는 심지어 두 세계에 속하길 갈망하는 카리스마적인 인물들을 포함할 수도 있다. 그러나 두 세계관은 서로 다른 존재론, 서로 다른 설명, 서로 다른 원인과 결과의 개념에 헌신한다.

이 두 세계의 대조는 사람들이 과거가 아니라 현재의 삶의 중요성을 처음 의식하게 된 근대에 일어난 일종의 형태전환(Gestalt switch)[7]으로 간주된다. 마법적 세계의 주문의 효력은 사라졌다고 여겨진다. 하지만 우리가 알고 있는 오늘날의 세계에서도, 두 세계관은 나란히 공존한다. 물론 어떤 사람들은 이 두 세계관을 하나의 동일한 영혼 안에 간직하면서 전환을 통해 둘 사이를 오간다.

신화와 역사, 그리고 그 사이의 기억과 같은 방대하고 막연한 개념들을 계속 언급하는 것은 상당히 무모한 시도이다. 내가 제안하고 싶은 것은 훨씬 더 온건한 방식이다. 나는 역사, 신화, 그리고 기억이라는 이 세 가지 기획을 관통하면서 단지 하나의 요소, 즉 "생명을 불어넣기"(bringing to life)라는 요소만을 비교하길 원한다.

5. 생명을 불어넣기

『우상숭배』(*Idolatry*)에서 모셰 할베르탈(Moshe Halbertal)과 나는 '살아 있는 신화(living myth)'라는 표현의 네 가지 의미를 분석하고 이러한 의미

---

7 [옮긴이 주] '형태전환' 내지 '게슈탈트 전환'(Gestalt switch)은 동일한 대상을 시선이나 해석관점에 따라 판이하게 인지하는 현상을 가리킨다.

들이 상당 부분 중첩된다는 점을 다루었다.[8] 어떤 의미에서 신화는 공동체의 구성원들이 그 신화를 문자 그대로의 진실이라고 믿을 때 살아있다. 이를테면 초자연적인 존재들과 상호작용하는 사람들 등을 마치 명백한 역사적 서사처럼 믿을 때 그렇다. 또 다른 의미로 한 공동체가 신화적 이야기에 깊이 영향받았다면, 설령 그것이 "고귀한 거짓말"로 지각되더라도 그때 신화는 살아있다. 여기서 '깊이 영향받았다'는 것은 공동체의 구성원들이 그 신화에 비추어 스스로의 삶을 기꺼이 형성하려 함을 의미한다. 오이디푸스 이야기는 분명히 그리스인들에게 이러한 영향을 미쳤다. 살아있는 신화의 세 번째 의미는 그것이 근본적으로 생생하고 활기차며 에너지로 가득 차 있고 그 상상과 이미지가 선명하다는 것이다.

만일 신화가 사건과 영웅을 소생케 하는 의식(儀式)에서 어떤 역할을 한다면 그 신화는 살아있다. 이것이 살아있는 신화의 네 번째 의미이고, 내가 여기에서 관심을 가진 주제이다. 아도니스(Adonis), 타무즈(Tammuz), 디오니소스(Dionysus)와 같이 죽는 신들에 관한 신화들은 그러한 서술에 부합하며, 이런 경우라면 예수 역시 해당된다. 앞서 말했듯이, 죽은 신들뿐만 아니라 사건 역시 소생할 수 있다. 예를 들어 유월절 '축제'(seder)에 대한 카발라(Kabbalah)의 독해에 따르면, 이 의식은 '이집트로부터의 탈출'(출애굽)이라는 사건을 기념할 뿐 아니라 소생케 하기 위한 것이다. 소생(revivification)은 부활(resurrection)이 아니다. 다시 말해 소생은 형상 면에서가 아니라 본질 면에서 죽은 자에게 생명을 불어넣는다. 그러면 살아있는 신화는 과거로부터 온 소생의 요소들과 연결된 신성한 이야기이다. 세계가 신비할 수 있다는 가능성을 인정하는 세계관에서, 세계는 여전히 과

---

8   Moshe Halbertal and Avishai Margalit, *Idolatry*, trans. Naomi Goldblum (Cambridge: Harvard University Press, 1991), ch. 3.

학적 존재론에 부합하지 않는 피조물 및 사건들을 마주칠 가능성이 팽배한 마법에 빠진 곳이다.

역사와 마법이라는 양 극단의 세계관이 경쟁하는 하나의 세계 안에서 역사의 극단은 "과거에 생명을 불어넣는" 생생하고 역동적인 서술을 포함할 수도 있다. 하지만 이러한 의미에서 생명을 불어넣는 것은 서술의 속성일 뿐 실재의 속성이 아니다. 비판적 역사의 탈마법화된 세계에 역진적 인과성은 없다. 우리는 과거에 영향을 끼칠 수 없다. 즉 우리는 과거를 무효화할 수도 없고, 과거를 부활하게 하거나 소생케 할 수도 없다. 오직 과거에 대한 '서술들'만 변할 수 있고, 개선될 수 있고, 역동적일 수 있다. 과거의 서술과 달리, 과거 자체는 형상과 본질 양자 모두에서 돌이킬 수 없다.

역사가 기억과 대조될 때, 기억은 활기차고 생생하며 살아있는 것으로 여겨지지만, 역사는 흔히 차갑고 때로는 생기없는 것으로 간주된다. 이러한 대조가 의미하는 바는 공동체가 공유한 과거에 관한 이야기들이 일반적으로 비판적 역사보다 더 생생하며, 더 구체적이며, 살아있는 경험들과 연결되기 용이하다는 것이다. 이러한 주장에는 주목할만한 점이 전혀 없으며, 우리가 할 일은 오직 그 주장이 참인지 확인하는 것이다. 그러나 나는 공동체 형성을 위한 접착제로서의 공유기억이 신화를 통한 소생에 포함된 것과 같은 의미, 즉 살아있는 기억의 훨씬 더 야심 찬 의미를 포함한다고 믿는다. 나는 전통사회를 말하고 있는 것이 아니다. 전통사회에서는 공유기억과 집단의 신성한 이야기 혹은 신화의 개념이 서로 어우러져 있다. 나는 마법적인 세계관에서 탈마법화된 세계관으로의 형태전환을 겪은 것으로 추정되는 기억의 공동체들에 관해 말하고 있다. 특히 나는 세속적 근대 민족 국가를 염두에 두고 있다.

신화적 영웅들을 소생케 하는 의식에 대해서는 이미 언급했다. 이 영웅들은 필멸의 세계와 불멸의 세계 양편 모두에 속하는 사이 존재들이다. 위인에 대한 시민적 숭배, 예컨대 프랑스의 팡테옹(Pantheon) 같은 기관에 봉안되거나 (예를 들어 제3공화국의) 교과서에 기록되는 방식의 숭배는 불멸의 숭배로 만들어진 것이라고 나는 생각한다. 그 주된 의도는 소수의 선택된 유명한 사람들의 이름을 드높이고, 그렇게 반사된 영광을 통해 그 공동체의 보통 사람들 역시 빛나게 하려는 것이다. 위인에 대한 시민적 숭배는 의식의 절차를 따른다는 점에서 여전히 기념적 성격을 지닌다.

1차 세계대전 이후 강조되었던 전사자 숭배에서, 전장에 대한 공유기억과 그에 부속된 의례는 강력한 소생의 요소들을 담고 있다. 이 의례들은 종교적 의례를 본딴 것이다. 1차 세계대전에 대한 공유기억의 건축가 중 한 사람인 월터 플렉스(Walter Plex)는 "크리스마스 밤, 죽은 이들은 사람의 목소리로 말을 한다"고 썼다.[9] 소생은 전우들의 역할을 이어가게 된 살아있는 자라는 형식을 취한다. 존 맥크래(John McCrae)의 시 "플랑드르 들판에서"(In Flanders Fields)의 마지막 연에 포착된 것처럼 말이다.

> 우리들의 싸움 이어 주시게,
> 힘이 빠져가는 내 손으로 그대 향해 던지는
> 이 횃불, 그대 붙잡고 높이 들게나.
> 전사한 우리와의 신의를 그대 저 버린다면
> 우리는 영영 잠들지 못하리, 비록 양귀비 꽃 자란다 하여도

---

9 George Mosse, *Fallen Soldiers: Reshaping the Memory of the World Wars* (New York: Oxford University Press, 1990), p. 75 [조지 L. 모스, 『전사자 숭배—국가라는 종교의 희생제물』, 오윤성 옮김, 문학동네, 2015, 91쪽]; George Mosse, *The Crisis of German Ideology: Intellectual Origins of the Third Reich* (New York: Grosset & Dunlap, 1964).

플랑드르 들판에.[10]

이것은 한갓 동일시가 아니라 진정한 정체성에 따른 활동으로 이해된다.

우리는 전사자 숭배를 이루는 두 가지 움직임을 구분할 수 있다. 하나는 은유적으로 말하자면, 삶과 죽음이라는 상반된 범주를 융합할 수 있는 에너지의 고양상태를 창출하는 것이다. 그 상태에서 죽은 자들은 해방전쟁에 능동적으로 계속 참여한다. 두 번째는 기념과 소생이라는 두 범주를 융합하고 뒤섞어서 전쟁이 끝난 뒤 가속장치를 식히려는 움직임이다. 성공적인 기념에서 소생되는 것은 기억이지만, 소생을 믿는 사람들은 그 형상 면에서가 아니라 본질 면에서 죽은 자에게 생명이 불어넣어진다는 관념을 가진다.

집단적 기억에 의한 소생의 힘, 아니 그 힘의 환상은 얼마나 강력한가? 나는 대단히 강력하리라고 생각한다. 이는 기억의 공동체가 살아있는 사람과의 실재하는 두터운 관계일 뿐만 아니라 죽은 자들과의 두터운 관계에도 기반을 둔 공동체임을 선명하게 보여준다. 삶과 죽음의 문제를 다루는 기억의 공동체에서는 단지 의사소통에만 바탕을 둔 공동체보다 소생에 근접하는 기념의 요소가 더 강력하게 작동한다. 기억의 공동체는 기억을 통한 생존이라는 문제에 관여하는 공동체이다.

6. 기억의 공동체들

기억의 자연적 공동체에는 가족, 씨족, 부족, 종교 공동체, 민족이 있다.

---

10 [옮긴이 주] 양승갑, 『영시가 영화를 만났을 때』, 전남대학교 출판부, 2012, 136-137쪽에서 재인용.

우리가 '자연적'(natural)이라는 말을 자연종으로 이해한다면, 공유기억과 관련해서는 물론이고 기억의 공동체의 자연적 후보 집단들과 관련해서도 자연적인 것은 전혀 존재하지 않는다. 이것들은 모두 오늘날의 용어로 말하자면 사회적 구성물이다. 하지만 사회적 구성물과 자연종을 대조하면서, 자연종은 본질적으로 불변하는 것으로 고정되지만 사회적 구성물은 가변적이라는 관념과 연결한다면 이는 잘못된 대조이다. 무엇보다도 네덜란드어나 불량행위와 같은 사회적 구성물을 바꾸는 것에 비해, 오리나 수선화와 같은 자연종들의 유전적 구성의 조작이 훨씬 쉽다. 자연종의 변화 결과는 새로운 자연종이다. 이것은 심오한 형이상학적 논점이다. 그러나 인류학적 관점에서 우리는 바뀐 그 자연종을 옛 자연종과 다름없이 대할 것이다. 더 중요한 것은 인류학적 관점에서 사회적 습관과 제도들은 전체적으로 자연종의 본질보다 변화의 압박에 대해 더 큰 회복력을 지닌다는 점이다.

나는 기억의 공동체의 자연적 후보들을 이야기하며, 그들만이 남겨졌을 때 보통은 자발적으로 때로는 조작의 도움을 받아 기억의 공동체가 되기 쉬운 집단들을 언급했다. 이를테면 1929년에 스탈린의 명령으로 "청산된" 부농 계급, 이른바 '쿨라크'[11]는 기억의 공동체를 구성하지 않았다고 알려져 있다. 제정 러시아의 차르 정권[12]은 1905년 혁명에 대응하며 이 부농 계급을 의도적으로 만들어냈다. 이는 그들을 중형 농장의 소유주로 만들어 농민들 중 가장 충성스러운 계급을 창조하기 위한 조치였다. 공통된 경제적

---

11 [옮긴이 주] '쿨라크'(Kulak)는 20세기 초 제정 러시아 시기 정부의 스톨리핀 농업 개혁에 의해 체제의 지주(支柱)로서 육성된 농촌의 부농 계급이다.

12 [옮긴이 주] 차르 정권은 황제인 '차르'(Czar)를 중심으로 한 제정 러시아의 전제적 정치체제로서 1917년 혁명에 의해 붕괴되었다.

관심을 가진 계급의 창조가 공유기억을 가진 계급의 창조보다 더 쉽다.

이러한 문제를 배경으로, 누가 살해된 쿨라크들을 기억할 것이며, 기억해야 하는가? 나는 두 개의 추가적 질문을 제기하고자 한다. 첫째, 왜 인류 전체가 쿨라크를 기억할 수는 없는가? 다시 말해 왜 인류는 기억의 공동체가 될 수 없고, 왜 돌봄의 두터운 관계에 기반한 윤리 공동체를 형성하지 못하는가? 둘째, 내 용어법에 따라 인류를 도덕 공동체로 간주하더라도, 왜 인류는 쿨라크를 기억해야 한다고 여기지 않는가? 이 인류라는 도덕 공동체는 이를테면 굴라크 볼셰비키 교정 노동 수용소, 쿨라크, 마이다네크(Majdanek)와 트레블링카(Treblinka) 수용소, 히로시마 폭격와 난징 대학살을 인류의 도덕의 역사에서 경고의 표지로 조금이라도 기억해야 하지 않는가?

나는 이 첫 번째 질문을 두 종교적 기획의 전망을 통해 검토할 것이다. 더 나은 이름을 찾지 못했기 때문에, 나는 이것을 '기독교적 기획'과 '유대교적 기획'이라고 부르겠다. 기독교적 기획은 우리의 역사 속에서 사랑을 기반으로 한 윤리 공동체를 구축하려는 노력이다. 이상적으로 이 공동체는 모든 인류를 포괄해야 하며, 인류를 위한 궁극적인 희생인 십자가의 기억에 기초해야 한다. 십자가로 인도하는 기억은 (천주교인에게는) 소생의 성찬 행위나 (개신교인에게는) 기념을 통해 생명이 불어 넣어진다. 하지만 두 경우 모두 약간의 은총만 더해지면 인류가 사랑의 윤리 공동체를 구축할 수 있고, 또 구축해야 한다는 이념을 포함한다.

유대교적 기획은 적어도 우리의 역사 속에서는 윤리와 도덕의 두 층위를 유지하고, 보편적 윤리 공동체의 이념을 구세주 도래 이후로 연기한다. 유대인은 스스로 자기돌봄의 윤리 공동체를 구축할 책무가 있다. 그 책무의 원동력은 자신들의 선조를 이집트의 "노예의 집"에서 구출한 신에 대한 감사이다. 유대인 공동체에서 기억이 수행하는 결정적인 역할은 이러한 감사의 빚을 지속적으로 상기하는 일이다. 유대인의 시각에서 윤리와 구분되는 도덕은 상이한 원천에 근거한다. 전 인류가 신에게 진 감사의 빚은 인류가 신의 형상을 따라 창조되었다는 데서 기인한다. (흥미로운 점은, 코란에서 불신자를 나타내기 위해 쓰이는 '카피르'(*kafir*)라는 용어는 본래 감사할 줄 모른다는 의미로 사용되었다는 것이다. 이러한 용례는 코란에서도 찾아볼 수 있다.)

이 두 기획은 하나의 공통점을 가진다. 두 기획은 모두 반드시 기억해야 할 감사의 빚에 따른 책무에 기초한다. 우리가 감사히 여겨야 하는 기억은 창조, 십자가에 못박힌 희생, 출애굽과 같은 긍정적인 기억들이다. 이것들은 인류를 향한 신의 선물에 관한 기억이거나, 이집트 탈출의 경우는 유대인에게 준 선물에 관한 기억이다. 반면 도덕 공동체로서의 인류의 경우 기억의 후보들은 부정적인 것, 대개 끔찍한 잔혹 행위들이다. 그러한 기억들은 감사를 불러일으키지 않는다. 대신 복수욕에 불을 붙인다.

내 생각에 우리의 윤리적 관계의 중심에 있는 것은 감사함이 아니라 돌봄이다. 우리는 윤리와 도덕이라는 두 가지 상이한 방식으로 서로에게 의무를 빚지고 있다. 도덕에서는 인간 존중을, 윤리에서는 돌봄과 충성을 서로 빚지고 있는 것이다. 따라서 나의 설명에 따르면, 토마스 스캔론(Thomas Scanlon)의 "우리가 서로에게 빚지고 있다"는 정식은 도덕과 윤리를 하나로 묶어주지 못한다. 이 정식 아래에서 우리는 두 가지의 상이한 의무를 가지기 때문이다.[13] 이러한 깊은 감사의 관념, 특히 배신의 배은망덕

---

13 Thomas Scanlon, *What We Owe to Each Other* (Cambridge: Harvard University Press, 1998) [토마스 스캔론, 『우리가 서로에게 지는 의무』, 강명신 옮김, 도서출판 한울, 2008].

에 대한 공포는 신을 향한 감사에 기반한 윤리와 도덕에 대한 종교적 설명에서 우리가 획득한 것이다.

그렇다 해도 어쨌든 형제와 타인 사이에는 두 종교적 기획 이외의 다른 가능한 기획들의 여지가 있다. 그것이 도덕적이든 윤리적이든 간에, 종교적 기획에는 기억을 위한 공간이 불충분하다. 러시아의 주요한 무정부주의자 표트르 크로포트킨(Peter Kropotkin)의 기획은 일단 국가의 부패한 권력이 제거되고 우리의 본능적 형제애가 자리 잡으면 모든 타인들을 형제로 전환한다.[14] 줄리아 크리스테바(Julia Kristeva)의 기획은 두터운 관계란 존재하지 않는다는 의미에서 모든 형제를 타인으로 바꾼다.[15] 앞의 두 종교적 기획과 달리, 이 두 세속적 기획은 서로 같은 전제를 공유할 때조차 서로 구별된다. 이들이 공유하는 전제는 과거에 대해 어떤 감사함도 느껴서는 안 되며 기억의 공동체를 위한 자리는 없다는 것이다.

크로포트킨은 공유기억이 아니라 상호부조라는 본능적 감각을 통해 미래 공동체를 결속시킨다. 그는 반인륜적 범죄를 기억하는 것이 가지는 도덕적 힘을 부정할 것이다. 그의 이상적 공동체의 형성 조건은 모든 반인륜적 범죄의 종식이기 때문이다. 타자성에 대한 크리스테바의 축복 속에서 우리는 고정된 정체성과 안정된 사회 대신 우리의 의지에 따라 변화하는 가면들의 축제를 즐긴다. 공유기억의 관념이 어떤 종류의 것이든 간에, 여기서는 적극적으로 유해하다. 그것은 민족, 종교 혹은 당신이 가진 그 무엇이든 간에 정체성을 고정하는 억압도구일 뿐이다.

---

14   Peter Kropotkin, *Mutual Aid: A Factor of Evolution* (London: Heineman, 1992) [표트르 A. 크로포트킨, 『만물은 서로 돕는다―크로포트킨의 상호부조론』, 김영범 옮김, 르네상스, 2005].

15   Julia Kristeva, *Strangers to Ourselves* (New York: Columbia University Press, 1991).

7. 하나의 보편적 윤리 공동체

하나의 보편적 윤리 공동체를 수립하는 기획과 관련하여 두 개의 질문이 제기된다. (1)그것은 실현 가능한가? (2)그것은 바람직한가?

대항 계몽주의 사상가이자 탐정소설 『브라운신부』(*Father Brown*)의 원작자 G. K. 체스터턴(G. K. Chesterton)에 따르면, 인류를 하나의 사랑의 공동체로 전환하려는 기독교적 기획의 난점은 시행착오의 결함이 아니라 시도되지 않은 채로 방치되었다는 데 있다. 그렇다면 시도해보면 어떨까? 그러나 인류 전체에 대해 말하려고 시도할 때조차 기독교인은 자신의 지역과 교구에 갇혀있기 때문에, 어쩌면 이러한 시도는 종교적 치장이 없어야 가능할 것이다.

인류를 하나의 윤리 공동체로 만드는 것은 왜 이토록 어려운가? 실로 인류는 상상된 공동체로, 대면관계에 기초한 공동체로부터 가장 멀리 떨어져 있다. 그러나 그 경우 알고 지내는 대면관계는 윤리 공동체에서 접착제 역할을 하는 돌봄의 필수조건도 충분조건도 아니다. 한 번도 만난 적 없는 자신의 엄마를 염려하는 어린이를 떠올려보면 대면관계가 필수조건이 아님을 알 수 있고, 착한 사마리아인 이야기의 제사장과 레위인 사례는 대면관계가 충분조건이 아님을 보여준다.

요컨대 우리는 평생 마주친 적도 없고 마주칠 것 같지도 않은 사람들과 공동체를 염려할 수도 있다. 그렇다면 왜 인류는 염려와 돌봄에 기초한 그러한 공동체를 이루어서는 안 되는가? 결국, 돌봄의 태도는 성취가 아니라 소속에 기초한다. 이런 식으로 "인류라는 가족"에 소속되는 것으로 충분해야 한다. 우리가 두터운 관계를 맺었다고 간주하는 사람들과 함께하는 공동체를 상상할 때, 우리는 무엇을 상상하는가? 내 대답은 우리가 만난 적 없는 친척들을 포함하는 것과 같은 가족관계의 확장을 상상한다는 것이다. 그렇다면 왜 "인류라는 가족"을 그러한 확장된 가족으로 상상하지 않는 것인가?

문제는 윤리공동체의 접착제인 돌봄이 어떠한 '대조' 없이도 유효할 수 있는지의 여부이다. 우리에게 적이 없다면 친구를 가지는 것이 의미 있는 일인가? 그리고 만일 이러한 대조가 필수조건이라면, 논증은 인류에게 대조군이 공급될 수 없다는 쪽으로 진행된다. 왜냐하면 인류는 상상 가능한 가장 확장된 공동체이고, 저 공동체 바깥에는 대조될 수 있는 것이 전혀 없기 때문이다. 돌봄은 약하고 의미없는 개념으로 바뀔 수도 있다. 만약 대조군이 없는 돌봄이 개념적으로 불가능하다면, 인류를 돌봄의 윤리 공동체로 전환하려는 이상 역시 그저 경험적으로 성취하기 어려운 정도가 아니라 그 자체가 논리적으로 불가능하다. 게다가 일부 상상된 공동체들이 윤리 공동체라는 사실은 인류 전체가 그러한 공동체를 이룰 수 있다는 결론을 이끌어내지 못한다.

반면, 우리가 민족을 근대의 전형적인 윤리 공동체로 생각한다면 대조는 아주 명백해진다. 널리 알려진 정의에 따르면, 민족은 자신들의 선조에 대한 공동의 가상을 길러내고 자신들의 이웃에 대한 공동의 증오를 공유하는 사회 집단이다. 그렇다면 한 민족 안에서 돌봄의 결속은 거짓 기억(가상)과 이 집단에 속하지 않는 이들을 향한 증오에 의존한다.

일신교의 아담과 이브나 진화론에서 최초의 벌거벗은 유인원 한 쌍에서 보듯, 확실히 인류 공동체가 공통의 기원을 가진다는 이야기는 드물지 않다. 인류의 기원에 대한 후자의 견해는 대다수 민족의 기원에 대한 신화보다 덜 망상적이고 더 잘 근거지어진 것이다. 그러나 두 번째 요소인 증오는 우리가 그 안의 진실을 인식한다는 점에서 불안요소가 된다. 나는 '증오에 관한' 진실이 아니라 '증오 내부의' 진실이라는 표현을 신중하게 택했다. 다시 말해, 여러 민족들에게서 연대의 결속이 실제적이든 관념적이든 간에 상당한 정도로 자기 민족의 이웃에 대한 증오에 의존한다는 것은 역사적 사실이다.

돌봄의 관계가 타당하기 위해 대조가 반드시 필요하다면, 필요한 대조의 본성은 무엇인가? 대조의 본성이란 그것이 자음과 모음의 대조와 같은 개념적 대조인지, 아니면 단순한 심리적 대조인지에 관한 물음이다.

그러나 비록 돌봄의 관념이 개념적으로 대조를 요구 하더라도, 우리가 돌봄 받지 않는 이들을 그려볼 수 있는 한 그러한 대조군이 실제로 있을 필요는 없다. 어둠이 개념적으로는 그것에 대조되는 빛을 필요로 하더라도, 창세기에서처럼 빛의 창조 이전에, 즉 빛이 단지 가능성에 머물던 때에도, "어둠이 깊음 위에 있다"(창세기 1: 2)고 말하는 것은 여전히 가능하다. 그래서 개념적 대조가 실제적 대조를 요구하지 않는다면, 인류를 돌봄과 공유 기억의 윤리 공동체로 전환하는 것은 개념적으로 불가능하지는 않다.

그럼에도 불구하고 이러한 전환은 매우 성취하기 어렵다. 이것은 우리가 돌봄의 윤리 공동체로서의 전 인류의 나라(human commonwealth)라는 규제적 이념을 포기해야만 한다는 의미가 아니다. 그 과정의 일환으로 우리가 인류를 '도덕' 공동체로 바꾸어 가는 차선책을 추구해야 한다는 의미이다. 지금 나는 최선의 결과를 가져오는 것보다 상황을 더 낫게 만드는 것에 일반적으로 더 관심이 있다. 그러므로 도덕 공동체로서의 인류가 무언가 작게나마 공유된 도덕적 기억을 가져야 하는지, 아니면 기억이라는 과업은 전적으로 더 작은 윤리 공동체에 남겨져야 하는지의 문제로 넘어가자.

표면적으로는, 인류 전체가 기억해야만 하는 것들이 존재한다. 히틀러가 "누가 오늘날 아르메니아인들을 기억합니까?"라고 물었을 때, 울려 퍼

져야 했을 대답은 "우리 모두입니다"였다. 또는 최소한 "계몽된 세계라면 기억합니다"였어야 했다. (히틀러의 질문의 역설은 그가 사실상 그의 청중들이 아르메니아인들을 기억할 것이라고 믿었다는 데 있다. 나는 피터 풀저(Peter Pulzer)[16]의 지적으로 저 역설을 인지하고 빠져나올 수 있었다.) 그러면 인류는 무엇을 기억해야만 하는가? 간단히 답하자면, 노예제도, 시민추방, 대량학살 같은 근본악과 반인륜적 범죄의 충격적인 사례들이다.

근본악(radical evil)을 오로지 '그것이 악하다'는 이유에서 자행된 행위로 여기는 것은 정합적인 이해방식이 아니다. 그런 점에서 나는 칸트의 근본악 사상에 어느 정도 동의한다. 심지어 사탄도 개념적으로는 그 일이 악하다는 이유로 행위할 수 없다. 존 밀턴(John Milton)의 『실낙원』(*Paradise Lost*)에서 대악마는 "해로운 것은 무엇이건 우리의 유일한 기쁨"이라고 말하지만, 심지어 그조차 악을 위해서가 아니라 신의 고귀한 의지에 대한 반항심으로 그렇게 하는 것이다.[17] 하지만 그럼에도 칸트가 호소하는 근본악이라는 개념은 여전히 성립한다. 나는 칸트의 설명이 아니라 '근본악'이라는 표현만 차용하겠다.[18]

나는 근본악이 도덕성 자체의 토대를 훼손하는 행위들로 구성되어 있다

---

16 피터 풀저(Peter G. J. Pulzer, 1929-2023)는 오스트리아 유대인 출신으로 영국 옥스포드 대학에서 활동한 역사학자로서 20세기 독일 정치와 유대인 문제를 주로 연구했다.

17 John Milton, *Paradise Lost*, ed. John Leonard (London: Penguin Books, 2000), bk. 1, lines 120–130 [존 밀턴, 『실낙원』, 조신권 옮김, 문학동네, 2010. 1권, 18쪽].

18 Immanuel Kant, *Religion within the Limits of Reason Alone*, trans. T. M. Green and H. H. Hudson (New York: Harper and Brothers, 1960), bks. 1 and 3 [임마누엘 칸트, 『이성의 한계 안에서의 종교』, 백종현 옮김, 아카넷, 2015, 제1권 및 제4권].

고 본다. 유대인과 집시를 인간 이하로 간주하여 제거하기 위해 시행된, 나치의 제거적 생물학주의(eliminative biologism)는 공유된 인간성이라는 관념 자체에 대한 직접적 공격이었다. 따라서 그것은 도덕성 그 자체에 대한 직접적 공격이었다. 도덕성에 대한 그러한 공격은 기록되고 기억되어야만 한다. 이와 함께 도덕성의 뿌리를, 즉 공유된 인간성을 도려내는 지독한 반인륜적 범죄 역시 그러하다. 따라서 나는 '뿌리'라는 뜻의 라틴어(radix)에서 온 '근본적인(radical)'이라는 형용사를 사용한다.

그러나 전 인류가 공유하는 기억에 관한 얇은 개념이 바람직하고 중요하다 해도, 이러한 기억을 구성하는 정치적 작업은 이루 말할 수 없을 만큼 어렵다. 그러한 기억을 저장하고 확산시킬 효과적인 제도를 형성하는 것은 어려운 일이다. 그러한 제도들은 관료주의적이 되고 영혼이 없어지기 쉽다. 익명화된 인류가 소통의 공동체 역할에 비참하게 실패했을 때에도 추모의 공동체로서 역할을 할 수 있으리라고 기대하기에는, 기억이 불멸성의 이상에 너무나도 깊이 얽매여 있다.

더욱이 공유기억은 기억 노동의 분업을 실행하는 사람과 조직 사이의 네트워크뿐만 아니라, 정합적인 네트워크에 속하는 기억된 항목들 자체에도 의존한다. 상이한 역사들에서 취해진 고립되고 불연속적인 사건과 사람에 대한 기억을 지니는 것은 어려운 일이다. 말하자면, 미 라이[19] 혹은 데이르 야신[20]에서 일어난 학살을 베트남전이나 이스라엘 독립 전쟁과 분리된 항목으로 기억하면 사소해지고 만다.

---

19 [옮긴이 주] 미 라이(My Lai)는 베트남 남부의 작은 마을로서 1968년에 미군에 의해 민간인 대량 학살이 자행된 곳이다.

20 [옮긴이 주] 데이르 야신 학살(Deir Yassin massacre)은 1948년 4월 9일 이스라엘의 시온주의자 약 120여 명이 데이르 야신이라는 마을의 팔레스타인 주민 600명을 학살한 사건이다.

추가적인 문제는 사건을 편향적으로 부각하는 일의 위험성이다. 이른바 제1세계, 즉 기술 선진국의 사건들은 제3세계에서 일어나는 비슷한 사건들에 비해 우리 눈에 더 잘 띈다. 따라서 코소보에 대한 우리의 기억은 르완다에 대한 기억을 가린다. 게다가 그런 선진국의 사건들은 기억되기 더 쉽기 때문에, 유럽의 잔혹행위가 다른 곳의 잔혹행위에 비해 도덕적으로 더 중대한 것으로 지각될 것이다. 그런 상황에서 그들은 그릇된 도덕적 우월성을 주장한다. 이것은 유명한 식민지 학생이 동포에게, "너는 겨우 런던 정경대에 떨어졌는데, 나는 옥스퍼드대에 떨어졌잖아."라며 허세를 부리는 상황과 같다. 성공만이 아니라 실패에도 속물주의가 있다.

이것들은 인류의 도덕에 대한 공유기억을 구성하려는 기획과 관련하여 내가 가진 우려의 일부이다. 전체적으로 보아 그러한 기억을 어떻게 창조할 수 있을지가 내게는 불분명하다. 그러나 어떻게 하면 안 되는지는 무척 명료하다.

좋은 의도로 제안되었지만 수많은 논쟁을 촉발한 베를린의 홀로코스트 기념물[21]과 거기 적힌 "살인하지 말라"는 성경의 계명은 이제 모두에게 잘 알려져 있는 것 같다. 비록 성경의 히브리어 경구와 단어를 사용함으로써 피해자의 압도적 다수가 유대인이라는 사실을 희미하게 만드는 형국이 되기는 했지만, 여전히 이러한 제안이 전하고자 하는 바는 명백하다. 베를린의 기념물이 인간성에 의해, 인간성을 위해 세워졌다는 것이다.

내가 보기에 이 제안은 두 가지 실책을 저지른다. 첫째, 가해자와 연결

---

21 [옮긴이 주] '학살된 유럽 유대인을 위한 기념물'(*Denkmal für die ermordeten Juden Europas*)은 2005년 5월 12일, 베를린의 중심가인 브란덴부르크 문 남쪽에 개설된 홀로코스트로 살해된 유대인 희생자를 위한 추모 기념물이다. 기념물의 추상성으로 인해 '침묵의 기념물'이라고 평가받기도 하면서 수많은 논쟁을 낳았다.

된 기억의 공동체로서의 독일인의 지위는 독일인들에게 인류 전체를 대신하여 행위할 수 있는 선택권을 남겨두지 않았다. 그들은 이 기억의 한 측면을 이룬다. 게다가 희생자 중 특히 동유럽의 많은 사람들이 스스로를 유대인으로 규정했을 것이 분명한데도, 단순히 '인간'이라는 이름표로 희생자를 묘사하는 것은 잘못된 일이다. 그래서 전 인류를 위한 공유기억의 기념물을 구성하는 기획이 지지받아 마땅하더라도, 독일인들이, 심지어 베를린에서 시행하는 것은 잘못이다.

내가 보기에, 베를린의 기념물은 스스로를 고통스러운 공유기억을 짊어진 윤리 공동체로 재정립하려는 독일인들의 노력이었어야 한다. 독일인들이 그 자신을 윤리 공동체로 재정립할 방법은 유대인에게 행한 자기들의 잔인함을 참회로 바꾸는 것이다.

여러 차이에도 불구하고, 한국의 '위안부'를 대하는 일본 공동체를 향해서도 같은 말을 할 수 있다. 이 여성들을 일본인들의 공유기억에 포함시키는 것은 그들의 고통을 인정함으로써 그 여성들을 소생시키는 것이고, 그것이 참회의 첫걸음이다.

나는 여전히 공유기억의 가장 장래성 있는 기획들은 말하자면 기억의 자연적 공동체들을 거쳐야 한다고 믿으며, 이는 과거의 고통스러운 트라우마적 기억에 어떻게 관여해야 하는가의 문제를 제기한다. 내가 보기에 이것은 앞서 언급된 기억의 윤리 공동체로서의 인류나 기억의 도덕 공동체로서의 인류라는 두 보편주의적 기획들만큼 유토피아적이지는 않다. 비록 가장 음울한 기억을 공유하려는 기획임에도 불구하고 이것은 희망찬 기획이다. 그것은 모든 것이 망각되리라는 비관적인 생각, 즉 "지나간 날이 기억에서 사라지듯 오는 세월도 기억에서 사라지고 말 것"(전도서 1: 11)과 같은 생각을 궁극적으로 거부한다. 기억의 기획은 헛되고 헛된 것이 아니다.

왜 인류는 인간이 고귀하게 처신했던 인간 승리의 순간들이 아니라, 도덕적 악몽들을 기억해야 하는가? 물론 전 세계의 우리 인간들이 영광의 사건들과 그에 관련된 사람들을 기억하는 일에는 선하고 사랑스러운 면이 있다. 하지만 우리 앞의 문제는 인류는 무엇을 기억하면 좋은가가 아니라 인류는 무엇을 기억'해야만' 하는가이다. 도덕성을 보호하는 것과 도덕성을 증진하는 것은 비대칭적 관계이다. 도덕성의 증진은 매우 바람직하지만, 우리가 반드시 해야 하는 것은 도덕성의 보호이다.

나는 주장하건대, 기억해야 할 책무는 원천적으로 과거에 대한 재서술과 집단적 기억의 통제를 통해 도덕성 그 자체를 훼손하려는 근본적으로 악한 세력들의 노력에서 기인한다.

3장

The Ethics of Memory

핵심

1. 윤리적 평가

우리가 반드시 기억해야만 하는 것이 존재하는가? 여전히 이것이 우리의 질문이다. 나는 앞선 장의 논의를 바탕으로 답변을 도출해 보려 한다.

답을 도출하기 위한 첫 번째 단계는 윤리 그리고 윤리적 평가와 관련해 충분히 설명하는 것이다. 두 번째 단계는 죽음 이후의 흔적에 관한 우리의 태도가 어떻게 두터운 관계에 대한, 따라서 기억해야 한다는 윤리적 요구를 위한, 즉 기억의 의미를 확인하는 좋은 시험이 될 수 있는지 설명하는 것이다. 세 번째 단계는 기억의 공동체에 대해, 그리고 기억의 공동체와 민족적 기억의 관계에 대해 더 나은 설명을 제공하는 것이다. 그런 뒤에야 나의 답변이 도출될 수 있을 것이다.

윤리의 관심사는 사람들 사이의 두터운 관계, 즉 행위를 요청하는 관계에 있다. 윤리적 행위의 이유는 두터운 관계 그 자체에 기초하지, 그 관계에 연루된 것들의 고유성과는 무관하다는 것이 나의 주장이다. "그 애가 내 딸이기 때문에 나는 그 애를 돕는다." 이러한 이유는 내가 그 아이를 돕는 일을 윤리적으로 온전히 정당화한다. 물론 그러한 이유는 논박가능하며, 원칙적으로 논박될 수 있다. (내 딸이 발자크의 유명한 소설 속 고리오 영감의 딸들처럼 나에게 지독하게 대한다면, 나는 나의 행위뿐 아니라 나의 이유 역시 다시 생각하게 될 것이다.)

윤리에 관한 나의 설명에서 '좋음'(good)과 '나쁨'(bad)은 관계에 직접적으로 귀속된다. 예를 들어, 모녀 관계는 좋지만, 사도마조히즘적 관계는 나쁘다. 그런데 모녀 관계는 왜 좋은가? 여기에는 적극적 이유와 소극적 이유가 있다. 적극적 이유는 모녀 관계가 서로 돌보는 관계라는 데 있다. 소극적 이유는 이러한 관계가 도덕적 요구들을 위반하지 않는다는 것이다. 하지만 우리는 '관계 내부의 좋음과 나쁨'(good and bad *within* the relation)을 '관계 자체의 좋음과 나쁨'(goodness and badness *of* the relation)과 구분할 필요가 있다. 모녀관계가 좋다고 말할 때, 우리는 관계 '자체의' 좋음에 관하여 말하는 것이다. 그러나 그러한 좋은 관계가 변질되어 나쁜 관계로 변할 수 있음을 우리는 아주 잘 알고 있다. 하지만 이러한 일이 일어날 때, 그것은 관계 '내부의' 나쁨일 뿐 관계 '자체의' 나쁨이 아니다.

그렇다면 사도마조히즘적 관계 '자체의' 나쁨은 무엇 때문인가? 한 가지 분명한 답은 굴욕(humiliation)이다. 하지만 굴욕이 이 관계를 나쁘게 만든다면, 사도마조히즘적 관계는 윤리적 근거에 따라서가 아니라 도덕적 근거에 따라 나쁜 것처럼 보인다. 강한 의미에서 굴욕은 그 정의상 피해자의 인간 존엄성을 해치고, 인간 존엄의 속성은 내가 제안하는 분업에 따르면 윤리가 아니라 도덕의 관심사이다.[1] 따라서 사도마조히즘적 관계가 나쁘다는 것은 윤리적 근거가 아니라 도덕적 근거에 따른 추론이다.

당연히, 나도 도덕이 윤리적 관계의 자격을 논하는 토대라고 생각한다. 도덕에 배치되는 윤리적 관계는 나쁜 관계이다. 도덕은 윤리적 관계를 평가하기 위한 최저기준이다. 그러나 윤리적 관계를 '좋은' 윤리적 관계로 만드는 충분조건은 돌봄이다. 돌봄은 관계의 좋음에 대한 윤리적 기여이다. 사도마조히즘적 관계는 최저기준을 통과하지 못한다. 게다가 그것은 돌보는 관계가 아니다. 고통과 굴욕을 가하며 만족을 얻는 사디스트는 돌봄이 아니라 잔인성에서 쾌락을 얻는다.

그렇다면 윤리적 관계는 부도덕(immoral)할 수 없다. 하지만 그럼에도 관계 내부에서 성립하는 부도덕성과 관계 자체의 부도덕성은 구별될 필요가 있다. 부도덕한 사람들 사이에서도 좋은 윤리적 관계가 유지될 수 있다. 보들레르의 "매혹의 저녁"만이 범죄자들의 벗이라는 시구는 사실이 아니다.[2] 범죄자들은 관계 자체의 좋음과 관계 내부의 좋음이라는 두 가지 의미 모두에서 좋은 우정을 맺을 수 있다. 그런데 그러한 윤리적 관계는 착취하고, 비하하고, 잔인하고, 굴욕을 주는 식의 부도덕한 관계일 수 없다. 사도마조히즘적 관계는 윤리적 관계로서의 자격이 없고 처음부터 윤리적인 것이 아니기 때문에, 이것을 나쁜 윤리적 관계라고 부르는 것은 의미가 없다. 이 상황은 미학의 경우 주어진 작품에 대해 이것은 "조각이 아니다"라고 말하는 것과 "나쁜 조각이다"라고 말하는 것 사이에서 우리가 직면하는 애매성과 다르지 않다.

---

1   Avishai Margalit, *The Decent Society*, trans. Naomi Goldblum (Cambridge: Harvard University Press, 1996) [아비샤이 마갈릿, 『품위 있는 사회』, 신성림 옮김, 동녘, 2008]—옮긴이 주: 『품위 있는 사회』에서 '모욕'으로 번역된 주요 개념 'humiliation'을 본서는 '굴욕'으로 옮겼고 'insult'를 '모욕'으로 옮겼다.

2   [옮긴이 주] 샤를 피에르 보들레르, 「어스름 저녁」, 악의 꽃, 윤영애 옮김, 문학과지성사, 2003, 235쪽.

그러나 엄밀히 말해, 내가 보기에 사도마조히즘적 관계는 윤리적 관계가 아니다. 그렇다면 우리는 나쁜 윤리적 관계의 사례로 어떤 것을 고려해야 하는가? 당신이 당신의 자녀를 오직 도덕적으로만, 즉 타인을 대하는 것과 똑같이 대하는 경우가 그러한 사례일 수 있다. 그것은 도덕적이되, 나쁘다. 윤리적으로 나쁘다는 말이다.

윤리적 관계는 편파성을 포함한다. 즉 동등한 도덕적 요구를 하는 타인들보다 특정 사람이나 집단에게 더 큰 호의를 가진다는 말이다. 그렇다면 어떻게 우리는 윤리적 관계가 도덕성의 기준점을 통과하기를 요구할 수 있는가? 예를 들어, 연고주의(nepotism)[3], 즉 가족적 유대에 기초한 편애는 비윤리적인가? 만약 그렇다면, 어떤 종류의 편파성이 허용되는가?

윤리적 관계는 다른 경우가 아니라 오직 도덕적으로 동점인 상황(moral tiebreaker)에서만 편파성을 허용한다. 익사 직전에 처한 낯선 두 사람을 보았는데, 이 중 단 한 명만 살릴 수 있는 상황에 있는 한 남자를 떠올려보라. 그에게는 이 두 사람 중 한 명을 살려야 한다는 아주 강한 도덕적 근거가 있으나, 둘 중 한 명을 다른 사람보다 우선적으로 살려야 하는 도덕적 근거는 없다. 구하는 사람은 이 둘 중 하나를 '뽑는'(picking) 상황에 있을 뿐이지 '선택하는'(choosing) 상황에 있는 것이 아니다.[4] 선택은 항상 근거에 따라 선발하는 것이다. 그러나 뽑는 경우, 당신은 어떤 선택을 해야 할 근거는 있지만 그 중 특정한 선택을 해야 할 특별한 근거가 없다. 뽑는 상황은

---

3 [옮긴이 주] 연고주의(族閥主義, nepotism)은 원래 중세 가톨릭 교황이 자신의 사생아를 '조카'(nepos)라 부르면서 요직에 앉히던 관습에서 나온 말로 조직의 권력자가 업무능력과 상관없이 자신의 친족을 요직에 중용하는 경향을 일컫는다.

4 Edna Ullmann-Margalit and Sidney Morgenbesser, "Picking and Choosing," *Social Research* 44, no. 4 (1977), pp. 757-785.

슈퍼마켓에서 똑같은 종류의 통조림 스프로 가득 찬 진열장을 마주하는 상황과 유사하다. 당신이 하나를 고를 근거는 있지만, 어떤 것을 특정할 근거는 없다. 뽑기와 선택하기는 큰 일과 작은 일, 즉 목숨을 구하는 일이나 통조림 스프를 구입하는 일 모두에 적용될 수 있다.

둘 중 누구를 구하든, 구해준 사람은 그를 뽑은 것이지 선택한 것이 아니다. 이제 흔한 속설에 맞춰 이 상황을 변형해보자. 익사 직전의 사람 둘 중 한 명은 이 남자의 부인이고, 다른 한 명은 낯선 사람이다. 위기에 처한 두 사람은 생명을 구하라는 동등한 도덕적 요구를 한다. 그러나 이 경우 그 남자는 뽑아서는 안 된다. 그에게 요구되는 것은 선택이다. 위기에 처한 두 사람이 도덕적 동점상황에 있기 때문에, 이제 요구는 도덕적인 것이 아니다. 한 명의 피가 다른 이의 피보다 더 붉지 않고, 이 둘은 삶에 대한 동등한 도덕적 권리를 가진다. 여기서의 요구는 오히려 윤리적이다. 공정하기 위해서라면 남편은 마치 낯선 두 사람이 익사위기에 처한 상황을 본 것처럼 이 문제에 접근해야 했을지도 모른다. 하지만 그의 책무는 공정하지 않아야 한다는 것이다. 그가 아내를 구하기로 선택하지 않고 뽑기를 통해 한 명을 고른다면, 그것도 정당화될 수는 있겠으나, 윤리적으로 엄청난 비난을 받을 것이다. 윤리는 이렇게 도덕적 동점상황에서 편파성을 요구한다.

반면 연고주의는 도덕적 동점상황이 아닐뿐더러 유사하지도 않다. 도리어 그것은 직업과 지위 등에 대해 더 큰 도덕적 요구를 하는 외부인을 두고 가족에게 특혜를 베푼다. 연고주의는 동점상황이 아니기 때문에 부도덕하고 비윤리적이다.

관계에 대한 윤리적 평가는 얼마나 객관적일까? 관계의 좋음과 나쁨에 대한 윤리적 평가는 단지 관계 내부의 사람들에게만 허용된 것이 아니다. 관계 내부의 근거에 따라 행위하는 1인칭 시점의 인간, 말하자면 사랑하는 사람만 윤리적 평가를 할 수 있는 것은 아니다. 마찬가지로 관계 내부의 2인칭 시점의 인간, 즉 사랑받는 사람만이 윤리적 평가를 할 수 있는 것도 아니다. 원칙적으로 윤리적 평가는 3인칭 시점의 주변인 누구에게나 열려 있어야 한다. 적어도 관계 '자체의' 좋음과 나쁨에 관한 한, 이 원칙은 적용된다.

그렇다면 제3자가 관계 '내부의' 나쁨을 판단하도록 하는 것은 어떠한가? 이것은 판단할 관계 내부에 있는 사람에게만 특수하게 요구되는 경우가 아닐까? 아니다. 그 제3자가 관계 내부의 사람들과 그 관계를 충분히 고려한다고 가정한다면, 그는 관계 '내부의' 나쁨을 판단할 능력을 충분히 갖추고 있다. 물론 제3자가 그 관계가 내부에서 어떻게 보이는지 관찰하는 일은 관계 '내부의' 좋고 나쁨을 평가하는 데 본질적이다.

우리가 3인칭 시점을 객관적 관점으로 간주한다면, 윤리는 객관적이다. 그러나 우리는 '객관적'이라는 용어가 가진 어떤 의미에 주의해야 하는데, 그것이 윤리를 위협할 수밖에 없기 때문이다. '객관적'이라는 용어는 마음으로부터 독립적인, 즉 사물과 유사한 대상을 강하게 암시한다. 그런데 인간관계를 사물과 같은 대상으로 보는 것은 잘못이다. 그것은 인간관계를 다루는 일인 윤리의 진정한 본성을 은폐한다.

윤리가 개인의 고유성(이를테면 합리성)이 아니라 관계에 기초한다는 생각에 대한 하나의 반론은 봉건윤리(feudal ethics)가 인격적 관계로 인해 낭만적으로 특징지어졌다는 점이다. 이러한 봉건윤리에 대항하기 위해 오랜 시간 동안 상당한 노력이 필요했는데, 다른 누구보다 칸트 자신이 그러한 노력을 기울인 사상가였다. 사람들 사이의 관계에 의지하는 것이 아니라, 각각의 인간이 스스로 자율적 인간이 되도록 도덕을 붙잡아두어야 할 것이 필요했다. 자율(autonomy)은 관계를 따른다기보다 고유성에 의해 특징지어진다. 더 정확히 말해, 봉건윤리는 다항 술어(multi-place predicates)로 표현되는 반면("아무개의 봉신임"), 자율성은 1항 술어(one-place predicates)로 표현된다("합리적임").

봉건윤리에 대한 나의 반론은 얼마나 많은 술어가 있는가가 아니라, 그 술어들이 이루는 일종의 관계를 겨냥한다. 봉건윤리는 나쁜 관계, 즉 타고난 착취관계에 기초한다. 이는 강한 의미에서 나쁜 관계, 즉 관계의 나쁨이다. 어떤 경우든, 목욕물을 버린다며 아기까지 내다 버려선 안 된다. 여기서 말하는 아기는 좋은, 두터운 관계에 기반한 윤리이고, 목욕물은 나쁜 관계에 기초한 봉건윤리이다.

이 마지막 지점에 종교적 윤리와 관련하여 흥미로운 반전이 있다. 우리에게 친숙한 종교 윤리는 우리에게 완전한 복종을 요구하는 군주가 전제된 봉건윤리의 일종인가? 아니면 도리어 애정어린 부성적 돌봄에 기초한 윤리체계인가? 이것은 좋은 질문이지만, 지금 여기서 다룰 주제는 아니다.

2. 기억과 죽음

이제 두 번째 단계로 건너가서 죽음에 대한 우리의 태도와 기억의 관계를 다루어 보자.

우리는 단 하나의 흔적도 남기지 못하고 죽는 것을 두려워한다. 어쩌면 누군가는 "그것은 당신 생각일 뿐"이라고 말할지도 모른다. 그러나 나는 따로 조사하지 않아도 많은 사람들이 내 의견에 동의할 것이라고 믿는다. 우리 중 일부는 흔적에 대한 이러한 갈망을 사후세계에 대한 갈망의 대체물로 이해한다. 종교가 포착한 것이 바로 이 사후세계에 대한 갈망이다. 사후세계에 대한 갈망은 납득할 수 있지만, 사후세계에 대한 믿음은 그렇지 않다. 우선 사후세계가 무엇을 의미할 수 있는지가 불분명하며, 그것이 의미한다고 추정되는 것, 이른바 몸과 영혼의 재구성이라는 것이 논리적으로 정합적인지도 불분명하다. 여기에서 쟁점은 믿음의 진리가 아니라 바로 그 의미에 있다.

따라서 문제는 어떻게 하면 사후세계에 대한 형이상학적 믿음에 사로잡히지 않으면서도, 망각을 피하고 싶은 우리의 갈망을 충족시키는 흔적의 개념을 고안해 낼 수 있을까 하는 것이다. 하나의 후보는 우리가 죽은 후 적어도 우리가 돌보았던 이들에 의해 기억된다는 점이다. 이는 사후세계에 대한 엉성한 개념이다. 말하자면 그것은 다른 사람들의 대화 속에서 살아있음이다. 우리가 죽은 후 다른 사람들의 대화 속에서 사는 삶을 기대하는 것은 (그것이 의미하는 바가 무엇이든) 몸과 영혼을 온전히 갖춘 사후세계를 기대하는 것보다 훨씬 더 가망성이 높다. 다른 사람들의 대화 속에 살아있다는 것은 사람들이 우리의 죽음 이후에도 여전히 우리에 대해 말하거나 우리를 언급할 수 있다는 평범한 진실에 대한 공상적인 은유일 뿐이다. 이러한 존재방식은 사후세계의 다른 형식들에 비해 신비한 점이 전혀 없다. 그러나 우리가 사후에 기억되기를, 또 말해지기를 기대한다는 것은 얼마나 실재적인가? 이것은 사후세계에 대한 우리의 갈망을 대체하기에는 너무 실망스럽다. 그러나 이것이 우리가 합리적으로 품을 수 있는 유일한 기대이며, 앞으로 짧게 논하겠지만, 이조차도 지나친 요구이다.

유명인들을 떠올려보라. 이들은 다른 사람들의 대화뿐 아니라 글 속에서도 영광스러운 사후세계를 보내리라고 보증될 수 있다. 결국에는 바로 이것이 영광의 의미이다. 그러나 미래세대의 대화거리가 될만한 어떤 특별한 것도 남기지 못한 채 평범한 삶을 산 우리 대부분은 어떠한가? 우리는 죽음 이후 기억될 수 있으리라고 무언가 합리적으로 희망할 수 있는가? 우리 자신의 가계도에서 우리가 얼마나 거슬러 올라갈 수 있는지 자문함으로써 답을 엿볼 수 있을 것 같다. 조부? 증조모? 우리 대부분은 이 정도가 기억할 수 있는 전부이다. 그래서 만일 '사후(死後)'라는 말로 50년 이상을 염두에 두고 있다면, 우리가 사후에 기억되리라는 전망은 그리 밝지 않다. 몸과 영혼의 재구성이라는 거창한 종교적 약속에 대한 이러한 미약한 대체물조차 확보하기 어렵다.

기억되리라는 우리의 기대가 얼마나 실재적인지 물으면서, 나는 이 질문이 마치 미래 예측하기와 같은 것인 양 다루었다. 말하자면, 우리가 미래에 기억될 수 있으리라는 믿음은 어느 정도 신빙성이 있는가? 여기서 '기대'(expectation)라는 말은 규범적 의미로 이해하는 편이 적절하다.

당신이 나를 기억할 것이라고 기대한다는 말은, 지금 우리의 관계가 내가 믿는 만큼 두텁다면 당신은 나를 기억 '해야 한다'는 뜻이다. 이것은 예측(prediction)이 아니라 지침(prescription)이다. 우리는 자기 자신과 두터운 인격적 관계에 있는 사람들에게 그러한 규범적 기대를 가진다. 그것은 합리적 희망의 기초를 제공한다. 살면서 우리가 중요하게 여긴 사람들에게 기억되기를 기대하는 데 이상할 것은 전혀 없다. 따라서 나의 기대를 이루는 주된 동력은 예측적인 것이 아니라 규범적인 동력이다. 나는 그들이 반드시 기억할 것이라는 의미에서가 아니라, 우리의 관계가 두텁기 때문에 그들이 나를 기억해야만 한다는 의미에서 기억해주기를 기대한다. 이러한 의미에서 기억되리라는 기대는 우리가 서로의 곁을 지키는 동안 맺은 두터운 관계의 강도와 질에 대한 평가이다.

우리는 죽음 이후에도 이어져야 마땅한 강도 높은 관계를 가지를 원한다. 우리는 우리가 살아있었을 때 그들을 돌보았던 것처럼, 그들이 우리를 기억함으로써 우리를 살아남게 하고 돌보기를 원한다. 우리는 그들의 삶에 영향을 줄 수 있는 관계를 맺고 싶어 하고, 바로 이것이 흔적을 남긴다는 것의 의미이다. 절대적 망각에 이르는 것에 대한 공포는 사후에 일어날 수밖에 없는 사실에 대한 두려움이 아니라, 우리가 지금 맺고 있는 관계의 의미에 대한 두려움이다. 이것은 현재 우리가 타인과 맺고 있는 관계가 충분히 두텁지 못한 것은 아닌가 하는 두려움이다.

이처럼 흔적을 남기고 기억되는 것을 중요하게 고려함으로써 우리는 우리의 관계가 두터워지고 지속될 수 있도록 합리적으로 돌본다. 바로 이것이 우리가 흔적을 남기기 위해 희망할 수 있는 일의 전부이다. 이것으로 많은 사람들이 가진 사후세계에 대한 갈망이 충족되는가? 아마 그렇지는 않을 것이다. 이것으로 개인의 영광에 대한 갈망이 충족되는가? 유감스럽게도, 다시 한번 부정으로 답해야겠다. 우리가 두터운 관계를 맺은 사람들은 우리를 기억해야 한다는 것, 우리는 바로 이것만을 합리적으로 희망할 수 있다.

이것이 사실이라면 이 모든 것은 인격적 관계의 문제로 보인다. 우리는 우리와 가까운 사람들이 우리를 기억할 것으로 기대한다. 그러나 집단적 기억과 관련하여 우리는 무엇을 희망할 수 있는가? 공동체가 우리를 기억할 것인가? 공동체는 우리를 기억 '해야만' 하는가? 내가 말하는 "우리"는 평범한 개인들이다. 이러한 질문들은 답을 도출하기 위한 세 번째 단계로 우리를 안내한다.

3. 기억의 공동체에서 싹튼 희망

우리와 가깝고 깊을 뿐만 아니라 의미 있는 관계를 맺고 있는 사람들이 우리 자신을 기억하기를 기대한다고 말할 때, 이 말은 우리와 대면 관계를 맺고 있는 사람들에게만 제한되지 않는다. 우리는 서신교환을 통해 수영을 배울 수는 없지만, 서신교환을 통해 서로 만나지 않고도 깊은 우정을 다질 수 있다. 신은 자신의 전령인 예언자들을 통해 전언했고, 그 전언의 힘으로 누군가는 신을 사랑하게 될 수도 있다.

편지를 통한 우정의 가능성은 여기서 아주 핵심적이다. 그것은 우리의 두터운 관계가 강한 개념적 요소를 가질 수도 있음을 보여준다. 개념적이라는 것이 허구적이라는 의미는 아니다. 나의 상상된 공동체인 유대 민족은 상상하기가 매우 복잡하긴 하지만 그럼에도 허구는 아니다. 인과적으로 상호작용하는 개인들을 수반하는 공동체는 존재한다. 반면 제인 오스틴(Jane Austen)의 소설(『오만과 편견』) 속 주인공 엘리자베스 베넷 양을 향한 나의 사랑은 허구적 인물에 대한 사랑이다. 베넷 양에 대한 묘사는 나와 인과적으로 상호작용하지만, 베넷 양은 실제로 존재하지 않는다.

우리가 대면접촉뿐 아니라 또한 상징으로도 유대를 형성할 수 있다는 점은 상징적 동물인 인간의 비범한 특징이다. 늑대 떼와 사자 무리는 오직 핥고 냄새 맡는 대면접촉을 통해서만 관계 맺는다. 우리 인간은 그 이상을 할 수 있고, 공유기억이 포함된 상징에 기초하여 집단적 현존을 이끌어낼 수 있다. 집단적 현존은 유대에 기초한 관계망이며, 이를 위해 공유기억이 결정적인 역할을 한다.

이렇게 해서 우리는 우리의 기억의 공동체에 의해 우리가 죽은 후에도 기억되기를 기대하는가? 민족이 우리 개개인을 기억해주기를 기대하는 것은 아니다. 그러나 우리 중 상당수는 두터운 민족적 관계망에 엮여있어서 1인칭 복수형태 "우리"라는 말의 사용이 상당히 자연스럽다. 이 "우리"는 우리의 개인적 죽음 이후에도 살아남아 지속되는 몸이다. 우리가 개별적으로 기억되지는 않겠지만, 우리는 집단의 삶 속에서 중요하게 기억될 사건들에 참여한다는 점에서 기억될 것이다.

어떤 사람은 인격적 관계에 기초한 두터운 윤리적 관계라는 관념을 받아들이면서도 두터운 집단적 관계라는 관념을 가상으로 여길 수도 있을 것이다. 집단 정체성(group identity) 개념의 권위자인 러셀 하딘(Russell Hardin)은 다음과 같이 냉소한다. "실제로 많은 저자는 1389년 코소보 전투[5]에서 투르크족에게 끔찍하게 패한 전쟁과 동시대 세르비아인을 연결하는 집단적 기억의 일부 개념을 인정하기까지 한다. 그러나 어찌된 일인지 영국은 헤이스팅스 전투[6]의 끔찍한 기억의 영향에서 벗어난 것으로 보인다." 이어서 그는 "역사적 기억에 대한 단언은 설명이나 이해보다는 신비화에 기여한다"고 말한다.[7]

나는 집단적 기억 개념을 신뢰하는 "많은 저자" 중 한 사람이다. 게다가 나는 동시대 세르비아인과 1389년 코소보 전투 사이에 모종의 연결이 있다고 믿는다. 물론 왜 세르비아인들이 1389년의 전투를 생생하게 기억하는지 묻는 것은 좋은 질문이다. 세르비아의 배타적 애국주의자(jingoist)들이 단지 숫자 "1389"가 벽에 쓰인 것만 봐도 분개하는 것은 무엇 때문인

---

5 [옮긴이 주] 코소보 전투(Field of the Blackbirds)는 1389년 성 비투스의 날(6월 28일)에 코소보 폴레('지빠귀들의 들판')에서 일어났다. 오스만 투르크족이 세르비아인을 패배시킨 결과로 400년간의 투르크 지배가 이어지고, 오늘날까지 이어져온 세르비아 민족주의의 씨앗이 뿌려졌다.

6 [옮긴이 주] 헤이스팅스 전투(Hastings Field)는 1066년 10월 14일에 잉글랜드의 헤이스팅스에서 벌어졌던 전투로서 프랑스에 정착한 노르만족 군대를 이끄는 윌리엄 1세와 앵글로색슨의 왕 해럴드 2세가 맞붙었다. 승자인 윌리엄은 1066년에 잉글랜드의 왕으로 즉위하였으며 이는 노르만 왕조의 시작이 되었다.

7 Russell Hardin, "Social identity," in *International Encyclopedia of the Social and Behavioral Sciences*, ed. Neil J. Smelser and Paul B. Baltes (New York: Elsevier, 2001), vol. 11, p. 7167.

가? 영국 요크(York)의 한 벽에 "1066"이라고 쓰여 있을 때, 심지어 헤이스팅스 전쟁이 일어난 해라는 것을 알고 있어도, 어째서 요크 사람들은 그 의미를 이해하지 못하는지 묻는 것도 좋은 질문이다. 둘 다 좋은 질문이고, 이에 대한 좋은 답변이라고 할 만한 것은 신비할 것이 없다. 해당 공동체에서 두 사건이 갖는 의미는 매우 다르다. 두 전투를 모두 "끔찍한 패배"라고 부르면서도, 어째서 하나의 끔찍한 패배만이 기억되고 다른 패배는 잊혔는지 묻는 것으로는 이 사건들의 기억에 내재하는 것이 무엇인지 이해할 첫발조차 내딛지 못한다.

헤이스팅스 전투는 1688년 윌리엄 3세(William of Orange)의 즉위와 상당히 유사하게도, 외부 세력에 의한 정복 전쟁이라기보다는 후세가 없는 왕위의 계승을 둘러싼 전투에 가깝다. 게다가 이 전투 이후, 영국에는 제도가 더 좋게 확립되고 법과 질서가 정비되고 내부 갈등이 종결되는 등 대부분 좋은 일들로 귀결되었다. 그러니 그 전투로부터 생긴 증오와 비참한 기억들이 거의 남아있지 않은 것은 당연하다. 심지어 그 전투 자체도 결말이 나지 않았고, 다만 해럴드 2세의 죽음이 노르만족의 승리로 이어졌을 뿐이다. 한마디로, 헤이스팅스 전투에서 끔찍한 패배는 존재하지 않았다.

코소보 전투에서 세르비아의 패배는 영웅적이었지만 실로 끔찍했다. 세르비아인에게 이 패배의 의미는 영국인들에게 헤이스팅스 전투가 의미하는 것과 아주 다르다. 그것은 영광스러운 세르비아 독립국가의 몰락을 나타냈고, 코소보에서의 두 번째 패배 이후 400년간 이어지는 이교도 외부 세력 오스만 제국의 속국이 되었음을 의미했다. 세르비아인들이 이 사건에 대한 기억을 어떻게 간직할 수 있었는지 이해하는 것은 어렵지 않다. 오스만 제국은 세르비아의 민족적 제도 가운데 단 하나, 세르비아 정교회만을 남겨주었다. 그것은 퇴위하게 된 듀샨(Dushan) 왕조가 세운 민족 교파였다. 민족 교파는 집단적 기억의 강력한 행위자이고, 코소보 전투의 기억이 살아남도록 지켜온 기억의 공동체는 바로 이 교회였다.

셰익스피어의 희곡의 맥베스 부부처럼, 세르비아의 대통령 내외였던 슬로보단 밀로셰비치와 미라 밀로셰비치는 세르비아인들이 자신의 정권을 지지하도록 만들려고 사실상 코소보 전투의 기억을 자기중심적으로 착취하고 조작했다. 하지만 이 부부가 코소보 전투를 발명한 것도 아니고 세르비아인들에게 이 기억을 이식한 것도 아니다. 내게 신비하게 보이는 것이 있다면, 그것은 일부 저자들도 인정하듯, 엘리트들이 휘두르는 거대한 권력이었다. 그들은 자신의 이기적 이익을 증진하도록 공동의 이야기를 발명함으로써 군중을 조종한 것으로 보인다. 더 당혹스러운 점은 이런 것이다. 이러한 설명에 따라 조작의 본질을 아주 잘 알고 있을 것이 분명한 엘리트들은, 어째서 자신의 아들을 기꺼이 민족 전쟁에 내보내 죽게 두었는가? 아들을 징집시켜 위험에 빠뜨리는 것이 자기 이익에 기여하는가? 엘리트들은 대개 집단적 기억이 그렇다고 믿기 때문에 사태를 왜곡한다. 그들은 자신의 이야기가 기본적으로 건전하다고 믿으며, 그들이 한 일은 그저 그것을 더 부각하기 위해 색을 입힌 것이라고 여긴다.

문제는 집단적 기억의 조작 여부가 아니다. 기억은 보통 조작된다. 우리가 관심을 가지고 되물어야 할 것은 조작하는 사람들이 왜 계급의 기억 같은 것이 아니라 민족의 기억을 조작하기로 선택하는가 하는 점이다. 나치의 침략으로 생사의 기로에 선 전쟁의 교착상태에서, 최고의 조작가 이오시프 스탈린(Joseph Stalin)은 왜 자신이 이데올로기적으로 대변해야 할 노동자 계급의 기억이 아니라 제정 러시아를 향한 위대한 애국심에 대한 민족적 기억에 호소했을까? 스탈린은 카를 마르크스(Karl Marx)가 아니라 (13세기에) 튜턴 기사단을 무찌른 알렉산드르 넵스키(Alexander Nevsky)에 대한 기억에, 프리드리히 엥겔스(Friedrich Engles)가 아니라 16세기 카잔에서 타타르족을 무찌른 이반 4세(이반 뇌제, Ivan the Terrible)에 대한 기억에 호소했다. 다시 한 번, 우리는 집단적 기억 '자체의' 가상과 집단적 기억 '내부의' 가상을 구분할 필요가 있다. 집단적 기억 내부에 가상이 있을 수도 있으나, 이로부터 집단적 기억 '자체의' 가상을 이끌어내는 것은 부적절하다.

민족적 집단주의는 실재하더라도, 비판자들의 눈에는 사후세계에 대한 종교적 관념의 세속적 대체물일 뿐이고, 그것도 무척 보잘것없는 대체물이다. 민족과 하나가 된다는 것은 개별성 없는 불멸성이라는 의미에서 매력 없는 관념이다. 적어도 종교는 개별적 생존에 대해 대단한 약속을 한다. 하지만 내 영혼이 "영원한 진리에 결합하여" 영원한 진리의 불멸성을 얻거나 "달 위의 별 하나와 합일되고 만다면" 내가 왜 그것을 고려해야 하는가? 비슷하게 우리는 이렇게 물을 수 있다. 내 영혼이 집단에 잠식되고 만다면 내가 왜 그것을 고려해야 하는가? 이는 바다와 합쳐져 구원받고자 하는 물방울 하나처럼, 바다에 그렇게 많은 것을 더하지는 못하면서도 그 자신은 물방울이라는 정체성을 잃는다. 이것은 훨씬 나쁜 경우이다. 수학적 진리와 같은 영원한 진리는 위대한 고귀함을 지니지만, 민족주의와 부족주의는 줄곧 보잘것없다. 어쨌든 비판가들은 그렇게 말하곤 한다.

나는 민족주의가 좋은지 나쁜지에 관한 질문은 피하려 한다. 민족주의는 좋을 수도 있고 나쁠 수도 있다. 이는 그 자체로 이 사안이 민족주의를 구성하는 관계들 '자체의' 나쁨이 아니라 관계들 '내부의' 나쁨이라는 점을 잘 알려준다. 그것은 발견되지 않았더라면 정말 맛있었을 식사를 나쁜 경험으로 바꿔버리는, 당신의 음식에 들어있던 바퀴벌레 한 마리와 같다(이 비유는 폴 로진(Paul Rozin)에게서 빌려왔다). 서로 분쟁 중인 30~40개의 소수민족 집단은 세계 속에서 다소간 평화롭게 지내는 1500개 이상의 소수민족 집단도 다 나빠 보이게 만든다. 어쨌든 공유기억을 가질 우리의 책무와 집단적 기억에 대한 나의 논의에 해당되는 사회적 단위가 반드시 민족, 소수민족 혹은 부족이어야 하는 것은 아니다. 중요한 것은 그 단위가 무엇이든 간에 그것이 기억의 공동체여야 한다는 점이다.

기억의 공동체와 민족 간의 관계는 민족이 기억의 공동체를 이룬다기보다는 적절한 기억의 공동체가 민족을 이루는 데 도움이 될 수 있는 관계이다. 민족은 기억의 공동체를 이루는 자연적 후보 중 하나지만, 이는 민족이 시간상 우선하기 때문은 아니다. 민족이 관심의 대상이 되는 것은 공통의 기원이나 공유된 과거와 같은 공유기억의 내용 때문이다.

그러나 기억의 공동체를 이루는 다른 방법들이 있다. 그리고 이러한 공동체들 중 몇몇은 그 구성원들의 기억을 유도하는 기억의 사업가로서 민족만큼이나 효과적이다. 2001년 9월 11일 뉴욕에서는 약 3,000명의 사람들이 살해당했다. 그 중 약 300명이 소방관이었다. 그 9월 이후로 뉴욕 도심에서는 추모행사가 대대적으로 이루어졌지만, 당연하게도 추모와 관심은 모든 피해자들에게 상당히 고르지 않게 분배되었다. 나는 "고르지 않게"(unevenly) 라는 표현으로 기억이 부정의하게 분배되었다고 말할 의도는 없다. 다만 구조작업 중 사망한 소방관들이 다른 피해자들에 비해 압도적인 관심을 받는다는 사실에 대해 말하려는 것이다.

왜 그런지에 대해서는 많은 이유들이 있다. 명백한 이유는 타인을 살리기 위해 자신의 생명을 걸었던 이들의 영웅적 태도에 있다. 영웅들은 늘 보통 사람들보다 더 널리 숭배되고 기억된다. 이는 평등주의 사회에서도 유효하다. 그러나 이처럼 고르지 않게 관심이 분배되는 데에는 덜 명백한 이유도 있다. 소방관들은 다른 피해자들과 달리 다양한 기억의 공동체와 두터운 관계를 맺고 있었다. 소방관들 다수는 소속된 교구와 담당 신부가 있었던 아일랜드계와 이탈리아계 가톨릭 신자들이었다. 소방관은 현대 사회에서 중세의 길드와 가장 가까운 전문직에 해당된다. 의례적 형제애(ritualistic fraternity)가 깃든 길드는 소방관들에 대한 기억을 살아있게 하는 데 크게 기여한다. 길드는 공공의 관심을 유도하는 데 능한 기억 사업가들을 갖추고 있다. 예를 들어, 그들은 현저하게 눈에 띌 수밖에 없는 뉴욕 시장 루돌프 줄리아니(Rudy Giuliani)가 소방관들의 추모행사에 빠짐없이 참석하게 독려했고, 이로써 줄리아니 시장을 그들의 긴밀한 형제애 속 아버지와 같은 인물로 만들었다.

나는 기억의 공동체의 다양한 형태를 환기하기 위해 뉴욕과 같은 세계적 대도시의 소방관 길드를 사례로 들었다. 민족만이 유일하게 가능한 기억의 공동체의 예라는 생각에 사로잡혀서는 안 된다.

하지만 윤리적 기억의 공동체를 이루기에 적합한 후보에 대해 여기서 좀 더 구체적으로 이야기해야겠다. 우리의 윤리적 관계는 가족 관계의 자연적 확장태로 보인다. 가족 관계가 윤리적 관계의 기초라고 주장함으로써 나는 두터운 윤리적 관계의 형성적 은유가 바로 가족적 관계라고 말하는 것이다. 길드의 형제애는 '형제애'(fraternity)라는 용어가 암시하듯 형제 관계의 은유적 확장이다. 두터운 가족 관계는 거짓된 은유적 확장에 쓰이기도 한다. 인정머리 없는 기업의 대표는 직원들에게 "하나의 큰 가족"이라고 말하기를 좋아한다. 이것은 쓸데없이 가족의 이름을 들먹여 직원의 충성을 끌어내 보려는 얄팍한 속셈이다.

윤리적 용어로 민족적 관계를 평가할 때의 진정한 문제는 그 관계가 확장된 가족임을 주장할 때 그것이 가족 은유의 자연적 확장인가 아닌가이다. 모든 민족들이 공통의 기원에 대한 공유된 신화를 가진 "유기적 민족"(organic nations)을 가장하는 것은 아니지만, 그런 행세를 하는 민족은 그들이 의도하는 두터운 관계가 충분히 가족과 유사한지 윤리적으로 검토해야 한다. 이러한 검토는 사실적 주장을 충분히 다루고, 세부 사항들에 기반해 사례별로 다루어야 한다. 가족과의 유사성은 그 관계가 정말로 두터운지 여부를 검사한다.

그런 다음 우리는 이 관계가 그저 두터운 관계일 뿐 아니라 좋은 관계인지도 물어야 한다. 민족의 경우, 우리는 구성원들 사이의 확장된 민족적 유대가 외부 세계에 대한 증오에 달려 있는지 물어야 한다. 즉, 당신은 동포를 갖기 위해 실제로 적이 필요한가? 가족 은유는 다양한 방향으로 나아갈 수 있다. 어떤 방향에서는 "유기적" 민족이 그렇듯이 같은 혈통이라는 요소가 강조될 수 있다. 아니면 혈통 같은 요소를 완전히 무시하는 대신 소방관 길드처럼 공통의 시련으로 검증된 형제적 관계가 강조될 수도 있다.

두터운 관계의 형성적 은유로서의 가족 은유는 언젠가 그 지배력을 잃을 수도 있을 것이다. 결혼한 부부 중 절반이 이혼하는 사회에서 이러한 은유는 심각하게 침식될 수 있고, 예컨대 미래에는 우정처럼 다른 형태의 두터운 관계가 전형적이라고 여겨질 수도 있을 것이다. 실제로 데이비드 흄과 애덤 스미스(Adam Smith)는 가족 관계보다 우정을 "상업 사회"(다른 말로 "시장 경제")에서 두터운 관계의 형성적 은유로 여겼다. 무엇보다 우리는 친구를 선택할 수는 있지만 부모를 선택하지는 못하기 때문이다. 게다가 자유로운 선택은 자유로운 사회의 핵심이다.[8]

가족과 친구, 두터운 집단적 관계의 두 가지 형성적 은유, 즉 가족 관계

---

8   Allen Silver, "'Two Different Sorts of Commerce'— Friendship and Strangership in Civil Society," in *Public and Private in Thought and Practice*, ed. Jeff Weintraub and Krishan Kumar (Chicago: University of Chicago Press, 1997), pp. 43–74.

와 교우 관계의 경합은 중요하다. 그러나 경합의 결과가 어떻든 간에 가족은 아직 우리 곁에 있다. 성소수자 공동체가 우정과 같은 대체물로 만족하지 않고 법적으로 승인된 결혼("시민적 결합")에 대한 권리를 요구하는 것을 보면, 나는 두터운 관계에 대한 가족 은유가 여전히 그 지배력을 유지하고 있다고 생각한다.

4. 답변의 도출

세 단계의 증류과정을 거쳐, 이제 우리가 기억해야만 하는 것이 있는가 라는 물음에 대한 답변을 도출할 때이다. 첫째, 우리는 윤리적 맥락에서 '당위'(ought)를 어떻게 이해해야 하는가? 나는 윤리적 '당위'를 '의료적 당위'(medical ought)와 유사한 의미로 사용해야 한다고 생각한다. "당신은 지방 섭취를 피해야 한다", "당신은 운동을 해야 한다", "당신은 약을 먹어야 한다"와 같은 의료적 당위는 당신이 건강해지길 원한다는 전제와 관련이 있다. 건강해야 할 책무는 없다. 그러나 당신이 건강해지길 원한다면 이것을 따라야 한다. 내가 보기에, 윤리적 관계에 참여할 책무는 없다. 윤리적인 삶과 연관된 활동에 참여하거나 헌신하지 않더라도 예의 바르고 고독한 삶이라는 선택지도 존재한다. 다른 한편, 도덕의 '당위'는 윤리의 '당위'와 다르다. 도덕적이라는 것은 요구된 선(a required good)이지만, 윤리적이라는 것은 원칙적으로 선택된 선(an optional good)이다. '원칙적으로'(in principle)라는 말은 개인의 선택에 맡겨져 있다 해도 우리가 윤리적 관여로부터 손쉽게 탈출할 수 있는 것은 아님을 함의한다. 우리는 상당 부분 가족 관계와 동일한 방식으로 우리가 속한 공동체에 윤리적으로 관여하도록 강제된다.

추측하건대 누군가는 천천히 눈치껏, 아무도 배신하지 않고 그러한 관계에서 빠져나갈 수도 있을 것이다. 갑작스러운 단절이 아니라 빠져나간다는 데 강조점이 있다. 그러나 당신이 두터운 관계를 맺고 있다면, 윤리적이고 도덕적인 의미 모두에서 "건강한 관계"를 유지하기 위해 해야 할 일이 있다. 즉 당신은 좋은 관계를 선택해야 하고, 그 관계 내부에서 좋음을 추구해야 한다. 윤리의 바깥에 있는 사람들은 어떤 종류의 삶을 영위할 수 있는가? 아마 외롭긴 하겠으나, 그들이 야만적인 삶을 살 이유도, 부족함이 없는 삶을 살 이유도 없다.

그렇다면 우리는 마땅히 윤리적으로 기억해야만 하는가? 내 대답은 그렇다는 것이다. 만일 우리가 두터운 관계 내부에 있고, 또 그러기를 바란다면 우리는 윤리적으로 기억해야 한다. 관계 내부의 좋음을 위해 기억은 결정적이다. 기억은 우리의 전형적인 두터운 관계를 구성하는 부분이자 그러한 관계를 승인한다는 점에서 결정적이다. 이것은 사후에 기억되리라는 기대를 통해 증명된다. 그러나 기억이 치명적이라는 점은 단지 관계 '내부의' 좋음을 위해서만은 아니다. 그것은 '관계 자체의' 좋음을 위해서도 치명적이다. 나는 '치명적'(vital)이라는 다소 모호한 용어를 일부러 사용한다. 기억은 공유된 역사와 달리 두터운 관계의 필요조건은 아니지만, 돌봄, 즉 관계를 좋게 만드는 윤리적 요소와 관련이 있기 때문이다. 이리하여 우리는 두 가지 이유에서, 즉 관계 '내부의' 좋음을 위해서는 물론이고 '관계 자체의' 좋음을 위해서도 윤리적으로 기억해야만 한다.

4장

The Ethics of Memory

회상된 감정

1. 일화적 기억

심리학자들은 일어난 일들이나 연대를 특정할 수 있는 대상에 관한 우리의 기억을 '일화적 기억'(episodic memories)이라고 부른다. 이 기억은 예컨대 '구구단'이나 '각양각색'이라는 말의 의미처럼 추상적인 대상에 대한 기억, 즉 이른바 의미론적 기억(semantic memories)과 구별된다. 이 장에서 나는 기억의 윤리의 전형적 사례인 일화적 기억을 다루고자 한다. 그러나 기억의 윤리에서 대단히 중요한 또 다른 기억은 과거의 감정에 대한 기억이다. 과거의 감정은 의미론적 기억의 대상에 관한 것일 수도 있고, 일화적 기억의 대상에 관한 것일 수 있다. 철학자 루돌프 카르납(Rudolf Carnap)은 에스페란토어에 대한 자신의 깊은 사랑을 기억하는 반면, 루트비히 비트겐슈타인은 그 인공언어에 대한 자신의 철저한 혐오를 기억할 수도 있다. 둘 다 의미론적 기억의 대상과 관련된 감정 기억이다. 그러나 내가 염두에 두고 있는 것은 일화적 기억의 대상과 관련된 감정 기억이다. 예를 들면 체크포인트 찰리(Checkpoint Charlie)[1]의 출입국관리관이 나를 대했던 방식 때문에 느꼈던 분노(resentment)에 대한 나의 기억과 같은 것 말이다.

감정에 관한 선행연구나 기억에 관한 선행연구는 대단히 많다. 그러나 과거의 감정에 대한 기억을 다룬 선행연구는 거의 없으며, 그나마 과거의 경험 기억을 중요하게 다루는 쾌락주의 심리학(hedonic psychology)의 연구들이 약간 있다.[2] 따라서 나는 이 장에서 어느 정도는 쾌락주의 심리학의 발견에 기초하여 과거 감정의 기억과 연관된 내용을 다루고자 한다.

이 장의 일부는 과거의 감정을 기억하고, 현재에 이러한 감정을 되살리는 일과 관련이 있다. 다른 일부는 감정과 감정 기억을 마법적 세계에서의 삶과 관련시키는 작업이다. 나는 기억의 윤리가 세계를 마법에 빠진 것으로 보는 태도에 의심스러울 정도로 근접한 기획이라고 믿는다. 기억의 공동체에서 일종의 불멸성을 획득하는 기획(제1장 참조)으로서 기억은 소생과 유사한 형태를 취할 수 있다. 이 모든 것은 어째서 종교가 기억과 그처럼 밀접하고 기억을 간직하는 주요한 대행자로 간주될 수 있는지 그 이유를 알려준다. 그러나 마법적 세계에 "의심스러울 정도로 근접함"이라는 것은 하나의 경고 신호이지, 불가피한 함정이 아니다. 기억의 윤리와 관련된 모든 형태의 기억에 마법이 걸려 있다는 뜻이 아니다.

나는 감정의 기억 일반을 다루되, 특히 부정적인 도덕감정, 그 전형적

---

[1] [옮긴이 주] 체크포인트 찰리(Checkpoint Charlie)는 냉전 당시 독일 베를린을 동과 서로 분단하던 장벽의 가장 유명한 검문소이다.

[2] Daniel Kahneman, Ed Diener, and Norbert Schwarz, eds., *Well-Being: The Foundations of Hedonic Psychology* (New York: Russell Sage Foundation, 1999) [대니얼 카너먼·에드 디너·노르베르트 슈바르츠, 『행복의 과학—웰빙: 쾌락심리학 핸드북』, 임종기 옮김, 아카넷, 2020].

인 경우인 굴욕감(humiliation)에 대한 기억을 다루고자 한다. 제2장에서 나는 감정을 기억하는 것에 관심이 있다고, 즉 우리가 기억하는 것들이 당시에 어떻게 느껴졌는지를 아는 방법, 다시 말해 우리가 현재 돌보는 것들, 특히 우리가 돌보는 사람들을 이해하고 평가하는 데 필요한 과거 사건들에 대한 분별력과 감수성을 파악하는 방법으로서의 감정 기억에 관심이 있다고 단언했다.[3] 나는 '감정'(emotion)이라는 용어를 '느낌'(feelings), '정감'(sentiments), '정동'(affects) 등의 유개념인 동시에 '기분'(moods)과 대조되는 용어로 사용한다. 나에게 '도덕감정'(moral emotion)이란 우리의 윤리적이거나 도덕적인 행위에 동기를 부여하는 감정을 의미한다. 이는 도덕감정이 감정이 경험되는 방식뿐만 아니라 기억되는 방식을 통해서도 우리의 도덕적 행동에 동기를 부여한다는 관념을 전제한다. 이는 쾌락과 고통이 우리의 행동에 영향을 끼치는 방식에도 마찬가지로 적용된다. 우리를 자극하는 것은 쾌락과 고통의 경험이라기보다 도리어 쾌락과 고통에 대한 기억이다.

우리의 도덕 심리학에 관한 이러한 주장이 참이라면, 우리의 윤리학 및 정치학과도 관련이 있어야 한다. 여기 윤리적이고 정치적인 물음이 하나 있다. 우리는 선조에 대한 충성심을 가지고 있으니 자신을 모욕한 이들에 대한 선조의 증오를 기억해야 하는가? 그러한 기억은 비싼 대가를 치러야 할 수도 있다. 박해자들의 무고한 후손과 우리 사이의 관계에 독이 될 수도 있다.

윤리적으로 말하자면, 우리는 자신의 과거 감정 중 어떤 것을 기억해야만 하는가? 만약 부정을 저지른 아내에게 남편이, 아무것도 자라지 않는

---

3 [옮긴이 주] 제2장 3절을 보라.

황무지에서 그와 함께 헤매던 젊은 시절의 아내가 그에게 가졌던 사랑을 기억하고 묘사한다면 (예레미야서 2장 2절의 신처럼) 그는 칭찬받아 마땅한 것으로 보인다. 반대로, 한때 누렸던 사랑을 잊는다면 그것은 당신이 받은 친절에 대한 배은망덕처럼 받아들여질 수 있다. 그러나 우리는 어떤 감정을 기억해야 마땅한지에 관한 질문에 앞서, 곤혹스러운 질문 하나와 마주친다. 말하자면, 감정을 기억한다는 것은 무엇인가? (더 곤혹스러운 질문을 한다면) 감정을 망각한다는 것은 무엇인가? 어떤 감정을 기억할 때, 내가 기억하는 건 타인들에 대한 나의 감정인가, 나를 향한 그들의 감정인가, 아니면 타인들이 서로를 향해 갖는 감정인가? 여기서 나는 주로 첫 번째 유형의 질문, 즉 타인에 대한 나의 과거의 감정을 기억하는 문제에 초점을 둘 것이다.

내가 누군가를 사랑했던 것을 기억한다고 가정해 보자. 나는 심지어 언제 어디서였는지도 기억한다. 봄날의 파리라고 해 보자. 하지만 그녀가 누구였는지는 기억나지 않는다. 이것은 내가 나의 사랑을 기억한다는 뜻일까, 아니면 망각했다는 뜻일까? 앞으로 나는 이러한 문제를 다루려 한다. 게다가 사랑이 변화하면서 생겨나는, 회상된 사랑에 관한 난제도 추가하고 싶다. 17세기 프랑스의 모럴리스트 라 로슈푸코(Duc de la Rochefoucauld)에 따르면, 대부분의 사람들은 누군가를 더 이상 사랑하지 않게 되면 자신이 이제껏 사랑에 빠졌던 것을 부끄러워한다. 그리고 그들 중 상당수는 과거를 수정하는 경향이 있다. "나는 정말로 사랑에 빠진 것이 아니었어, 그것은 오히려 열병에 가까웠고, 그냥 잠깐 끌린 거야"라는 말을 들어본 적 있을 것이다.

감정의 역사는 우리가 과거에 가졌던 감정을 재서술하는 수정주의적 역사가 되는 경향이 있다. 수정주의적 역사가 반드시 기만적인 역사는 아니다. 우리 모두가 알다시피, 과거에 우리가 기만에 빠졌을 수도 있기 때문이다. 그러면 감정을 기억하는 것에 관한 질문은 다음과 같다. 우리는 무엇을 기억해야 하는가? 기억해야 하는 것은 감정 자체인가, 우리가 과거에 감정을 바라보던 방식인가? 또는 가능하다면 둘 다인가? 이 각각의 가능성은 우리가 과거와 현재의 삶을 평가하는 방식에 대해 중요한 함의를 가지며, 여기에는 도덕적 함의도 포함된다.

앞서 부정적인 도덕감정을 숙고하겠다고 했는데, 나는 대신 사랑 이야기를 하고 있다. 그런데 굴욕보다 사랑이 더 재미있지 않은가? 왜 부정적 감정을 살펴보아야 하는가? 음울하게도 부정적 감정을 강조하는 데에는 두 가지 이유가 있다. 첫 번째는 내가 '부정적 정치의 우선성'(the priority of negative politics)이라고 명명한 것과 관련이 있고, 두 번째는 고통스러운 기억의 형태로 우리에게 상처를 남김으로써 우리의 정치적 행위를 추진하는, 상처 입은 감정의 중심성과 연관이 있다.

2. 부정적 정치

나는 부정적인 감정, 말하자면 자부심보다 굴욕을, 인정받고 수용되는 것보다 거부를, 편안함보다 소외감을 강조하기로 택했는데, 이는 문체의 선호 때문이 아니라 전략의 문제이다. 인정에 주목하는 것과 굴욕에 주목하는 것의 차이는 컵에 물이 반쯤 비어 있다고 보는 것과 반쯤 차 있다고 보는 것의 차이와는 다른 종류의 것이다. 나는 전자의 차이가 더 깊다고 생각한다. "우리가 정치에 빠지게 되는" 계기는 정의보다는 불의가 아닌가? 그리고 자유보다는 폭정, 평등보다는 가난, 존엄보다는 굴욕이 아닌가?

이 상황은 질병을 치료하고 완화하는 기예인 의학과 다르지 않다. 우리를 의학으로 인도하는 것은 질병이지 건강이 아니다. 이것은 단지 말장난일 뿐, 진정한 관점의 변화가 아니라는 인상을 줄 수도 있다. 어쩌면 당신은 질병의 치유와 건강의 유지가 동전의 양면이라고 말할지도 모른다. 건강과 질병은 정의와 불의처럼 한 쌍으로 오르락내리락하는, 다시 말해 함께 명료해지거나 흐릿해지는 상관적 용어이다. 하나를 다루면 다른 하나도 함께 다루어야 한다. 건강이 무엇인지 모르면 질병이 무엇인지 알 수 없고, 질병이 무엇인지를 모르면 건강이 무엇인지 알 수 없다. 이는 분명 정의와 불의에도 동일하게 적용되어야 한다.

내 생각은 좀 다르다고 말해야겠다. 첫째, 신학에 따라 그렇다. 나는 실증신학에서 부정신학으로의 전환이 단지 문체적인 것이 아니라 전략적인 움직임이었다고 믿는다. 이는 긍정적인 특성을 신에게 귀속시키는 것으로부터, 신이 가지고 있지 않은 속성을 드러내는 것으로 신학의 언어를 전환하자는 것이었다. 신은 다른 존재들과 공통점이 없기 때문에 신에 대해 긍정적인 어떤 것도 알 수 없다는 것이 그 배후에 놓인 생각이었다. 신에게 적용되는 어떤 용어도 그 일상적인 의미를 가지지 못하므로, 신의 속성은 부정적으로 해설되어야 한다. 신에 관한 신학적 주장이 참이라고 한다면, 그것은 신이 아닌 것을 (진술하는 것을 넘어서) 지시한다. 이러한 해석적 움직임의 성과는 신에 대한 새로운 지식이 아니라, 그러한 지식을 언젠가 얻을 수 있다는 환상의 상실이다. 우리는 신이 무엇인지 알 수 없으며, 심지어 신이 존재하는지도 알 수 없다. 왜냐하면 신은 세계의 사물들이 존재하는 것과 같은 일상적인 의미에서 존재하는 것이 아니기 때문이다.

부정신학의 매력은 무엇이 옳은지에 관한 명료한 생각이 없거나 이를 전혀 모르는 경우에도, 무엇이 잘못되었는지 인식하는 경우가 잦다는 관념에서 기인한다. 구성주의 수학에서처럼 도덕 이론에서는 배중률(排中律), 즉 다만 잘못된 것을 부정함으로써 옳음에 도달할 것이라고 안이하게 믿어서는 안된다. 옳음과 그름은 독립적으로 다루어져야 한다. 무엇이 옳고 무엇이 그른지를 독자적으로 정당화한 후에야 한쪽의 부정이 다른 쪽을 산출할 것이다.

옳음과 좋음, 그리고 그름과 악함을 각기 독립적으로 다루되, 우선성은 부정적 측면에 있어야 한다. 잔인함과 굴욕의 근절이 긍정적 복지를 증진하고 창출하는 것보다 더 시급하기 때문에, 부정적 정치를 긍정적 정치보다 더 선호하지 않는다 할지라도 실행 면에서 시간적 우선성을 부여해야 한다. 따라서 내 설명에서 존엄(dignity)의 정치는 긍정적 정치가 아니라 부정적 정치로 이해되어야 한다.[4] 제도가 어떻게 모든 인간이 인간이라는 이유로 자신의 존엄을 증진시킬 수 있을 것인지가 아니라 굴욕을 멈추는 방법이 무엇인지 물어야 한다. 존엄의 경우 정치의 부정적 전환은 거의 필수적인 것으로 보인다. 존엄은 사회적 명예와 달리 지위에 의한 선(positional good)이 아니다. 그것은 인간이라는 가장 보편적인 공통분모에 의해 모든 사람, 심지어 아무도 아닌 사람에게도 부여되어야 한다. 인간이라면 누구든 존엄성을 지닌 사람으로 인정받아야 한다. 이와 달리 명예는 모든 사람에게 주어지면 그 누구도 존경받지 못하게 된다. 존엄의 경우 단순히 인간을 인간답게 대하는 것에는 긍정적인 내용이 거의 없다는 우려가 있다. 그리고 누군가를 인간으로 받아들인다는 의미에서는 인정(recognition)도 이와 마찬가지이다.

적어도 과거에는 많은 사회들에서 명예 규약(a code of honor)을 발견할

---

4   Avishai Margalit, *The Decent Society* (Cambridge: Harvard University Press, 1996) [아비샤이 마갈릿, 『품위 있는 사회』, 신성림 옮김, 동녘, 2008].

수 있었는데, 그것은 보통 성문화된 것이 아니었다. 그러한 규약은 상대방의 명예에 걸맞은 태도를 보이는 방법을 명시했다. 그러나 그러한 명예, 즉 사회적 명예의 경우에도 우리는 누군가의 명예가 실추되었을 때 긍정적인 경우보다 부정적인 경우를 훨씬 쉽게 인식한다. 마지막 구절을 다시 쓰는 동안 나는 텔레비전으로 인디애나와 필라델피아 사이의 NBA 경기를 보고 있었다. 거인 선수인 맷 가이거는 인디애나 팀의 스타인 레지 밀러에게 심한 반칙을 했다. 밀러는 우리가 예상한 대로 가만히 있었다. 그러나 그 후 가이거는 밀러를 거세게 밀쳐 바닥에 쓰러뜨렸고, 이는 두 번째 플래그런트 파울이었다.[5] 스포츠팬으로서 우리가 가진 명예 규약은 밀러가 똑같이 대응해야 한다는 것이다. 심판이 나서서 가이거를 퇴장시키는 것만으로는 부족하다. 우리는 모두 가이거의 도발이 선을 넘었음을 인지한다. 이 "우리"에는 가이거의 코치도 포함된다. 그는 "밀러가 한 일을 존중한다"고 말했다. 밀러는 주먹을 사용했다. 밀러가 무방비 상태에서 자신을 방어해야만 했던 건 아니다. 그는 심판의 변호를 받았을 테고, 경기에서 스스로 퇴장당하는 결과를 감수할 필요도 없었을 것이다. 하지만 밀러의 명예는 손상되었고, 우리 모두 그것을 인지했다.

이 장면 전체가 약간 유치하고 우스꽝스럽고 마초적이라는 인상을 줄 수도 있지만, 그럼에도 불명예의 규약은 명예 규약보다 훨씬 더 분명하다. 존엄의 경우에는 (인권 헌장을 그러한 규약으로 간주하지 않는 한) 존엄성 규약조차 존재하지 않는다. 우리는 굴욕에 반응하는 방식으로 존엄성을 인지한다.

욘 엘스터(Jon Elster)는 우리가 목표를 실현하려는 욕구만으로 행위를

---

5 [옮긴이 주] 플레그런트 파울(flagrant foul)은 농구에서 스포츠맨십에 어긋난 행위를 한 선수에게 선언되는 파울의 하나이다. 상대편 선수를 고의로 가격하거나 점프한 선수를 고의로 밀치는 행위 따위를 들 수 있다.

추진하려 한다면 우리는 우리가 채택한 목표를 실현할 수 없다고 경고한다.[6] 우리는 그러한 목표에 도달할 수 있지만, 그건 그 목표에 도달하겠다는 단순한 결정의 결과가 아니다. 망각의 욕구가 그런 경우일 수 있다. 자발적이려고 열심히 노력함으로써, 자발적인 사람이 되고자 하는 욕망은 우리가 이루고자 하는 목표 자체, 즉 자발성을 좌절시킨다. 이런 종류의 자기 파괴적인 행동은 정치에서도 찾아볼 수 있다. 따라서 우리는 그 목표를 직접 의욕하는 식으로는 현명하게 달성할 수 없는 정치적 목표를 채택할 수도 있다. 존엄의 정치, 즉 인간을 인간으로 존중하는 정치는 엘스터의 말대로 본질적인 부산물의 범주에 속하지 않는다고 단언하기는 어렵다. 즉, 우리는 단지 인간으로서의 인간이 아니라 예컨대 버스 운전사나 교사로서의 인간과 마주치기 때문에, 타인을 존중하려는 직접적인 욕구의 산물로서 '인간으로서의 인간 존중'이 생겨날 수 없다는 말이다. 반면 굴욕을 주지 않겠다는 결정과 굴욕 없는 사회에 도달하겠다는 목표는 본질적 부산물의 범주에 속하지 않는다.

그런데 의문이 든다. 나의 말대로 부정적 정치가 적용되는 상황이 더 쉽게 인식된다면, 왜 긍정적 정치가 우리에게 그토록 큰 영향력을 행사하는가? 나는 긍정적 정치가 위대한 순간에 대한 형이상학적이고 종교적인 그림에 의해 뒷받침된다고 생각한다. 피타고라스의 주요 대조표를 보면 악의 편에는 다수성, 무경계, 어둠이 있고, 선의 편에는 하나, 경계, 빛이 있다. 『안나 카레니나』(Anna Karenina)의 유명한 첫 문장, "행복한 가정은 서로 닮았지만, 불행한 가정은 모두 저마다의 이유로 불행하다"는 이러한 피타고라스적 그림의 표현이다. 선은 하나이고, 악은 여럿이다. 옳게 되는 데에

---

6 Jon Elster, *Sour Grapes* (Cambridge: Cambridge University Press, 1983), ch. 2.

는 한 가지 방법이 있고, 그릇됨에는 여러 가지 방법이 있다. 그러한 상투어들은 전부 같은 그림, 즉 방법론적인 원리로 전환된 하나의 그림의 표현이다. 즉 불의의 다양한 얼굴을 다루는 것은 아무 의미가 없다. 불의에 관한 흩어진 일화들에 의존하기보다는, 정의에 대한 하나의 긍정적인 관념에 집중함으로써 정합적인 통일을 이루는 편이 훨씬 경제적이다. 나는 이것들이 모두 긍정적인 접근을 지지하는 논증이 아니라 '그림'이라고 주장한다. 이는 물론 강력한 그림이지만, 그럼에도 그림일 뿐이다.

3. 상처에 모욕을 더하기

현명한 체스터필드 백작(Earl of Chesterfield)[7]은 자신의 사생아에게 상처가 모욕보다 훨씬 더 빨리 잊혀진다는 관찰을 전했다. 심리적 상처는 물리적 상처보다 더 오래 지속되고, 모욕과 굴욕의 영향은 단순한 물리적 고통보다 더 오래 지속된다. 이는 물론 상당히 막연하고 모호하지만, 헛된 말이 아니라 우리가 해명할만한 가치가 있는 주장이다. 여기서 "단순한 물리적 고통"이라는 이 주변어가 중요하다. 이것은 잊혀지지 않는 물리적 고통의 일종, 즉 고문에 의한 고통을 제외하기 위한 것이다. 고문으로 인한 흉터는 오래 남는다.

사려 깊고 슬픔도 깊은 철학자 장 아메리(Jean Amery)는 1943년 게슈타

---

7 [옮긴이 주] 영국 런던 출신의 필립 체스터필드(Philip Dormer Stanhope, 4th Earl of Chesterfield(1694-1773)는 18세기 영국의 정치가 및 외교관이자 저술가로 명성을 날렸고, 계몽주의 작가 볼테르, A. 포프, J. 스위프트 등과 교류했다.

포에게 붙잡혀 고문을 당했고, 고문과 관련해서는 전문가 증인인 동시에 도덕적 증인이다. "고문에 대해 말할 때면 과장하지 않도록 스스로 자제해야 한다. 브렌동크(Breendonck)의 이 둥근 천장의 지하실에서 내게 가해졌던, 말로는 할 수 없는 고문은 넓은 의미에서는 최악의 것은 아니었다. 사람들은 내 손톱 밑을 불에 달군 바늘로 찌르지도 않았고, 담뱃불을 맨 가슴 위에 비벼대지도 않았다. … 고문은 비교적 견딜만한 것이었고, 내 몸에 눈에 띄는 흉터를 남기지도 않았다. 그런데도 22년이 지난 지금, 나는 전체 범위를 결코 측정할 수 없는 그 경험을 근거로 주장하려 한다. 고문은 한 인간이 내면에 간직할 수 있는 가장 끔찍한 사건이라고."[8]

아메리는 고문을 겪는 것이 인간의 존엄성 상실과 같다는 생각을 일축한다. "나는 인간의 존엄이 무엇인지 정확히 모른다고 고백하지 않을 수 없다."[9] 마침내 그는 날마다 목욕하는 것이 불가능해진 상황에서 자신이 인간의 존엄성을 상실한다고 믿는 사람들이 있다고 비꼬는 말을 덧붙인다. 아메리가 그 첫 번째 구타 직후에 일어났다고 생각한 것은 "세상에 대한 신뢰"의 상실이다. "세상에 대한 신뢰의 상실"과 "인간 존엄성 상실"이라는 표현이 우리에게 가하는 충격과 달리, 세상에 대한 신뢰의 상실에 대한 아메리의 해설은 내가 굴욕이라고 말로 의도한 것에 아주 가까운데, 내게는 굴욕이 "인간 존엄성 상실"의 다른 말이다. 아메리에 따르면, 고문자는 피해자 자신이 물리적인 존재이자 형이상학적 존재로서 존중받지 못하고 있음을 깨닫게 한다. "형이상학적"이라는 말은 고문자가 그의 잔인한 행위를

---

8   Jean Amery, *At the Mind's Limits*, trans. Sidney Rosenfeld and Stella P. Rosenfeld (Bloomington: Indiana University Press, 1980), p. 22 [장 아메리, 『죄와 속죄의 저편: 정복당한 사람의 극복을 위한 시도』, 안미현 옮김, 도서출판 길, 2012, 61쪽].
9   Ibid., p. 27 [같은 책, 70쪽].

통해 피해자의 인간적인 현존방식 자체를 부정한다는 의미이다.

요컨대, 끔찍한 고통을 가하는 것과 별개로, 우리 문화에서 고문은 고문자의 손 안에 한 사람의 존재가 절대적으로 달려있다는 데서 기인하는 극단적인 형태의 굴욕을 형성한다. 굴욕이란 인간을 비인간으로 취급하는 것을 의미한다. 그러한 취급에는 다양한 형태가 있고, 고문은 그러한 취급방식 중 하나다. 따라서 고문은 모욕과 상처, 고통과 굴욕의 극단적인 형태이다. 이러한 조합은 수년 후 스스로 목숨을 끊은 아메리의 경우처럼 치명적일 수 있다.

고문을 한갓 '의사소통적 행위'(communicative act)로 간주하는 것은 아주 터무니없는 건 아니지만 그래도 어리석다. 무엇보다도 고문은 극심한 고통이며, 많은 경우 기쁨과 증오의 시선을 수반한다. 그러나 고문당한 경험과 고문당한 기억은 구분될 수 있으며, 실제로 자주 구분된다. 피해자는 고문을 기억할 때 굴욕감에 빠지지만, 고문을 경험할 때는 고통에 빠진다.

이제 혼란스러운 고문의 사례는 제외하고, 모욕의 기억과 상처(즉 고통)의 기억을 비교하는 체스터필드의 예로 돌아가자. 적절히 이해된다면, 체스터필드의 관찰은 우리가 많은 것을 볼 수 있게 해준다. 실제로 우리는 물리적 고통의 사실은 뚜렷하게 기억하지만, 그 고통을 되살리는 것은 어렵다. 반면에 모욕은 되살려내지 않으면 기억하는 것이 거의 불가능하다. 따라서 체스터필드의 관찰은 신뢰할만하다. (이런저런 일들을 기억한다는 의미에서) 기억의 '명제적'(propositional) 의미에서 우리가 반드시 고통보다 모욕을 더 잘 기억하는 것은 아니다. 그런 의미에서 우리는 보통 둘 다 기억한다. 그러나 되살린다는 의미에서는 고통보다 모욕을 더 잘 기억한다. 모욕과 굴욕의 상처는 고통스러운 물리적 상처가 아문 뒤에도 오래도록 피를 흘린다.

4. 시에서의 되살림과 회상

과거의 감정을 되살리는 것은 하나의 명제로 표현될 수 있도록 감정을 기억하는 것과는 상당한 차이가 있다. 그럼에도 시, 특히 좋은 시에는 이처럼 감정을 기억하는 상이한 두 가지 방식이 함께 나타난다. 윌리엄 워즈워스(William Wordsworth)는 과거의 감정에 대한 냉정한 관조와 그것을 뜨겁게 되살리는 것 사이에서 복합적인 제3의 길을 제안했다.[10] 워즈워스의 시가 평온함 가운데 회상된 감정이라는 것은 사실이 아니다. 오히려 그에게 시는 "힘찬 느낌들이 저절로 흘러넘치는 것"이다. 워즈워스가 옹호하는 것은 첫째로 그 감정의 되살림 없이 평온 속에서 우리의 과거 감정을 관조하는 것이고, 그 다음 "평온함이 점차 사라지고, 관조의 제재였던 것과 유사한 감정이 점차 생겨나는 것"[11]이다.

그렇다면 시는 과거의 감정을 되살린다기보다, 오히려 과거의 감정과 비슷한 새로운 감정을 생산하는 것이다. 시에 양분을 공급하는 과거의 감정은 자연의 전원 세계의 아름답고 좋은 것에 대한 본능적 반응이다. 감정을 되살리는 것은 자연 안에서 마치 집에 있는 듯 편안해지는 자연적 감정과 유사한 것으로, "우리의 사유에 의해 수정되고 지시되는" 느낌들의 교육된 형식이다.

시의 양분이 되는 강력한 감정의 교육은 ("중요하고도 요소적인") 근본원리, 즉 쾌의 원리에 비추어 수행되어야 한다. '쾌감'(pleasure)이라는 말로

---

10 William Wordsworth, "Preface to the Lyrical Ballads," in *English Romantic Poetry and Prose, Appendix to the Preface*, ed. Russell Noyes (New York: Oxford University Press, 1956), pp. 357-372[윌리엄 워즈워스, 「《서정담시집》(1802) 서문」, 『워즈워스 시선』, 윤준 옮김, 지만지, 2014, 193-200쪽].

11 Ibid., p. 361 [같은 책, 200쪽].

워즈워스가 의도한 뜻은 성경에서 정제된 활력이지, 한갓 예의바른 즐거움이 아니다. 워즈워스의 표현에 따르면, 쾌감의 원리는 "인간이 날 때부터 타고난 존엄성'을 구성하는 것이다. 따라서 쾌감의 원리에 의해 인도된 감정들의 강력한 회상과 전환을 표현하는 그의 시는 인간의 존엄성을 함축적으로 현시한다. 워즈워스는 그 말의 온전한 의미에서 쾌감이 인간의 존엄을 구성하는 것이라고 믿었다. 다시 말해 쾌감은 기독교적 관념이 생각하듯 추잡스럽고 저급한 것도 아니고 열등한 것도 아니다. 쾌감이 인간에게 존엄성을 부여하고 향상시킨다는 워즈워스의 생각은 실로 급진적이다.

하지만 시와 감정의 관계에 관한 아주 다른 견해도 존재한다. 스티븐 스펜더(S. Spender)와 W. H. 오든(W. H. Auden)의 대화에서 우리는 단서를 얻을 수 있다. 스펜더는 오든에게 자신이 시 대신 산문을 써야 하는 건 아닌가 하는 생각이 든다고 말한 적이 있었다.[12] 오든은 단호하게 답했다. "당신은 시 외에 어떤 것도 써서는 안됩니다. 우리는 시를 쓰는 당신을 잃고 싶지 않습니다." "하지만 당신은 제가 정말 잘 하고 있다고 생각하시나요?"라고 스펜더는 침을 꿀꺽 삼키며 물었다. "물론이죠." 오든의 대답은 단호했다. "하지만 왜죠?" 스펜더가 물었다. "당신은 무한히 굴욕을 겪을 수 있기 때문입니다. 예술은 굴욕으로부터 태어납니다." 오든이 의도한 예술은 시였다. 이것은 시가 혼란 속에서 굴욕을 회상하게 해준다는 통찰이다. 워즈워스의 전원적 감정과 달리, 굴욕은 회상하기만 하면 되살아난다.

굴욕이라는 말로 오든이 의도한 것은 주로 좌절된 사랑과 상처가 뒤섞인 성적 거부였다. 그러나 설령 성적인 좌절이 고통스럽다 해도, 인간 공동체로부터의 거부와 같은 강한 의미에서의 굴욕과 어떠한 관련이 있는가? 체

---

12 James Fenton, "Auden's Enchantment," in *New York Review of Books* 23, no. 3 (2000).

스터 칼먼(Chester Kallman)이 특정 시점에 오든을 성적 파트너로서 거부했다 해도, 오든은 자신이 인간으로서 거부당했다고 생각했을 리 없다. 물론 성적 거부는 상대를 인간으로서 거부하는 것이 아니지만, 강한 의미에서 굴욕을 겪는 것이 무엇인지에 대한 좋은 단서를 제공한다는 점에서 굴욕과 닮았다. 당신의 몸이 거부될 때, 당신 안에 있는 아주 기본적인 것이 거부된다.

성적 굴욕과 인간 이하의 평가에 대한 나의 비교는 도덕적인 것이 아니다. 누구도 타인에게 자신을 성적 파트너로 강요할 권리는 없지만, 모든 사람은 인간으로서 타인에게 부정당하지 않을 권리가 있다. 내가 제안하는 것은 굴욕의 이러한 두 유형을 심리학적으로 비교해 보자는 것이다. 그리고 이 두 유형은 감정의 되살림 없이는 회상이 거의 불가능하다는 특징을 공유한다.

5. 모욕 유도하기

성적 굴욕은 성적 파트너에 의해 꼭 정신적으로는 아니라 해도 신체적으로 거부되는 것이며, 이는 (신체적 거부가 예를 들면 인종차별에 의한 배척이 아닌 한) 내가 의도한 굴욕의 의미가 아니다. 성적인 관계는 (적어도) 두 명의 일이지만, 좌절한 상대는 보들레르(Charles Baudelaire)처럼 "나는 상처이며 칼"이라고 선언할 수 있다.[13] 보들레르는 그 상처를 만든 알파와 오메

---

13 Charles Baudelaire, "L'Héautontimorouménos," in *Selected Poems* trans. Joanna Richardson (Middlesex: Penguin Books, 1975) [샤를 피에르 보들레르, 「자신을 벌하는 사람」, 『악의 꽃』, 윤영애 옮김, 문학과지성사, 2003, 171

가가 반드시 자기 자신이라고 믿지는 않았다. 그러나 그는 상처를 자초하는 데 중요한 역할을 했다. 이 경우는 내가 말하려는 의미에서의 굴욕이 아니다. 상처 입은 사람은 자신이 한 일의 피해자가 아니다.

우리는 칼인 동시에 상처일 수 있는가? 물론 그럴 수 있다. 우리는 찬사만을 유도하는 것이 아니다. 우리는 때때로 적극적으로 모욕을 유도하기도 한다. 이것은 기이한 현상이지만 그럼에도 나는 이러한 현상이 있다고 생각한다. 아모스 트버스키(Amos Tversky)가 지적한 다음 관행을 떠올려보자.[14] 예컨대 신발과 같은 물건을 구입한 후에도 사람들은 쇼핑을 계속하면서, 방금 구입한 신발의 가격을 다른 상점에 있는 비슷한 신발의 가격과 비교하곤 한다. 이들은 자신이 신발을 너무 비싸게 샀고, 정말 싼 물건이 근처에 숨어있었다는 것을 발견할 가능성이 매우 높다. 이러한 관행은 우리가 저렴한 값에 좋은 물건을 샀기를 은밀히 바라더라도, 실제로 그렇게 믿기에는 너무 경험이 많다는 것을 보여준다. 우리는 항상 단순히 불협화음을 줄이기 위해서만 행동하는 것이 아니라 때로는 불협화음을 만들어낸다. 우리는 모욕과 사회적 치욕을 감수하는 여러 경우에 칼날은 아니더라도 최소한 칼자루 정도의 역할을 한다. 시는 로버트 프로스트(Robert Frost)의 언어로 '불멸의 상처'(immortal wound)이고, 때로 그러한 칼이 초래한 상처의 기록이다.

나는 좋은 시가 감정의 되살림이라는 의미에서 감정의 회상의 가장 좋은 예라고 믿기 때문에, 시에 관한 이야기를 멈추는 것이 아쉽다. 감정적 상처

쪽].

14 [옮긴이 주] 아모스 트버스키(Amos Tversky, 1937-1996)는 인지심리학자로서 대니얼 카너먼과 함께 행동심리학을 창시했고 그 공로를 인정받아 카너먼은 트버스키가 죽은 지 6년 후인 2002년 노벨경제학상을 수상했다.

와 흉터의 은유들을 풀어내고 은유적이지 않은 용어로 상처를 되살리는 과제가 아직 우리 앞에 남아 있다. 그러나 상처와 흉터의 은유에 대해 조금 더 이야기해보기로 하자.

6. 트라우마

앞서 나는 감정의 기억 일반을 다루면서도 부정적 감정의 기억에 초점을 맞추겠다고 주장했다. 그것은 부정적 정치에서 부정적 감정의 역할을 강조하는 논증을 부연하는 것이었다. 이러한 주장은 부정적 감정이 기억의 흔적과 매우 유사한 흉터를 남긴다는 관념에 의존한다. 내가 보기에, 흉터는 지배적 은유인 (그리스어로 상처를 뜻하는) 트라우마와 함께 해설될 필요가 있는 형성적 은유이다.

'트라우마'(*trauma*)는 사고나 외부 폭력으로 인한 심각한 신체 부상이나 충격을 일컫는 의학 용어이다. 이 용어가 정신분석학에 차용되었을 때, 그것은 외부 원천에서 비롯된 갑작스럽고 격렬한 충격, 그리고 급격한 동요로 인한 상처(이 경우 감정적 상처)라는 두 가지 함의를 모두 포함하도록 고안되었다. 그것이 어느 정도는 치유될 수 있다 해도, 나는 '흉터'(scar)라는 말을 처음 트라우마가 정신에 남긴 흔적으로 이해한다. 트라우마와 흉터라는 말은 본래적 의미에서는 물리적 신체에 적용된다. 그러나 이 용어들은 너무나 자연스럽게, 아마도 보편적으로 정신으로 전이되어서 둘 사이의 범주적 구분은 흐릿해진다.

실제로 프로이트는 "원시적 사고"(archaic thinking)에서 신체적 증상과 심리적 이미지를 주의 깊게 구별하지 않는 체계에 주목한다. 원시적 사고에서는 둘 다 유사한 정보를 전달하는 임무를 맡기 때문이다. 그는 우리가 트라우마의 한 가지 의미에서 흉터라는 또 다른 의미로 쉽게 이동하는 것이 범주 오류라기보다는 원시적 사고가 실재한다는 증거일 수도 있다고 여긴다.

실제로 프로이트는 카타르시스와 트라우마라는 서로 상충하는 두 그림을 다룬다.[15] 하나는 젖은 그림이고, 다른 하나는 마른 그림이다. 첫 번째 그림인 카타르시스는 혼란스럽고 이질적인 액체적 요소로 이루어진 소화 체계를 정화하는 이미지이고, 두 번째 그림인 트라우마는 상처와 흉터의 이미지이다. 카타르시스의 이미지에서는 병균이 흔적도 없이 완전히 배출된다. 트라우마의 이미지에서 감정의 분출, 즉 정화작용은 여전히 흉터를 남긴다. 이 상황은 내가 제6장에서 다루게 될, 용서에 대한 상충하는 두 개의 성경적 그림과 같다, 하나는 과거의 죄를 완전히 말소하는 것으로, 오직 신만이 할 수 있는 용서의 일종이다. 다른 하나는 덮어 없애는 용서이다. 오점은 분명 그대로 있지만, 당신이 용서한다면 당신은 오점에 영향을 주지 않는다.

트라우마는 덮어 없앤 오점처럼 여전히 영향을 끼친다. 트라우마를 겪은 사람은 과거 상처의 강도에 따라 현재의 유발요인에 불균형적으로 반응하게 된다. 아니면 트라우마를 유발하는 것을 과거의 대상과 어떻게든 연관된 다른 대상으로 대체한다. 이것들은 과거를 되살리는 두 가지 병리적 증상이다.

---

15 Sigmund Freud, *The Complete Psychological Works of Sigmund Freud*, trans. James Strachey (London: Hogarth Press, 1974), vol. 3, pp. 30‒31, 148‒149, 204‒206; vol. 7, pp. 26‒28—옮긴이 추가: 해당 전집의 제3권은 초기 정신분석 출판물(1893‒1899)이고, 제7권의 해당 부분은 『히스테리 연구』로 확인된다 [지크문트 프로이트, 『히스테리 연구』, 김미리혜 옮김, 열린책들, 2020(개정판)].

7. 감정 유지하기와 되살리기

내가 고안한 것은 아니지만, 감정을 철학적으로 분석하는 하나의 양식이 존재하고 그것은 문장의 어법에 대한 철학적 분석을 상기시킨다. 이를테면 다음 세 문장을 보자.

(a) 문이 닫혀 있다.
(b) 문을 닫으시오!
(c) 문이 닫혀 있는가?

그 분석에 따르면 이 문장들은 모두 닫힌 문에 관한 내용을 공유한다. 그러나 문장들의 '어법'(mood)에 차이가 있다. 다시 말해, 저 문장들은 공유된 내용에 대한 태도에서 차이가 난다. 직설법은 관행적으로 그것이 참임을 표명하고, 명령법은 그것이 참이 되길 명령하며, 의문법은 그것이 참인지를 묻는다. 감정의 경우, 말하자면 "나는 적의 포격(砲擊)이 두렵다"라는 표현에서 유사한 관념은 명제의 서술내용을 분리한다는 점이다. 즉 적의 포격과 포격에 대한 나의 태도, 즉 그것이 내게 나쁘다는 점을 분리한다.

하지만, 내용과 태도의 결합자체가 이 문장을 감정적 진술로 만드는 것은 아니다. 여기에는 중요한 것이 빠져 있다고 보는 것이 우리에게 친숙한 분석이다. 누락된 요소는 서술된 사태에 대한 반응과 함께 나타나는 신체변화의 느낌이다. 이러한 분석 방식에 따르면, 사태에 대한 태도를 감정으로 바꾸는 추가 요소는 의도하지 않은 느낌이나 감각, 또는 신체 변화이다. 우리가 자극이나 강도 등을 추가적 요소로 간주하더라도, 그것은 여전히 의도적인 것이 아니다.

그러므로, 이러한 분석 방식에 따르면, 감정을 되살리는 경우, 예컨대, 적의 포격에 대한 나의 두려움을 되살리는 경우, 나는 그것을 흥분되고 짜릿한 경험으로 여기기보다 여전히 기분 나쁘게 여길 뿐이다. 그러나 과거의 두려움을 되살아나게 하는 것은, 내가 지금 예전처럼 어쩔 줄 몰라 하고 입이 바싹 말라버린 느낌을 다시 갖게 되었다는 점이다. 그 강도는 다를지도 모른다. 지금 나의 식은땀이 그때처럼 섬뜩한 느낌을 동반하지 않을지라도 그럼에도 여전하다. 우리는 더 많은 것에 대해 묻고 싶을지도 모른다. 두려움을 되살리기 위해 나는 과거의 포격에 대한 생생한 그림을, 예를 들어 포격의 굉음이나 포격을 피하기 위해 참호로 몸을 던지는 모습을 떠올려야 한다. 악몽을 꿀 때나 몽상 속에서 그러한 것처럼, 우리가 지금 생생한 인상을 가진다면 과거의 인상은 되살아난다.

나는 이렇게 분석하지 않는다. 하지만 내가 이렇게 말한다고 해서 과거의 감정을 되살리는 과정에서 위의 모든 일들이, 즉 느낌, 감각, 이미지 혹은 이것들 전부가 실제로 일어난다는 점을 결코 부정할 생각은 없다. 다만 나는 저 모든 것들이 감정 그 자체와 감정을 되살리는 활동 양자를 구성하는 요소라는 점을 부정한다. 어떤 감정을 유지하는 것과 되살리는 것은 철저히 의도적인 사안이지, 맹목적인 느낌의 변덕에 의해 하나의 인지적 상태가 감정적 상태로 변화하는 사안이 아니다. 하나의 감정을 일으키는 데 필수적인 것은 주체가 자신의 감정의 대상에 관여함으로써 연루되는 방식이다.

어떤 감정을 유지하는 것은 감정의 대상과 거리를 두지 않고 연루된 삶을 사는 것이다. 그것은 우리 자신과 특수한 관련이 있는 대상들을 보고 그것에 반응하고 그것에 대해 생각하는 방식이다. 주체와 감정의 대상이 서로 부합되는 방향은 어느 쪽이나 가능하다. 그것은 주체가 대상에 대해 어면 감정을 품는 경우처럼 대상에 주체를 투사할 수도 있고 엄습한 정동이나 정념처럼 대상에 의해 촉발될 수도 있다. 방향이 우리로부터 대상을 향하는 경우, 우리는 밤에 대한 우리의 두려움을 무해한 덤불에 투사하여 그것을 사나운 개로 여긴다. 방향이 대상으로부터 우리를 향하는 경우, 우리는 사랑스러운 한 여성과 만나 그녀의 매력에 빠져 그녀를 사랑하게 될 수도 있다. 그러나 양 방향 모두에 우리는 연루되어 있다. 순환논법의 위험에도 불구하고, 말하자면 감정은 대상이 중립성을 잃고 우리에게 '표시'되는 식으로, 즉 두렵거나 사랑스럽거나 혐오스럽거나 흥미진진하게 대상에 관여하게 한다.

1인칭 관점에서 볼 때, 어떤 사건이 발생한 후 상당한 시간이 흘렀다면, 내가 그 당시에 연루된 방식으로 과거의 감정의 대상에 지금도 연루되어 있다고 여기는 경우, 그러한 계기를 통해 내게 감정은 되살아난다. 어떤 감정의 되살림은 (단순히 감정의 인과적 계기가 아니라) 그 감정을 구성하는 원래의 사건과 결부되어 있다. 그런 의미에서 감정의 되살림은 과거에 획득된 기질의 발현과는 다르다. 기질과 관련해 중요한 역할을 하는 본래의 특수한 사건 같은 것은 없다. 기질의 경우, 기질을 촉발한 대상, 말하자면 당신을 흡연자로 만든 첫 담배는 당신의 흡연 기질에 전혀 영향을 끼치지 않으며 망각될 수도 있다. 반면에 당신이 예루살렘을 잊어버리면 예루살렘을 향한 당신의 사랑도 그 영향을 받는다.

그렇다면 어떤 감정을 장기간 유지하는 것, 예컨대 굴욕감 속에 사는 것과 그 감정을 되살리는 것의 차이는 무엇인가? 지속시간을 통해 어떤 감정을 명확하게 정체화하는 조건이 없는 것과 마찬가지로, 여기에도 명확한 구별점은 없다고 나는 생각한다. 다시 말해, 되살아난 감정이 원래의 것과 동일한 감정인지, 아니면 과거의 옛 대상에 의해 재점화된 새로운 감정인지를 규정하는 조건은 없다. 굴욕을 되살리는 것이 굴욕 속에 사는 것과 구별되는 지점은, 굴욕을 되살리는 경우는 이미 오랜 시간이 지나서 기억에 의해 원래의 굴욕이 현재에 연루되었다는 데 있다. 당사자는 오래 전부터 더 이상 과거의 고통스러운 기억을 곱씹지 않게 되었을 수도 있다. 그러나 그 감정은 나중에 되돌아오기도하고, 때로는 아주 강렬할 수도 있다. 예루살렘에서 열린 아이히만의 재판은 많은 나치 희생자들이 지옥 같던 수용소에서 겪었던 굴욕감을 되살려냈다.[16] 나의 주된 주장은 과거의 굴욕감을 되살리지 않은 채 그것을 기억하기는 어렵다는 것이다.

되살리지 않고서 기억하는 일은 어렵지만 불가능한 것은 아니라고 말한다는 점에서 내가 여기서 개념적 주장이 아니라 심리적 주장을 하고 있음이 드러난다. 하지만 그래도 굴욕의 기억은 굴욕감을 되살리는 아물지 않은 흉터다. 왜 굴욕을 기억하는 것은 굴욕감을 되살리는가? 내가 보기에 굴욕은 단순히 우리 삶에서 마주칠 법한 또 다른 경험, 예컨대 당혹감 같은 것이 아니다. 굴욕은 형성적 경험이다. 그것은 우리가 자기 자신을 굴욕적인 인간으로 보게 만든다. 이는 우리에게 중요한 어떤 기획에서 심각한 실패를 경험할 때 우리가 우리 자신을 실패자로 여기게 되는 것과 매우 유사하다. 강한 의미에서 굴욕은 인류의 일원이라는 우리 자신에 대한 이해를 근본적으로 공격한다는 점에서, 우리 자신이 누구인가에 관한 하나의 의미를 구성한다. 우리는 일상에서 그러한 경험을 대수롭게 여기지 않고 거기

---

16 [옮긴이 주] 아돌프 아이히만(Adolf Eichmann)은 유대인 학살의 주요한 책임이 있는 전범이다. 전후 망명과 도피생활을 하다 1960년 이스라엘의 정보기관 모사드에 의해 체포되어 예루살렘에서 학살의 책임을 묻는 공개 재판을 받았다. 철학자 한나 아렌트(Hannah Arendt)는 1년간 이 재판의 참관기를 뉴요커에 연재했고, 이것은 나중에 『예루살렘의 아이히만』(*Eichmann in Jerusalem*)이라는 저서로 출판되었다.

에 얽매이지 않으려 노력할 수도 있을 것이다. 그러나 우리가 그것을 기억하고 여전히 굴욕으로 인식하고 있다면, 일상사에서 우리는 그것을 되살린다기보다 그 안에서 살고 있을 가능성이 더 높다.

8. 삶 되살리기

흄은 우리에게 흥미로운 사고 실험을 제시한다. "당신 자신에게도, 지인에게도 지난 10년 또는 20년의 삶을 다시 살고 싶은지 물어보십시오."[17] 흄은 그들과 당신 모두 단호히 아니라고 답할 것이라 확신한다. 흄의 난제는 중요한 세부 사항을 상당 부분 누락하고 있다. 나는 그 중 일부를 부연하려 한다.

당신에게 제안된 것이 과거 10년의 경험이 기억에서 흔적도 없이 사라진 채, 당신의 지난 10년 동안의 삶을 정확히 그대로 반복하는 것이라고 해보자. 당신이 제안을 수락한다면 당신에게 되살아날 10년은 당신의 삶에 추가된 10년이지, 당신의 앞날을 대신하는 것이 아니라고 해보자. 당신은 지금과 정확히 같은 지점에서, 지금 가지고 있는 것과 같은 마음 상태와 기억을 가지고 남은 삶을 보내게 될 것이다. 나아가 당신의 인생에서 지난 10년이 특별히 나쁘지 않았다고, 심지어 상당히 좋았다고 가정해보자. 물론 지난 10년 동안 당신의 삶에 연루된 사람들에게 무슨 일이 일어났는지,

---

17 David Hume, *A Dialogue Concerning Natural Religion*, ed. N. Kemp Smith (Indianapolis: Bobbs-Merrill, 1947), pp. 197–198 [데이비드 흄, 『자연종교에 관한 대화』, 이태하 옮김, 나남, 2008]; David Heyd, "Is Life Worth Reliving," in *Mind* 92 (1983), pp. 21–37.

그들이 실험에서 어떻게 처신할지는 모른다. 어쨌든 그들은 지난 10년을 당신과 함께 되살리는 데 동의해야 한다. 그렇지 않으면 실험은 작동하지 않을 것이다. 만약 당신이 그들을 대체하는 다른 이들이 아니라 똑같은 사람들과 함께 당신의 인생을 되살리기를 진정으로 원한다면 그렇다.

따라서 우리의 이야기를 위해 이렇게 가정해보자. 그들이 모두 당신의 결정에 따르기로 동의했고, (그 사이에 죽은 사람을 포함하여) 그들이 지난 10년 동안의 삶을 당신과 함께 되살린다고 해보자. 내가 흄의 실험에 추가한 가정들을 흄도 고려했는지는 불확실하다. 흄은 존 드라이든(John Dryden)을 인용한다. "그는 삶을 바닥부터 다시 시작함으로써, 처음 기운차게 달릴 때 얻지 못한 것을 받기를 바란다." 인용구의 요점으로 미루어보건대 흄이 염두에 둔 것은 다음 10년을 대체하여 지난 10년을 되살리는 것이다. 그가 보기에 우리가 지금의 삶을 계속하기로 선택한다면, 그것은 지금까지 우리가 얻은 것보다 미래에 다가올 것이 더 나으리라는 환상적 희망에서 기인한다. 흄에게 이것은 경험에 대한 희망의 승리다.

흄의 실험이 이런 것이라면, 내 실험은 그것과 다르다. 나는 훨씬 더 나은 조건을 제안한다. 추가로 10년을 다시 사는 것, 이는 거절할 수 없는 제안이다. 하지만 내 제안을 받은 사람들은 10년을 되살리기로 선택한 사람들과 거절한 사람들로 나뉘었다. 그러면 문제는 다음과 같다. 우리가 추가로 10년을 사는 것을 받아들인 사람들과 거절한 사람들 중 어느 쪽에 동의해야 하는가?

나는 내가 제안한 조건에 따라 흄의 사고 실험을 우리가 우리의 삶을 이끌어가는, 혹은 이끌어 가도록 해야 하는 방식을 나타내는 두 가지 이미지를 검사하는 실험으로 이용하고 싶다. 두 이미지 모두 일부는 참이지만 일부는 오인된 면이 있는 것 같다. 각 이미지는 다른 이미지의 요소를 이용하여 교정되어야 한다. 더 나은 명칭을 찾지 못한 탓에, 먼저 이 두 이미지를 각각 삶에 대한 '과학적 그림'(scientific picture)과 '문학적 그림'(literary picture)이라 부르기로 하자. 과학적 그림에서 삶은 동질적인 시간축을 따라 표시되며, 초, 시, 일, 년 등의 객관적 단위로 분할된다. 시간 축을 따라 나는 쾌락주의적 경로를 계획할 수 있고, 내가 얼마나 잘 해내고 있는지 통합적으로 계산할 수 있다. 그 경우 각 시점에서 내가 지금 얼마나 기분이 좋은지 정답을 얻는다. 그러한 모든 시점의 값을 합산하여 나는 공리주의자의 본질적 꿈에 답할 수 있고, 3월에 얼마나 행복했는지 묻는 그의 질문에도 답할 수 있다.[18]

이러한 그림을 통해 우리는 더 야심차게, '미연방의 상태'에 대해 질문할 수도 있다. 말하자면 4월에 미국인들은 얼마나 행복했는가? 미국인들의 표본에 기초한 판단은 그들이 4월에 어떤 감정을 느꼈는지 우리에게 알려줄 수 있을 것이다.

다음과 같은 상황을 생각해보라. 이 구절을 쓰는 동안 나는 커피를 마시고 있는데, 이 경험을 온전히 향유하고 있다. 특별히 내세울 것 없는 사소한 경험이지만 커피를 음미할 때 기분이 좋다. 매일 그런 순간이 많이 있다. 흄이 나에게 지난 10년을 되살아갈 기회를 준다면 이처럼 커피를 음미할 수 있는 경험을 어째서 반복하지 않겠는가? 내가 겪은 경험 대부분은 기억나지 않는다. 그 경험들은 이야기를 구성하지는 않지만 나의 지난 10년의 삶을 상당히 좋은 것으로 만드는 데 일조한다. 지난 10년 동안 나의 삶을 좋게 만들어준 것 일체가 내게 암시하는 바는 내가 그것을 반복해야

---

18 Daniel Kahneman, "Objective Happiness," in Kahneman et al., *Well-Being*, pp. 3–26. [대니얼 카너먼 · 에드 디너 · 노르베르트 슈바르츠, 『행복의 과학—웰빙: 쾌락심리학 핸드북』, 임종기 옮김, 아카넷, 2020, 21–68쪽].

한다는 것이다. 나의 좋은삶 곡선은 대체로 내가 무방비 상태에서 나의 과거 10년 가운데 표본을 취하도록 계획되었다. 그럼에도 나의 과거 10년의 '과학적' 기록은 나에게 이 삶을 다시 살라고 말한다. 우리는 지난 10년 동안 우리의 삶을 채웠던 (커피를 음미하던 것과 같은) 사소한 경험을 잊어버리는 경향이 있지만, 그것들은 진정으로 우리 삶을 구성하는 것들이다.

반면 삶에 관한 문학적 그림에서 우리는 우리 인생의 저자이며, 삶의 경험들이 의미 있는 무언가에 기여한다고 확신하는 편이 낫다. 만일 당신이 (T. S. 엘리엇을 잘못 인용하면서) 커피 스푼으로 당신 자신의 삶을 재려 하면, 그건 무의미한 삶이 되고 말 것이다. 의미 있는 삶은 맹목적인 경험의 삶이 아니라 반성적 기억의 삶이다. 그것은 건전한 '교양소설'에서 이야기되곤 하는 삶이다. 이러한 이미지에 따르면, 내 인생의 최근 10년을 더 이상의 반성 없이 되살아가는 것은 프린터의 오류로 인해 한 소설의 같은 장을 두 번 읽어야 하는 것과 같다. 아무 발전도 없고, 자기 이해에 도움이 되지도 않고, 아무것도 없다. 커피를 더 많이 음미할 수 있다는 것, 고작 이것이 남은 전부이다. 그런데 이 모든 것이 감정을 기억하는 것과 무슨 상관이 있을까? 상당한 관련이 있다.

9. 기분과 감정

내가 보기에 감정은 삶에 관한 문학적 그림과는 잘 어울리지만, (문법 외적인 의미에서) 기분(mood)은 삶의 과학적인 그림과 잘 어울린다. 우리가 폭풍우를 기억하듯, 감정을 기억하기는 쉽지만, 평범한 일상의 날씨에 대한 기억처럼, 기분을 기억하는 건 매우 어렵다고 생각한다. 감정은 이야기의 플롯과 잘 어울리지만, 기분은 이야기와 잘 어울리지 않는다. E. M. 포스터(E. M. Forster)의 다음 구별을 떠올려보라. "왕이 죽고 난 다음 여왕이 죽었다"는 하나의 이야기이지만, "왕이 죽자 왕비는 슬퍼서 죽었다"는 플롯이다. 플롯은 인과관계와 동기를 추가한다. 기분은 마음의 일시적인 틀이다. 우울해지거나 쾌활해지는 것이 바로 그러한 틀이다. 습관적으로 되풀이되면 그것은 성격적 특성일 수도 있다. 그러나 나는 마음의 일시적인 틀인 경우를 염두에 두고 있다. 레노라가 우울하다고 말할 때, 나는 그녀를 우울한 사람으로 간주하는 게 아니라 그녀의 일시적인 기분을 언급하는 것이다. 그녀는 지금 우울하지만 일반적으로 쾌활한 편일 수 있다. 기분은 좀체 기록되지 않는다. 기분을 기록하려면 프루스트(Marcel Proust)가 필요하지만, 생계수단에 대한 불안과 같은 온갖 감정을 하나의 플롯으로 엮어내려면 윌리엄 서머싯 몸(William Somerset Maugham) 이상의 작가가 없다.

기분을 기억하기 어려운 이유는 감정과 달리 기분이 특정한 지향적 대상을 결여한다는 데 있다. 무엇인가 실로 사소한 원인이 때로 그 기분의 대상이 될 수도 있다. 공중전화부스에서 전화를 마친 후 넣은 동전을 돌려받으면 그날의 기분이 좋아진다. 그러나 당신의 기분은 동전에 관한 것이 아니다.

당신은 당신이 가던 길을 가로지르는 검은 고양이가 정말로 당신에게 해를 끼칠 거라고 믿지는 않을 것이다. 그러나 검은 고양이는 나쁜 생각과 불편한 연상을 불러일으켰고, 당신의 기분은 나빠졌다. 하지만 그 기분은 검은 고양이에 관한 것이 아니다.

사소한 원인이 기분에 변화를 가져올 수 있다 해도 기분은 결코 사소한 감정이 아니다. 기분은 우리의 삶에서, 우리가 기억하는 삶이 아니라 우리가 이끄는 삶에서 매우 중요하다. 기분은 우리의 기억에 영향을 미친다. 좋은 기분은 긍정적인 기억을, 나쁜 기분은 부정적인 기억을 촉진한다. 그러나 우리의 관심사는 기억에 영향을 미치는 기분이 아니라, 기분에 관한 기억이다.

대니엘 카너먼(Daniel Kahneman)과 그의 공동연구자들은 일련의 흥미로운 실험에서, 기억된 삶과 경험된 삶의 차이에 초점을 맞추었다. 피실험자들은 찬물에 손을 담그라는 지시를 받았다. 첫 시도에서 그들은 두 손을 섭씨 14도의 물에 60초 동안 담갔다가 뺐다. 두 번째 시도는 30초 더 오래 지속되었는데, 처음에 피실험자(첫 시도에 참여했던 동일한 피실험자)는 전처럼 불쾌하게 차가운 물(14도씨)에 60초 동안 손을 담갔지만, 나머지 30초 동안 실험자는 온도를 약간 (현저하게 더 미지근하게 느껴지는 15도씨까지) 올렸다. 7분간 휴식 후 동일한 피실험자들이 세 번째 시도를 위해 소집되었다. 이번에는 (더 짧은) 첫 시도와 (더 긴) 두 번째 시도 중 하나를 선택할 수 있는 기회가 그들에게 주어졌다.

대부분의 피실험자들은 더 긴 실험을 반복하는 것을 선호했다. 그런데 이 두 번째 실험은 첫 번째 실험의 모든 고통에다 30초 동안 그보다 약간 덜한 고통을 추가했다. 이 이상한 선호에 대해 카너먼은 고통스러운 경험의 기억은 그 경험의 지속시간이 아니라 그 정점과 끝점에 의해 결정된다고 설명한다. 실제로 그것은 이 두 지점에서의 고통스러운 감각 차이에 의해 기억된다. 0에서 10까지의 범위에서 피실험자들이 14도씨의 물에서 손의 고통스러운 감각을 9로 평가하고 물의 온도가 15도씨까지 올라갔을 때의 감각을 4로 매겨서 비교한다고 해보자. 그러면 그 실험이 얼마나 오래 지속되었는지와 상관없이 첫 시도(9 – 0)보다 두 번째 시도(9 – 4)에서 두 값의 차이가 더 작다.

정점과 끝점은 실제 지속시간이 아니라 기억되는 것이 중요하다는 이야기의 관념에 잘 부합한다. 우리는 행복한 결말을 매우 중요하게 생각한다. 불행하게 시작해서 행복하게 끝난 삶과 역으로 행복하게 시작해서 불행하게 끝난 삶을 비교할 때, 두 삶의 경로에서 경험된 좋음의 총합이 같다 하더라도 우리는 양자를 매우 다르게 평가한다.

우리가 경험한 대로가 아니라 기억하는 대로 우리 삶을 평가하는 것은 잘못일까? 이른바 과학적 그림은 그렇다고 말하고, 문학적 그림은 아니라고 답한다. 나는 진실은 이 둘을 결합한 것이라고 (조심스럽게) 주장하고 싶다. 다시 말해, 진실은 기분으로 채색된 우리의 경험된 삶에 여러 감정을 담고 있는 우리의 기억된 삶이 결합된 하나의 그림이다. 하지만 내가 언급하고 싶은 또 다른 그림이 있는데, 이는 과학적 이미지와 문학적 이미지 양측이 당연시하는 가정에 도전한다. 양측의 공통 가정은 삶이 '빼기'가 아니라 '더하기'에 의해 측정되어야 하며, 두 그림의 차이도 더해야 하는 것이 무엇인지에 달려있다는 점이다. 과학적 그림은 더해진 부분이 자기 삶의 모든 경험을, 즉 기억되는 것뿐만 아니라 기억되지 않는 것까지 전부 포괄해야 한다고 주장한다. 대조적으로 문학적 그림은 추가 부분이 가장 중요하게 기억되는 것, 즉 자기 자신의 삶을 하나의 일관된 이야기로 만들고 가장 중요하게 기억되는 부분들 일체로 구성되어야 한다고 주장한다.

그러나 더하기가 아니라 빼기를 모델로 삼는 삶의 그림이 있는데, 이 그림은 역사적으로 큰 영향을 미쳤다. 그것은 조각가가 대리석으로 조각상을 만들듯, 즉 대리석 안에 이미 존재하던 형상에 "생명을 불어넣기" 위해 불필요한 부분을 제거하는 식으로 자신의 삶을 형성하려는 관념이다. 이 모델에서 감정은 대리석에 내재된 참된 조각상을 드러내는 데 방해가 되는, 제거되어야 할 삶의 비본질적인 부분이다. 스토아 학파, 에피쿠로스 학파, 수도주의(修道主義), 불교는 모두 다양한 방식으로 이런 삶의 조각 모델을 공유한다. 완벽한 조각상, 즉 자기 자신을 조각하는 예술가가 만들어내는 완벽한 삶은 '무정념'(apatheia)의 삶이요, 자기 감정을 부정하고 삶에 관여하지 않으려는 자세를 채택하는 삶이다.

나는 이 그림을 언급하지만, 그것을 검증할 의향은 없다. 반대 논거가 없어서가 아니라, 그것이 나 혹은 내가 아는 그 누구도 고려한 적 없는 삶의 선택지이기 때문이다. 어떤 의미에서는 이 그림이 선택지가 아니라는 것이 하나의 논거로 충분할 수도 있다.

10. 감정의 수정주의적 역사

나는 이미 어떤 감정을 기억하는 두 가지 방식, 즉 명제("그것을 기억하고 있음")로만 나타나는 차가운 기억과 되살아난 뜨거운 기억에 대해 언급했다. 내 어머니는 오래전에 돌아가셨다. 나는 당시 어머니에게 느꼈던 감정을 기억하고 있으며, 내가 지금 어머니에 대해 어떤 감정을 느끼고 있는지 안다. 그러나 나는 또한 어머니의 이미지를 떠올리기 힘들게 되었음을 차츰 알게 되었을 때 얼마나 고통스러웠는지도 기억한다. 나는 어머니가 어떤 모습을 하고 있었는지에 대해 상당히 많은 것을 (명제적으로) 기억하고 있지만, 더는 생생한 이미지를 간직하고 있지 않다. 나는 마치 어머니에 대한 나의 효심이 의심스러운 양, 내가 간직한 기억이 충분하지 않기라도 한 양 죄송함을 느낀다. 나는 내 어머니를 기억하는 데 있어서 시각적 이미지가 필요조건이나 충분조건이라고 생각하지 않는다. 그런데 왜 나는 어머니의 생생한 시각적 기억을 가지지 못한 것에 죄송함을 느끼는가?

우리는 시각적 이미지를 감정의 되살림과 연결하며, 그러한 이미지의 결핍을 감정의 약화와 연결한다. 시각적 이미지는 우리에게 상상 속의 감정이 되살아나는 감각을 제공한다. 그러나 상상력은 두 가지를 의미한다. 하나는 이미지를 그려내는 능력, 이로써 현존하지 않는 어떤 것을 존재하거나 존재했던 것으로 여기게 만드는 능력이고, 다른 하나는 비현실적인 것을 공상하는 능력이다. 기억은 과거의 현실에 의해 제약된다. 공상적이라는 의미에서 상상은 그렇지 않다. 우리의 과거사의 수정은 우리에게 지금 부재하는 것을 찾기를 요구하지만 존재한 적 없던 것을 발명하라는 뜻은 아니다. 그러나 그렇다 해도 감정의 수정주의적 역사는 실로 복잡한 문제이다. 왜냐하면 우리의 과거 감정을 다시 서술할 때 일어나는 많은 일들이 때로 나중에 분명해진 것에 비추어 과거를 재평가하기 때문이다. 우리가 어떤 감정을 되살리는 데 무력하다는 것은 과거 감정에 대한 우리의 설명을 재평가하거나 수정하게 만드는 요인 중 하나다. 과거에 미워했던 사람을 생생하게 기억하지 못한다면 내가 그를 미워한 적이 있다는 사실이 믿기지 않을 수도 있다. 마찬가지로 나는 감정의 강도를 낮춤으로써 그 감정을 재평가할 수도 있다. 나는 그를 다소 싫어했지만, 나는 그를 정말로 싫어하지 않았다는 식으로 말이다.

감정의 재평가는 우리가 과거에 감정을 평가하던 방식과 다르게 감정을 평가하는 니체적인 형식을 취할 수 있다. 이에 따라 연민은 긍정적 감정에서 부정적 감정으로 바뀌고 감성적인 것으로 치부될 수도 있다. 당신이 과거에 좋아했으나 지금은 상당히 당혹스럽게 여기는 영화들을 전부 떠올려 보라. 나는 심경의 변화가 상당 부분 그 영화에서 표현된 감정과 관련이 있다고 생각한다. 이제 당신은 그 영화들을 재평가하고, 그 당시 단순하고 순수하게 당신을 감동시켰던 감정적 요소들을 참을 수 없을 정도로 유치한 것으로 여긴다.

정확히 말해, 감정에 동반된 평가는 감정의 동일성 조건의 일부이다. 당신이 어떤 감정을 다르게 평가한다면, 그것은 단순히 같은 감정을 새롭게 조명한 것이 아니라 완전히 다른 감정으로 여긴 셈이다. 단 감정의 동일성 조건이 있다는 관념에 확신이 없기 때문에, 나는 이 극단적인 견해를 약하게 견지한다.

11. 염려와 돌봄의 교차점

전통적인 그림에서 우리 인간은 중립적인 기반 위에서 세상과 만난다. 우리 각자는 세계 안에서 우리를 둘러싸고 있는 무차별적 대상들에 관해 우리가 개인적인 이론을 형성할 수 있게 해주는 인지 능력과 지각 능력을 부여받았다. 그런 뒤에야 우리는 관념들의 시장에서 타인과 의견을 교환하고, 타인의 의견으로 우리의 의견을 보정한다.

『존재와 시간』에서 하이데거는 다른 그림을 장려한다. 그것은 우리 인간의 현존 양태에 대한 그의 분석에서 유래한다. 우리의 매일의 현존에 스며들어 있는 인간 이해의 전제 조건이 있다. 그의 설명에 따르면, 당신은 감각 지각에 의해 감지되는 무차별적 대상들인 세계의 사물들에 접근하는 게 아니다. 당신과 세계의 일차적 만남은 실용적이다. 매번의 만남에서 당신에게 중요한 것은 당신에게 마련된 사물들을 이용하는 법을 알아낼 수 있을 것이라는 데 있다. 당신의 삶에서는 사물들의 지각적 속성보다 기능이 가장 중요하다. 세계는 우리 각자가 장소, 적합한 기능 및 우리의 도구들의 적합한 사용을 찾고자 분투하는 거대한 작업장이다. 우리는 공정한 관찰자가 아니라 작업자로서 세계와 관계맺고 있다.

물론 우리의 세계에는 우리가 단지 관조하는 대상들, 즉 우리가 그것들과 도구적으로 관계맺지 않음에도 현존하는 대상들이 있다. 이를테면 천문항법과 관련이 없는 하늘의 별들이 그렇다. 그러나 하이데거에 따르면, 이러한 무관한 대상들은 우리의 세계 접근 방식에서 부차적 역할을 한다. 따라서 일차적 대상들은 도구적으로 판단되는 반면, 부차적으로 감지된 대상들은 관조적으로 고찰된다.

그러나 다음으로 존재 양태가 우리와 같은 세 번째 범주의 존재자, 즉 우리의 동료 인간이 있다. 우리와 '그들'의 만남은 처음 두 범주와 다르다. 일상적 존재론에 따라 우리가 관여하는 대상들과 단순히 우리 앞에 현존하는 대상들을 구별해야 한다는 하이데거의 인식은, 내가 보기에 인간에 관한 구별에서도 평행을 이루어야 한다. 우리가 관여하는 사람들, 즉 우리와 두터운 관계를 맺고 있는 사람들이 있고, 또 우리가 그들의 현존에 대해 얕은 관념만을 지닌 타인들이 있다. 관여한다는 것이 긍정적으로 관여함을 의미하는 것은 아니다. 우리가 싫어하는 사람도 우리가 상당 부분 관여하는 존재이다. 그러나 이러한 두 유형의 인간의 구별은 우리의 근본적 존재론, 즉 우리의 인간적 존재 양태를 분석하는 존재론의 일부이다. 내 생각에는 W. H. 오든(W. H. Auden) 식의 시구로 요약될 수 있는 이 구분에는 다음과 같은 깊은 도덕적 귀결이 있다. '비록 우리는 우리가 관여하는 인간 외에는 누구도 알지 못하지만, 그럼에도 우리가 이 가상의 인간을 기릴 수 있다면 기립시다.'

우리가 과거의 감정을 기억하는 방식에 대한 관심은 무엇보다도 윤리와 도덕의 관계에 대한 관심이다. 윤리는 타인에 대한 감정이 중요한 역할을 하는 두터운 관여적 관계에 기초한다. 도덕은 가느다란 밧줄 위의 외줄타기이고, 그저 인간이라는 공통점만 있는 사람들 사이에는 그 밧줄을 단단히 잡아주는 감정이 거의 없다. 애덤 스미스가 말했듯이, 도덕성을 작동시키기에 적합한 감정은 거리를 둔 공감적 관찰자가 가질 만한 감정이다.[19] 우리가 관여하는 관계에 우선성이 주어져서는 안 된다. 스미스의 설명에 따르면, 나는 내 어머니의 죽음을 두고 거리를 둔 관찰자가 슬퍼하는 정도보다 더 많이 슬퍼해서는 안 된다.

내 설명에 따르면, 누군가 또는 무언가와의 감정적 관계는 그 대상에 관여하는 감정적 관계이다.[20] 타인에게 감정적으로 관심을 갖는 것은 좋든 나쁘든 그들에게 관여하는 것이다. 지배적인 감정이 사랑과 돌봄이라면 더 좋은 쪽으로, 증오와 원한이라면 더 나쁜 쪽으로 관여하는 것이다. 감정은 우리가 타인과 맺는 가장 중요한 관계를 채색할 뿐만 아니라 구성한다. 우리는 부모의 사랑이 부모와 자녀 사이의 관계를 채색할 뿐만 아니라 그러한 관계의 구성요소가 되기를 기대한다. 예를 들어, 남성 정자 기증자의 단순히 생물학적인 친자 관계는 우리가 부모 관계로 간주하는 것을 구성하기에 불충분하다.

긍정적인 감정적 유대로 충만한 사회적 실재는 윤리적인 공동체를 결속시킨다. 그러나 두터운 관계에 기반한 윤리적 공동체를 하나로 묶는 중요한 부분은 과거의 감정에 대한 기억, 즉 어려운 시절의 위대한 연대의 기억, 어쩌면 공동의 적에 대한 적대감의 기억이다.

윤리적 공동체를 약화시키는 이탈, 불화, 소외는 공유된 감정의 기억을 느슨하게 한다. 강한 연대감의 기억이 희미해질 때 연대는 흔들린다.

감정적으로 관여하는 세계에 사는 것은 위험한 삶을 사는 것이다. 전반적으로 감수할 가치가 있다 해도, 위험은 위험이다. 윤리적 공동체는 우리

---

19 [옮긴이 주] 애덤 스미스, 『도덕감정론』, 김광수 옮김, 한길사, 2016.
20 Peter Goldie, *The Emotions* (Oxford: Oxford University Press, 2000).

가 관여하는 사회의 위태로운 감정들을 염려와 돌봄의 감정들로 바꾸기 위해 노력한다. 그러나 그 경우 감정적으로 관여하는 개인과 감정적으로 관여하는 사회의 위험이란 무엇인가?

12. 훈육되지 않은 감정의 무리들

장 폴 사르트르(Jean-Paul Sartre)는 흥미로운 감정 이론을, 아니 더 정확히 말해 그러한 이론의 밑그림을 그렸다.[21] 불확실성이 지속되는 상태로 세계에서 살아가는 것은 우리 안에 인과적 사고를 대신하는 마법적 사고의 경향을 만들어낸다. 감정은 세계 안에서 우리에게 어떤 일이 일어날지 확실히 알 수 없는 데다가 우리 삶에 대한 통제력의 부족 때문에 생겨난, 일종의 마법적 사고이다. 이렇게 포도의 소유가 불확실한 상황에서 우리는 그것을 원하지 않기 위해 마법처럼 그것을 신 포도로 바꾼다. 사르트르의 설명에서 내가 매우 가치 있다고 생각하는 한 가지 요소가 있다. 그것은 감정이 마법처럼 우리를 막스 베버(Max Weber)식으로 말하면 '마법적 세계'에 머물게 한다는 관념이다. 우리는 좋든 나쁘든 그 자신의 고유한 의도를 지닌 대상들로 가득 찬 물활론적 세계에 살고 있다. 이렇게 의인화되고 물활론적이 되면 이 세계는 매력적인 곳이지만, 그러면 우리는 우연한 관계의 그물망을 오해할 수밖에 없다. 그리고 우연한 사건들의 관계를 오해하게 된다는 바로 이 사실은 우리가 감정적으로 충만한 세계 속에서 살기 위해 치러야 하는 대가다. 이런 점에서 볼 때, 임의의 세계에 마법을 거는 것

---

21 Jean-Paul Sartre, *Sketch for a Theory of the Emotions*, trans. Philip Mairet (London: Methuen, 1962).

은 우리의 감정이다.

  과학, 즉 타당한 과학에서 연구 수행자들은 감정적으로 거리를 둔다. 물론 그들은 그들의 작업이 아니라 연구 대상과 거리를 둔다. 그들의 작업에 대해 그들은 열정을 지닐 수도 있다. 거리를 둔 활동으로서의 과학의 시야는 표적을 크게 벗어나지 않는다. 과학의 성공은 마법적 세계에서보다 사물들의 관계를 분명 더 우연하게 여기는 탈마법화된 세계에서 작업할 수 있는 우리의 능력에 달려 있다. 이리하여 우리는 사랑을 원하고 합리성을 원하되, 사랑으로부터 얻는 것과 합리성에서 얻는 것을 명확히 구별해야 한다. 윤리적 공동체에서 최상의 지배권을 지녀야 하는 것은 사랑, 더 정확히 말해, 돌봄이지만, 단순히 도덕적 공동체에서는 다만 합리성일 것이다.

5장

The Ethics of Memory

도덕적 증인

1. 도덕적 증인의 표지

집단적 기억은 이 기억을 보존하고 확산시키는 일을 위임받은 여러 행위자와 행위자성을 가진다. 어떤 종류의 행위자는 '우리는 무엇을 기억해야 하고 무엇을 잊어야 하는가'라는 질문에 관심이 있는 사람들, 즉 기억의 윤리에 관심이 있는 사람들에게 특히 관심을 가져야 한다. 내가 고려하고 있는 행위자는 도덕적 증인(moral witness)이다. 이 장에서 나는 도덕적 증인에 대한 설명을 시도할 것이다. 이 과정에서 도덕과 윤리의 구별은 잠시 논외로 남겨두었다가 마지막에 다시 이 구별로 돌아올 것이다. 나의 설명의 일부는 '도덕적 증인'이라는 표현의 의미를 해설하는 것이고 또 일부는 그 의미를 규정하는 것이지만, 주로 도덕적 증인이 되는 과정의 현상학적 서술이다.

안나 아흐마토바는 자신의 유명한 작품 「진혼곡」에서 "서문을 대신하며"

라고 불리는 글을 "나는 공통된 운명의 증인, 그 시대와 장소의 생존자로 서 있다"라는 유명한 구절로 시작하는데, 여기서 그녀는 이렇게 쓴다.

> 예조프의 숙청이 자행되던 그 끔찍한 시절에
> 나는 레닌그라드에서 17개월 동안
> 수인 면회인의 대열에 끼어 있었다.
> 한번은 누군가가 나를 '알아'보았다.
> 추위로 입술이 시퍼렇게 된 한 여인이 내 뒤에 서 있었다.
> 그녀는 물론 내 이름조차 들어본 일이 없었을 것이다.
> 당시 우리가 공동으로 앓고 있던 육체와 정신의 무감각에서 깨어나
> 그녀는 내게 귓속말로 물었다(거기서는 모두가 귓속말을 했다)
> ―당신은 이 모든 것을 쓸 수 있습니까?
> 나는 대답했다:
> ―네.
> 그러자 미소와도 비슷한 어떤 것이
> 한때 그녀의 얼굴이었던 그 부분을 스치고 지나갔다.[1]

나는 이 구절이 도덕적 증인이나 도덕적 증인이 될 사람들의 몇몇 중요한 특색에 관한 단서를 제공한다고 믿는다. 첫째, 도덕적 증인으로 간주되기 위해서는 무엇을 증언해야 하는가? 그 사람은 철저히 사악한 정권이 가

---

1 Anna Akhmatova, "Instead of a Preface," trans. Stanley Kunitz and Max Hayward, in *Against Forgetting*, ed. Carolyn Forche (New York: W. W. Norton and Company, 1993), pp. 101-102 [지나이다 기뻬우스 편, 『레퀴엠: 혁명기 여성 시인 선집』, 석영중 옮김, 고려대학교 출판부, 2004, 69-70쪽].

하는 고통을 증언해야 하는데, 그 증언은 그들이 실제로 경험해야 하는 것이다. 예조프시나(Yezhovschina, 1937~38), 즉 스탈린 정권의 대숙청은 니콜라이 이바노비치 예조프(Nikolai Ivanovich Yezhov)의 지시에 따라 비밀경찰을 통해 이루어졌는데, 이는 헤아릴 수 없는 고통을 가하는 철저히 사악한 위력 행사의 전형적 사례다. 따라서 도덕적 증인이 되려면 악과 악에 의해 산출된 고통의 결합을 증언해야 한다. 단지 악만 증언하거나 고통만 증언하는 것으로는 불충분하다.

온갖 역경을 딛고 자연재해에서 살아남아서 이것이 야기한 파괴와 고통을 생생히 이야기한다고 해서 살아남은 사람이 도덕적 증인으로 변모하는 것은 아니다. 물론 자연재해를 도덕적으로 중립적인 것으로 보는 것은 탈마법화된 관점으로 보는 것이다. 말하자면, 종교적 세계관에서 홍수는 도덕적 타락에 대한 형벌로 간주될 수도 있다. 그러한 세상 속에서 성경의 파괴적인 홍수로부터 살아남은 자 노아는 도덕적 증인이 될 수 있다.

탈마법화된 세계관에서 자연재해가 사악한 위력이 현전하지 않고서도 인간적 고통으로 경험된다면, 고통 없는 악은 어떠한가? 사악한 행위자가 사악한 계획을 품고 있다고 해보자. 더 나아가, 용감한 증인이 그 계획을 미연에 방지하려는 희망으로 비밀 계획을 누설한다고 해보자. 이 증인은 도덕적 증인인가? 누설하는 증인도 증인이고 그가 도덕적일 수도 있겠지만, 나는 그가 "도덕적 증인"은 아니라는 점을 분명히 하고자 한다.

도덕적 증인이 된다는 것은 단지 의도된 고통이 아니라 실제적 고통을 증언하는 것을 포함한다. 도덕적 증인은 고통에 대한 직접지를 가진다. 그러나 직접대면은 자신도 희생자로서 고통을 직접 경험하는 것을 의미하는가, 아니면, 스스로 희생자가 되지 않은 채 고통을 관찰함으로써, 공감적 방관자로서 그 고통을 인식할 수 있는가? 창문 너머로 아르메니아인 집단학살을 목격한 다음, 커다란 개인적 위험을 무릅쓰고 자신이 본 것을 세상에 보고하기로 결심한 이스탄불의 수녀를 생각해보자. 그녀는 도덕적 증인이 될만한 자격이 있는가?

나는 악에 의해 고통받는 희생자가 아닌 관찰자들이 도덕적 증인이 될 수 있다고 생각하지만, 그러한 관찰자들은 우리의 주된, 논쟁의 여지 없는 표준적 사례가 아니다. 도덕적 증인의 전형적 사례는 고통을 경험하는 사람, 즉 단지 관찰자일 뿐 아니라 고통을 받는 당사자이다.

도덕적 증인은, 자신이 고통받는 사람이든 아니면 단지 악행에서 비롯된 고통의 관찰자이든 간에, 스스로 개인적인 위험을 감수해야 한다. 완전히 보호받는 증인은 도덕적 증인이 아니다. 여기에는 두 가지 의미의 위험이 있다. 하나는 악행의 대상이 되는 사람들의 범주에 속할 위험이며, 다른 하나는 훗날 사용하기 위해 어떤 일이 일어나고 있는지 문서화하고 기록하려고 시도하는 위험이다. 따라서 우리는 이것을 희생자가 되는 위험과 증인이 되는 위험이라고 말할 수도 있다. 증인의 위험은 당신에게 가깝고 소중한 사람들의 고통을 증언하는 데서 오는 대리 희생의 위험일 수 있다. 실로, 많은 잠재적 증인들은 개인적으로 그들 자신에 대한 직접적 위협이 아니라 자신의 친족과 동료들을 향한 위협 때문에 침묵하도록 협박을 당한다. 그러한 경우에도 도덕적 증인은 위험에 처해있다.

그렇다면 때로 엄청난 위험을 감수하면서까지 사악한 정권의 악행을 보도하는 일을 직업으로 삼는 외신기자들은 도덕적 증인으로 여겨지는가? 이 물음은 냉철한 "종군기자"가 자신의 직함에 도덕적 증인이라는 명칭을 추가하기를 원하는지 여부에 관한 것이 아니다. 그들은 어쩌면 그러한 명칭을 마치 그들 자신이 연약해지고 감상적 도덕가가 되어간다는 암시라는 듯이 모욕적으로 여길지도 모른다. 질문은 그들이 아니라 우리를 위한 것이다. 우리는 기자라는 직업을 가진 사람들에게 도덕적 증인이라는 칭호를 부여하고 싶은가? 그 칭호는 증언해야 한다는 사명을 도덕적으로 추구하는 사람에게 부여되어야 한다. 설령 그러한 보도가 위험을 수반하더라도, 단지 흥미롭고 좋은 기삿감이라는 이유로 악행을 보도한다면 거기에는 어떠한 도덕적 목적도 존재하지 않는다.

오스트리아계 이탈리아인 작가 쿠르초 말라파르테(Curzio Malaparte)는 나치 편에 섰던 종군기자로서 암흑의 한복판에 있었다.[2] 그가 『망가진 세계』(*Kaputt*)에서 설명하는 악과 고통이 놀라울 정도로 생생하고 강력하다는 점에서, 우리는 그가 전쟁시기 자신의 일기를 보관하는 데 어느 정도 위험을 감수했다고 추정할 수 있다. 그러나 그는 동요하기보다 그 상황을 즐기고 있다는 인상을 우리에게 준다. 그가 관찰자로서 마주친 잔혹행위는 그에게 좋은 이야깃감이다. 그는 부도덕한(immoral) 것은 아니지만 무도덕적(amoral)이다. 그가 재미있는 기념품으로 간직하기 위해 사진을 찍는 가학적인 나치에 속한다는 말은 아니다. 그러나 여전히 그의 무도덕성은 그가 도덕적 증인이 될 자격을 박탈한다. 요약하자면, 도덕적 목적은 도덕적 증인의 본질적 요소이다.

2. 희망에 반하는 희망

도덕적 증인은 희망에 의해 인도되어야 하는가? 그 사람의 증언은 희망의 표현이어야 하는가? 그렇다면, 무엇을 위한 희망이며, 누구를 위한 희

---

[2] Curzio Malaparte, *Kaputt*, trans. Cesare Foligno (New York: E. P. Dutton, 1946) [쿠르초 말라파르테, 『망가진 세계』, 이광일 옮김, 문학동네, 2013].

망인가? 아흐마토바 뒤에 서서 고통받던 여성의 "한때는 얼굴이었던 것"에 잠시 스쳐 지나간 미소는 희망의 표현, 즉 자신의 역경을 서술하게 될 유능한 도덕적 증인을 찾아냈다는 희망의 표현이었는가?

희망은 사랑, 믿음, 박애의 신학적 덕목들과 함께 종교적으로 부과된 개념이다. 희망은 미래의 구원에 대한 종말론적 기대이다. 기독교의 신약성서에서 신 자신은 "희망을 주시는 하나님"(로마서 15:13)으로 묘사된다. 이것은 중요한 암시인데, 도덕적 증인이라는 관념 자체가 종교적 증인, 순교자, '사히드'(sahid)—그리스어와 아랍어 모두에서 원래 '증인'이라는 뜻을 가진 용어—가 세속적인 형태로 위장한 것이라는 의심을 받고 있기 때문이다. 종교적 증인은 고통과 궁극적 희생을 통해 시련의 시기에 눈에 보이는 모든 것에 반하여 이 세계가 여전히 도덕적 권위를 지닌 최고로 정의로운 재판관인 신에 의해 지배된다는 자신의 확신을 표현한다. 희망은 종말의 날에 지구상에 영원하고 완벽한 도덕적 우주가 세워질 것이라는 데 있다. 메시아가 역사하는 시간에 관한 이러한 전망에는 수많은 유사-세속적 형태들이 있는데, 그 중 세 가지 통일이 지배적으로 나타난다. 첫째, 인간의 자기 자신과의 통일, 둘째, 인간과 그의 동료 인간의 통일, 마지막으로 인간과 자연의 통일이 그것이다. 그렇다면 희망은 일시적 좌절에도 불구하고 역사가 추구하는 조화로운 도덕적 (윤리적) 질서에 대한 희망이다.

도덕적 증인이라는 관념은 시련의 시기에 종교적 희망의 위장된 형태인가? 도덕적 증인은 자신의 증언이 과거에 관한 것일 때조차 미래지향적인 피조물인가? 아흐마토바 자신은 롯(Lot)의 아내 이미지에 매료되었는데, 롯의 아내는 자신이 소돔의 파괴로부터 구출되었다는 점을 아주 잘 알고 있었지만, 그럼에도 한때 자신의 과거와 집이었던 것을 돌아보지 않을 수 없었다는 점에서 궁극적으로 과거지향적 피조물이었다.

나는 도덕적 증인이 되는 것과 희망의 표현 사이의 관계에 대해 질문함으로써, 희망의 종말론적 의미를 강조한다. 왜냐하면 이것은 도덕(윤리)이 그 자체로 존립하는 것이 아니라 종교에 기초한다는 흥미로운 논제로 우리를 인도하기 때문이다. 우리는 도덕이 종교에 기초한다는 주장의 두 가지 의미, 즉 발생적(역사적) 의미와 정당화하는 의미를 구별해야 한다. 발생적 의미는 막스 베버의 도덕 관념으로, 도덕의 상당 부분이 역사적으로 종교에서 나왔다는 것이다. 어떤 사람은 현대 도덕 이론들 다수가 신성한 입법자의 관념에 기초한 종교적 틀 아래에서만 이해되고 정당화될 수 있다는 취지의 더 강력한 주장을 하는 G. E. M. 앤스컴(G. E. M. Anscombe)을 떠올릴 수도 있을 것이다. 내가 이해한 바에 따르면, 앤스컴 여사의 주장은 도덕의 유일한 정당화는 종교 안에서 발견될 수 있으며, 그 자체로는 자율적인 지위를 보유하지 못한다는 점이다.[3]

실로, 우리는 미하일 바쿠닌(Mikhail Bakunin)과 칼 슈미트(Carl Schmitt)가 모두 동의하는 정치 신학의 유사한 주장에서 동일한 애매성을 찾아낼 수도 있을 것이다. 그들의 주장은 정치가 명시적이거나 암묵적인 신학에 강하게 기초한다는 것이다. 내가 보기에, 바쿠닌은 이 주장을 일종의 정당화 방식으로, 말하자면, 국가의 유일한 정당화가 신학적 관점에서 이루어진다는 식으로 이해하지만, 이것이 원칙적으로 가상적 정당화를 넘어설 수 없으므로, 신학과 국가가 함께 몰락할 수밖에 없다고 여긴다.[4] 나는 슈미트

---

3   G. E. M. Anscombe, "Modern moral philosophy," in *Philosophy* 33(124), 1958, pp. 1–18.

4   Carl Schmitt, *Political Theology: Four Chapters on the Concept of Sovereignty*, trans. George Schwab (Cambridge: MIT Press, 1985) [칼 슈미트, 『정치신학—주권론에 관한 네 개의 장』, 김항 옮김, 그린비, 2010].

가 종교와 이 종교에서 나온 국가의 세속화 이론 사이에 매우 강한 구조적 유사성이 있다고 보는 발생적 주장을 한다고 생각하지, 정당화하는 주장을 한다고 생각하진 않는다.[5]

나의 견해는 종교와 도덕의 관계, 그리고 종교와 정치의 관계가 모두 강한 구조적 유비에 바탕을 둔 발생적 관계라는 것이다. 하지만 도덕과 윤리의 토대는 자율적 정당화에 근거할 수 있으며, 마땅히 그래야만 한다. 무엇보다 그러한 정당화는 믿음이라는 방법을 통해서는 우리에게 더 적은 것을 요구한다.

내 설명에 따르면, 도덕적 증인은 희망의 종교적 증인의 조야한 대리인이 아니다. 도덕적 증인의 관념은 고유한 내용을 가진다. 동시에 나는 도덕적 증인의 관념이 증인으로서의 종교적 순교자 관념의 역사적 계승자일 가능성을 부정하고 싶진 않다. 그런데 이것이 뒤틀린 계승자라는 점에 유의하라. 순교자는 증언한 다음 죽지만, 도덕적 증인이 제 역할을 하기 위해서는 살아남아야 한다. 하지만 나는 도덕적 증인의 개념이 인본주의적 관점에서 정당화되지 않는다고 생각하진 않는다. 더 구체적으로 말하면, 나는 도덕적 증인의 개념에 포함된 희망의 의미가 메시아 시대의 구원에 대한 종말론적 희망과 유사하다는 점을 부정한다.

내가 도덕적 증인들을 신뢰하게 하는 희망은 다소 냉정한 희망이다. 그것은 그들의 증언을 듣게 될 도덕 공동체가 다른 곳이나 다른 때에 존재하거나 존재하리라는 희망이다. 도덕 공동체의 구조를 파괴하려는 사악한 정권에 종속된 사람들이 그 정권을 쉽게 극복할 수 없고 파괴할 수 없는 것으로 여기며, 도덕적 공동체의 가능성 자체에 대한 믿음을 멈춘다는 사실이

---

5   Mikhail Bakunin, *God and the State*, trans. Carlo Cafiero and Elisee Reclus (Columbus Junction, IA: E. H. Fulton, 1896).

이러한 희망을 그토록 영웅적인 것으로 만든다. 나치의 강제수용소나 볼셰비키의 굴라크의 무력한 수감자가 되면, 천년제국이나 공산주의의 불가항력적 승리가 세계가 움직이는 유일한 방식이라고 믿게 될 수 있다. 피해자와 가해자 사이의 권력의 격차는 그 정권이 극복될 수 없을 것 같다는 점을 매 순간 확인시켜 준다. 보통의 상황에서는 악한 권력은 제한적이고 일시적이라는 믿음이 상당히 합당하지만, 불리한 상황에서 그렇게 믿기는 참으로 어렵다. 그러한 조건 아래에서 도덕 공동체의 가능성에 대한 믿음은 신앙의 진정한 도약을 요구한다. 그러나 그 경우 도덕적 증인이 종교적 증인에게서 나타나는 몽유병자의 확신에 찬 자신감을 가질 필요는 없다.

매우 독실한 아브라함은 "희망을 버리고서 희망을 믿은" 자라서 칭송받았다(로마서 4:18). 그의 아내 사라의 나이가 많았음에도 불구하고 아브라함은 자기에게 약속된 것, 즉 여러 민족의 아버지가 되리라는 약속이 이루어지길 여전히 희망했다. 나의 설명에서, 도덕적 증인은 희망에 반하여 희망을 가질 필요가 없다.

『희망에 반하는 희망』은 나데쥬다 만델슈탐(Nadezhda Mandelstam)이 예조프시나에 관하여 쓴 위대한 도덕적 증언록의 영어판 제목이다. 이것은 그녀가 자신의 원고에 직접 붙인 제목은 아니었지만 그녀가 가장 좋아하는 표현이었고, 번역자는 이것이 그 책에 어울리는 제목이라고 생각했다. 그러나 러시아어로 희망을 의미하는 이름을 가진 나데쥬다(Nadezhda)는 자신의 두 번째 책에 『버려진 희망』이라는 제목을 붙였는데, 이것은 『희망에 반하는 희망』과 마찬가지로 중요한 도덕적 증언이다.[6]

---

6 Nadezhda Mandelstam, *Hope against Hope*, trans. Max Hayward (London: Collins-Harvill, 1971) [나데쥬다 야코블레브나 만델슈탐, 『회상』, 홍지인 옮김, 한길사, 2009]; Nadezhda Mandelstam, *Hope Abandoned*, trans. Max

도덕적 증인은 무인도에 갇힌 난파선의 생존자처럼 행동할 수 있고 종종 그렇게 하며, 유리병 속에 편지를 넣어 바다로 띄워 보냄으로써 잃을 것은 아무것도 없으나 어쩌면 얻을 것이 있을지도 모른다고 생각한다―앤서니 케니에 따르면, 이와 같은 생각은 신을 향한 기대에도 적용될 수 있다. 별기대 없이, 그러나 그것이 도움을 줄 수 있는 누군가의 시선에 가닿기를 바라는 커다란 희망을 품고 편지를 보내는 것은 전혀 비합리적이지 않다. 나는 이것이 도덕적 증인이 가정할 수 있는 종류의 희망이라고 주장한다. 하지만 유리병 편지를 보내는 사람과 도덕적 증인 사이에는 한 가지 중요한 차이가 있다. 병을 보내는 사람은 어떠한 위험도 감수하지 않는다. 확률이 낮더라도 그의 경우에는 잃을 것은 없고 얻을 것만 있기 때문이다. 반면에 도덕적 증인이 되는 것은 전적으로 위험을 감수하는 일이다.

자신의 기록이 도덕적인 공동체에서 읽히리라는 희망이 전혀 없이, 매일 그가 마주치는 악을 기록하는데 전념하는 사람의 마음은 어떤 상태일까? 아마도 빅토르 클렘페러(Victor Klemperer)는 그러한 마음의 상태로 자신의 강렬한 일기를 썼을 것이다.[7] 실제로 나는 바르샤바 게토에 있는 유덴라트(Judenrat)의 지도자 아담 체르니아쿠프(Adam Czerniakow)가 그러한 마음상태로 자신의 일기를, 분명 저 어둠의 시기에 가장 강렬한 일기를 썼다고 생각한다.[8] 그러나 체르니아쿠프의 자살은 내가 구성하려 하는 사례에

  Hayward (New York: Athenaeum, 1974).

[7] Victor Klemperer, *I Will Bear Witness: A Diary of the Nazi Years*, trans. Martin Chalmers, vol. 1: 1933–1941; vol. 2: 1942–1945 (New York: Random House, 1998).

[8] Adam Czerniakow, *The Warsaw Diary of Adam Czernialow: Prelude to Doom*, ed. Raul Hilberg, Stanislaw Staron, and Josef Kermisz (New York: Stein and Day, 1979).

부정적인 영향을 끼치기 때문에 나는 클렘페러를 예로 들겠다.

아마도 클렘페러는 외부의 도덕적 시선에 대한 어떠한 희망도 없었지만 자신이 마주친 악에 대한 원한을 갚으려는 그 자신의 필요에서 기록을 남겼을 것이다. 하지만 나는 클렘페러의 일상의 기록에 도덕적 목적이 있었다고 믿는다. 그것은 "어떠한 인간도 없는 곳에서 한 인간으로 존재하라"라는 미쉬나(Mishnaic) 격언을 통해 진술될 수 있다. 그렇다면 우리는 아마도 클렘페러가 자기 미래의 자아, 유일하게 살아남은 품위 있는 인간으로 판명될 수 있는 자아를 향해 자신의 일기를 썼다고 말할 수 있을 것이다.[9] 클렘페러는 분명 한 사람의 증인이자 도덕적인 인간이다. 그러나 그는 도덕적 증인인가?

누군가는 자기 자신 외에 다른 누구에게도 읽힐 의도가 전혀 없는 진정한 사적인 일기를 쓰는 것이 심리학적으로 가능한지 의문이 들 수 있다. 물론 우리는 두빈 경(Lord Duveen)처럼, 자기 자신만을 위해 "인증된" 사진들이 수록된 책자를 보유한 비밀스러운 미술상을 쉽게 상상할 수 있다. 그러나 이것은 내가 생각하는 종류의 사적 일기가 아니다. 일기를 쓰는 사람이라면 누구나 가진 보편적 희망은 공감적 독자가 그 일기를 (어쩌면 사후에라도) 읽게 되리라는 점이다. 나의 주장은 '심리학적으로 볼 때' 사적 일기를 쓰는 모든 작가는 언젠가 타인이 그 일기를 읽게 되리라는 은밀한 소망을, 반드시 무의식적인 것은 아닌 소망을 가지고 있다는 것이다.

비트겐슈타인이 원칙적으로 그것을 이해할 수 있는 유일한 사람이 오직 그 일기의 저자라는 의미에서 엄격하게 사적인 일기를 쓰려는 기획이 개념적으로 불가능하다고 여긴 것은 유명하다. 비트겐슈타인이 강한 의미에서

---

9   Klemperer, *I Will Bear Witness*.

사적인 일기를 쓰는 것이 불가능하다고 말했다 해도 그것이 곧 우리가 미래에 오직 나만이 이용하기 위한 일기를 쓸 수 없다는 뜻은 아니다. 공공도서관의 유일한 이용자가 된다는 것은 타인의 도서관 이용을 원칙적으로 배제하는 것은 아니지만, 그럼에도 실제로는 그 도서관에 단 한 명의 사용자만 있을 수도 있다.

실사용적 사생활(practical privacy)은 개념적 가능성인 동시에 심리적 가능성이기도 하다. 클렘페러의 경우, 그가 실사용적 사생활을 고려하여 일기를 썼다고 보는 것이 매우 그럴듯하지만, 그럼에도 그는 분명 1933년에서 1945년 사이에 글을 쓰고 있던 클렘페러와 미래의 클렘페러 사이의 도덕적 유대를 희망했다. 이 최소한의 도덕 공동체는 자기 자신과 미래의 자신 사이에 있고, 현재의 자신은 미래의 자신이 도덕적 전망을 유지할 것을 희망한다. 나는 도덕적 증인이 품는 최소한의 희망은 미래의 자신에 대한 믿음이라고 생각한다. 많은 일을 하기에 이 믿음은 어쩌면 너무 얇을지 모르나, 내가 생각할 수 있는 최소한의 윤리적 공동체이다.

3. 도덕적 증인의 도덕적 애매성

아주 흥미로운 질문을 하나 던져보자. 배신자는 도덕적 증인이 되기를 열망할 수 있는가? 질문의 요점은 도덕적 증인이 되기를 열망하면서도 우리가 얼마나 부도덕할 수 있는지를 탐구하려는 것이다. 플라비우스 요세푸스(Flavius Josephus)의 경우는 바로 이 점을 강조한다.[10] 요세푸스는 의문

---

10 [옮긴이 주] 플라비우스 요세푸스는 서기 66년부터 73년까지 유대 민족주의자들이 로마에 대해 일으킨 반란에 가담하여 갈릴리 지휘관으로 싸웠다. 반란이 실

의 여지 없이, 반란 그 자체를 포함하여, 로마인들에 저항하는 1세기 유대인들의 반란으로 이어지는 격동의 시대에 대한 가장 중요한 증인이다. 그는 또한 자신의 배신행위의 유일한 원천이다.

요세푸스는 예루살렘의 유대인 사제 가문에서 태어났다. 기원후 66년 유대 전쟁이 발발하자 예루살렘의 현인들로 이루어진 평의회는 그를 갈릴리의 북부 전선을 지휘하도록 임명했다. 로마인들과의 결정적 전투는 요타파타(Jotapata)시 근교에서 벌어졌다. 도시가 함락되자 요세푸스는 우물을 통해 탈출하여 동굴에 숨었는데, 거기에는 사십 명의 다른 전사들도 피신해 있었다. 그들의 은신처가 발각되었고, 로마인들과의 거래를 통해 생명을 보장받은 요세푸스는 먼저 로마인들에게 항복하라고 자신의 전우들을 설득하려 했다. 그 시도가 실패하자, 그는 동료 유대인들의 동반자살 계획에 기꺼이 동참하려는 듯 행동했다.

그는 교묘하게 그 자신과 다른 한 사람이 자살의 마지막 순번의 제비를 뽑을 수 있게 했다. 그리고 자살할 시점에 동료 병사를 설득하여 로마인들에게 항복했다. 로마인들의 편이 되자 그는 예루살렘 포위 공격에 합류하여 그들을 도우려 했다. 그는 도시가 파괴되지 않도록 무기를 내려놓으라고 저항군들을 설득했으나 성공하지 못했다. 그러나 예루살렘의 유대인들은 그를 비열한 배신자로 간주했고, 심지어 한 번은 그를 다치게 했다.

요세푸스는 자기 자신에게 사명이 부여되었다고 생각했다. 동굴에 있는 동안 그는 "자신에게 맡겨진 계시를 전하기 전에 죽는다면 하나님이 부과하신 사명을 저버리게 되는 것"이라고 믿었다.[11] 그는 자신의 사명이 첫 번

패하자 투항하여 역사가가 되었고, 『유대 전쟁사』, 『유대 고대사』 등에서 유대 역사와 유대교의 우월성에 대해 서술하였다.

11 Flavius Josephus, *The Jewish War*, trans. G. A. Williams (London: Penguin

째 성전 건립 당시 예레미야 선지자의 경우와 다르지 않다고 여겼는데, 그것은 성전이 파괴된 뒤에도 유대민족을 위한 삶이 있다는 것을 유대인들에게 전하는 것이었다. 이와 대조적으로, 열심당원이었던 엘리에제르 벤 야이르(Elazar ben Yair)는 유대민족에게 미래가 있다는 가능성에 대해 희망을 잃었기 때문에 마사다(Masada) 요새에서 그를 추종하는 사람들과 함께 동반자살을 약속했다.

로마에 대항한 유대인들의 전쟁에 대해 충분하고 정확히 쓰여진 설명을 제공하려는 사명감이, 요세푸스가 자기 나름대로 유대민족에 대한 충성을 유지하면서도 동굴 속 유대인들을 배신할 수 있는 동기나 근거를 제공했다고 가정해보자. 이러한 너그러운 가정 아래서 우리는 요세푸스가 도덕적 증인의 후보로 간주될 수 있는지 계속해서 물을 수 있을 것이다.

우리가 "유용한 배반"이라는 문제에 도달하기도 전에, 우리는 역사적 요세푸스에게서 도덕적 증인이 될 자격을 박탈할 수밖에 없다. 그가 '요세푸스 벤 마티아스'(Josephus Ben Mattias)에서 로마황제 플라비우스의 가신, '플라비우스 요세푸스'로 개명했다는 것은 그가 잔인한 로마인들의 무죄를 입증하고 성전 파괴에 대한 도덕적 비난을 유대민족의 특정 분파, 즉 열심당원들에게 전가할 의도에서 자신의 방대한 증언을 남겼다는 것을 의미하기 때문이다. 요세푸스는 도덕적 증인이 되기 위한 하나의 기준을, 즉 사악한 힘을 폭로해야 한다는 점을 충족하지 못했지만, 그럼에도 또 다른 기준, 즉 목격자의 관점에서 희생자들의 고통을 묘사해야 한다는 기준을 탁월하게 충족하였다. 이것이 역사 속 요세푸스의 사례가 혼란스러운 이유이다.

Classics, 1959), bk. 3, p. 361(viii, 5) [플라비우스 요세푸스, 『유대 전쟁사』(전 2권), 박찬웅·박정수 옮김, 나남, 2008, 제3권 제8장, 5절, 350쪽 이하].

나는 어떤 사람이 도덕적일 수 있고, 증인이 될 수 있더라도, 도덕적 증인은 아닐 수 있다는 의견을 이미 내 놓았다. '도덕적 증인'(moral witness)은 '유모'(wet nurse)라는 말과 같은 방식으로 분절될 수 없는 표현의 사례이다. 어떤 사람이 '간호인'(nurse)이 될 수 있고 비에 '젖을'(wet) 수 있다 해도, 저 표현이 요구하는 의미에서 '유모'(wet nurse)는 아직 아닐 수 있다. 내가 요세푸스의 사례와 관련하여 제기하려는 논제는 정반대의 것, 즉 도덕적이지 않으면서도 여전히 도덕적 증인이 될 가능성이다. 우리는 도덕적 증인이 된다는 것이 극도로 가혹한 현실에 종속됨을 의미한다는 점을 상기해야 한다. 그러한 현실에서 어떤 사람이 살아남을 기회는 희소하며, 그 사람이 살아남아 자신의 이야기를 전할 기회를 높이는 유일한 방법은 어떤 식으로든 자신의 동료 희생자들을 배신하는 것이다.

도덕적 증인의 모범적 사례는 도덕성이 의심되지 않는 사람이어야 한다. 그러나 도덕적 증인은 그럼에도 살아남기 위해 자신의 도덕성을 타협한 사람일 수도 있다. 특히 그의 목적이 증인으로서 살아남는 것이라면 더욱 그렇다. 나도 이러한 입장이 불편하지만, 몇몇 사람들이 살아남기 위해 투쟁하는 끔찍한 상황, 즉 우리가 우선적으로 도덕적 증인을 필요로 하는 상황을 고려한다면 이는 반드시 필요한 입장이다.

4. 진실과 진정성

알렉산드르 푸슈킨(A. Pushkin)의 희곡 『보리스 고두노프』(*Boris Godunov*)는 무소르그스키(M. P. Mussorgsky)가 연출한 오페라로 유명한 작품인데, 여기에 나오는 늙은 수도사 피멘(Pimen)은 신에게 정직한

(honest-to-God) 역사가이다.[12] 실제로 그는 설명과 해석 없이 러시아의 역사적 사건들을 기록하는 역할을 사심 없이 익명적으로 수행되어야 할 신성한 과업으로 여긴다. 그는 차르의 정통 후계자를 암살한 보리스의 범죄의 크기와 의미를 너무나 잘 알고 있었다. 피멘은 하늘이 그 죄에 맞는 벌을 내리길 경건히 희망하지만, 그 자신은 실제로 일어난 일을 사실적으로, 객관적으로, 올바른 순서에 따라 기록해야 한다. 왕실 역사가의 역할은 왕위의 올바른 계승을 기록하는 것이다. 그러나 이반의 왕위계승이 위기에 처한 탓에 보리스의 범죄는 위선자 그레고리에 의해 은폐되었다. 그레고리는 본래 역사가가 될 운명이었으나 교만하게도 차르가 되기를 열망하여 합법성의 관념을 뒤흔들었다.

역사가는 합법성에, 도덕적 증인은 도덕성에 주목한다고 말하는 것은 매우 잘못된 접근법이다. 피멘의 존재의 사슬 속에서 그레고리의 교만과 보리스의 범죄는 끔찍한 죄악이다. 그러나 심판은 하늘의 몫이고 기록이 그의 몫이다. 진실한 역사가가 되는 길은 완벽한 역사적 지진계가 되는 것, 즉 역사의 진동을 정확히 기록하는 것이다. 그러나 지진계는 지진이 무엇인지 우리에게 알려주지 않는다. 이 때문에 우리는 도덕적 증인이 필요하다.

도덕적 증인은 일종의 목격자다. 목격자는 자신의 눈으로 본 것을 우리에게 알려야 하며, 소문을 근거로 증언해서는 안 된다. 도덕적 증인의 진실성을 판단하는 규준은 목격자의 신뢰도를 판단하는 규준이어야 한다. '도덕적'(moral)이라는 형용사는 도덕적 증인이 증언한 것의 인식론적 지위가 아니라 증언의 내용과 관련이 있다. 하물며 법정에서 아흐마토바의 시에

---

12 Aleksandr Pushkin, *Boris Godunov*, introduction by Peter Ustinov (New York: Viking Press, 1982) [알렉산드르 세르게비치 푸슈킨, 「보리스 고두노프」, 『푸슈킨 선집』, 최선 옮김, 민음사, 2011].

대해 반대심문을 하거나 프리모 레비(Primo Levi)가 선서를 강요받는다면 이는 지극히 기이한 모습일 것이다. 그러한 심문이 그들의 존엄성을 격하시켜서가 아니라 무의미하기 때문이다. 그러나 과연 그러한가?

히브리어 및 이디시어 작가 K. 체트니크(K. Zetnik)—예힐 디누르(Jehiel Dinur)의 필명—는 전쟁에서 살아남은 자글레비에(폴란드)의 몇 안 되는 원주민 중 한 명이다. 아마 체트니크만큼 사명감에 불타는 사람은 없었을 것이고, 그는 오직 자신이 겪은 홀로코스트의 처참한 이야기를 전해야 한다는 일념으로 간절히 살아남기를 바랐다. 그는 당시 자신의 저서를 통해서 뿐만 아니라 권위 있는 도덕적 증인으로 인정받아서 1961년 아이히만 재판에 증언을 위해 초청되었다.

그는 결국 증인석에서 주저앉았지만, 그럼에도 그의 증언은 굳건했다. "이것은 실제로 아우슈비츠라는 행성에서 일어난 역사이자 아우슈비츠의 연대기입니다. 나 자신도 2년간 아우슈비츠 수용소에 있었습니다. 거기서의 시간은 여기 우리의 행성에서와 같은 개념이 아닙니다. 거기서는 1초의 순간도 여기서와 전혀 다른 의미의 시간이었습니다. 그 행성의 거주민들에겐 이름이 없었습니다. 그들은 자연의 상이한 법칙에 따라 숨을 쉬고 살아갔습니다. 그들은 우리가 사는 이 세계의 법칙에 따라 살지 못했고 그렇게 죽지도 못했습니다."[13]

그가 이 말들로 전달하려 한 것은 아우슈비츠가 "또 다른 행성"이었기 때문에 자신이 거기서 경험한 것을 전달하기에 적합한 용어들이, 적어도 법정에서 수용가능한 용어들 중에는 전혀 없다는 관념이다. "당신은 이것을 서술할 수 있습니까?"라는 아흐마토바가 받은 질문에 대해 체트니크는 이

---

13   *Encyclopedia Judaica* (Jerusalem: Macmillan, 1971), vol. 3, p. 857.

런 점에서 "아니요"로 답할 것이다. 하지만 그렇다면 도덕적 증인이 진실하게 서술한다고 가정되는 "이것"은 무엇인가?

5. 악을 폭로하기

도덕적 증인은 자신이 마주치는 악을 밝혀내는 데 특별한 역할을 한다. 사악한 정권은 자행한 흉악한 범죄를 은폐하려고 애쓰며, 도덕적 증인은 그것을 폭로하려고 한다.

독일의 패전이 분명해지자 SS 사령부는 우리가 블랙홀 작전이라고 부를 수 있을법한 작전을 개시했다. 그 목적은 죽음의 수용소에서 일어난 일에 대해 한 줄기의 진실도 새어나가지 않도록 하는 것이었다. 어떤 증인도 살아남지 않도록, 어떤 기록도 남아 있지 않도록, 그리고 "화장터"의 모든 흔적을 지워서 악을 입증하는 어떠한 물질적 표시도 남지 않도록 하려는 것이었다.

SS 친위대 장교들이 하인리히 히믈러(Heinrich Himmler)로부터, 자신들이 하고 있는 일이 "품위 있는" 일이라는 보증을 받았다고 해도, 그들은 세상이 보기에 엄청난 범죄에 자신들이 연루되어 있음을 아주 잘 알고 있었다. 이는 해방군이 전진해올 때, 그들이 이른바 죽음의 행군을 통해 잠재적 증인들을 서둘러 제거하려고 노력한 이유를 설명해준다. 그러나 당시 나치 범죄의 범위는 아주 거대했고, 너무도 많은 곳에서 너무도 많은 사람들이 연루되어 있어서 가해자들이 일종의 "블랙홀" 작전을 통해 책임을 모면하는 데 성공할 것이라고 기대하는 것은 상당히 비합리적이었다. 같은 이유로 희생자들 역시, 그러한 생각이 합리적이든 아니든, 저들의 은폐 시도가 성공할지 모른다는 전망 때문에 겁에 질렸다. 이리하여 가해자와 희생자들은 은폐와 폭로라는 악마적 게임에 서로 맞물리게 되었다.

이러한 은폐와 폭로의 지옥 같은 게임으로 우리를 안내하는 베르길리우스적인 인물로 프리모 레비를 거론하는 것은 매우 교훈적이다.[14] 그는 범죄 사실을 밝혀내기 위한 가장 확고한 자료가 생존자들의 기억임을 지적한다. 그러나 그런 다음 그는 더 나아가서 가장 유용한 설명은 상대적으로 더 많은 특권을 가졌던 수감자들의 기억이라는 점을 지적한다. 전기기사처럼 전문기술 때문에 꼭 필요했던 사람들은 더 나은 생활을 하고 이동의 제약을 덜 받았기 때문에, 수용소 생활에 관한 더 큰 그림을 가지고 있었다.

일반 수감자들은 더 큰 그림을 감지하기에는 너무 고립되어 있었고 너무 황폐해져 있었다. 그들 중 많은 사람들은 자기가 유럽의 어느 지역에 수감되어 있는지도 알지 못했다. 비교적 특권을 가진 관찰자들 가운데 정치범들은 증인으로서 자신의 역할을 더 잘 의식하고 있었다고, 즉 이것을 정치적 행위로 간주하고 있었다고 프리모 레비는 주장한다. 수용소에 관한 최선의 설명을 제공한 것은 바로 그들이었다. 그들은 유대인에 비해 더 나은 조건을 가지고 있었고, 더 나은 시야를 가졌고, 심지어 때때로 종이와 연필에 접근할 수 있었으며, 기록물에도 접근할 기회를 가질 수 있었다. 유대인과 범죄자 외에 그들도 수용소에서 가장 긴 기간을 보낸 "영구적인 복역자"에 포함되었다. 이리하여 수용소의 최선의 역사가는 프리모 레비가 주장하듯 정치범들 사이에서 나왔다. 그러나 그들은 과연 최선의 도덕적 증인이었는가?

14　Primo Levi, *The Drowned and the Saved*, trans. Raymond Rosenthal (New York: Summit Books, 1988) [프리모 레비, 『가라앉은 자와 구조된 자』, 이소영 옮김, 돌베개, 2014].

반파시스트적인 정치적 증인들에게 강력한 도덕적 동기가 있었다는 점에는 의문의 여지가 없다. 그들이 단지 정치적으로 활발하다는 이유만으로 도덕적 증인이라는 칭호를 빼앗는 것은 어리석은 일일 것이다. 그러나 그 경우 정치적 증인이 설령 도덕적 증인일 수 있다 해도, 그가 도덕적 증인의 모범적 사례는 아니다. 이상적인 유형의 정치적 증인은 자신이 수집하는 범죄적 증거가 전쟁물자라고 믿는 사람이다. 그들은 언젠가 어딘가에 그들의 이야기에 주의를 기울여줄 도덕 공동체가 있기를 희망할 뿐만 아니라, 자신들이 바로 이야기의 전개에서 적극적인 역할을 하기를 희망한다.

반면에, 전형적인 도덕적 증인은 증언의 도구적 결과가 무엇이든 상관없이 자신의 증언에 내재적 가치를 부여하는 사람이다. 기질과 훈련을 통해 정치적 증인은 악의 사건에 대해서만이 아니라 악의 구조에 대해서도 단순한 도덕적 증인보다 훨씬 더 나은 증언을 할 수 있다. 따라서 그는 실제 진실을 밝힌다는 점에서 더 가치 있는 증인이 될 수 있다. 정치적 증인은 모든 어려움을 딛고 악과 싸운다는 점에서 매우 고귀할 수 있다. 하지만, 설령 그 특성이 도덕적 증인의 특성과 부분적으로 겹친다 해도, 하나의 이상적 유형으로서 정치적 증인은 도덕적 증인과 혼동되는 것이 아니라 여전히 판명히 구별된다. 양자 모두가 악이 은폐하려 하는 것을 폭로하는 데 참여한다. 정치적 증인은 실제 진실을 폭로하는 데에, 즉 있었던 일을 그대로 전하는 데서 더욱 효과적일지도 모른다. 그러나 도덕적 증인은 자신이 느끼는 대로 전하는 일을, 즉 그렇게 사악함에 내맡겨진 것이 어떠한지를 전하는 일을 더 가치 있게 여긴다. 도덕적 증인들의 증언에서는 1인칭적 설명이 본질적인 부분인 반면, 정치적 증인들은 3인칭적 관점을 통해서도 빠뜨린 것 없이 증언할 수 있다.

도덕적 증인의 권위는, 다른 무엇보다도, "바로 '이것'을 서술하는" 능력에서 나온다. 서술하는 능력은, 증인이 '표현'하는 것이 근본악의 경험이 얼마나 "이루 말할 수 없는" 것인가에 대한 생각임을 배제하지 않는다. 말로 표현할 수 없는 것을 표현하는 한 가지 방법은 공포 그 자체의 순간을 회피함으로써가 아니라 실제 공포가 일어나기 전의 순간과 그 후의 순간들을 서술함으로써 가능해진다. 폴란드계 유대인 작가 이다 핑크(Ida Fink)는 바로 그 일을 하는 도덕적 증인이다.

6. 흥미로운 사례들

비트겐슈타인은 「프레이저의 〈황금가지〉에 관한 소견들」이라는 주목할 만한 글에서 다음과 같이 묻는다. "실로 인간 제물에서 깊이와 무지몽매는 도대체 어디서 오는가? 우리에게 그 인상을 주는 것은 단지 희생의 고난인가? 똑같은 정도의 고난과 결합되어 있는 온갖 종류의 질병들은 그럼에도 불구하고 이러한 인상을 불러일으키지 않는다. 아니다, 이 깊이와 무지몽매는 우리가 단지 외적 행위들의 역사만을 경험하면 저절로 이해되는 것이 아니라, 우리가 그것을 우리 내부에서의 경험에서 다시 들여오는 것이다."[15] 비트겐슈타인은 두 가지 유형의 설명을 구별하려 한다. 한편에는 역사적(발생적, 인과적) 설명이 있고, 다른 한편에는 상징적 행동의 의미(의의, 취지)에 대한 해명이 있다.

---

15 Ludwig Wittgenstein, *Remarks on Frazer's Golden Bough* (Retford, Nottinghamshire, UK: Brynmill Press, 1983), p. 16 [루트비히 비트겐슈타인, 「프레이저의 〈황금 가지〉에 관한 소견들」, 『비트겐슈타인 선집 2: 소품집』, 이영철 옮김, 책세상, 2006, 59쪽].

인간의 희생에 관한 제의를 이해하려 할 때 우리가 해야 할 일은 제의가 어떻게 진화해왔는지에 관한 역사적 설명이 아니라 오히려 제의가 우리에게 부과해온 깊고 불길한 인상들을 파악하는 것이다. 이러한 종류의 이해는 죽은 사람이나 심하게 다친 사람을 기계적으로 열거하는 것이 아니라, 희생자의 경험을 우리 자신의 사소한 경험과 연결할 수 있게 만드는 사건에 대해 해명하는 서술을 통해 가능해진다.

나는 비트겐슈타인의 구별이 '우리' 삶에서 도덕적 증인의 역할을 묘사하려는 우리의 노력과 직접 관련이 있다고 생각한다. 이것은 비트겐슈타인의 해명은 상징적 행동과 관련된 것이고, 우리가 논하고 있는 악의 경험은 상징적이지 않다는 사실에도 불구하고 그렇다. 우리가 도덕적 증인에게 기대하는 것은 인간적 희생의 어둡고 불길한 성격에 대한 해명이자 사악한 정권에 의해 가해진 고문과 굴욕에 대한 해명이다. 도덕적 증인은 악의 메커니즘에 대해 인과적이거나 기능적인 설명을 제공하는 일을 잘 해내지 못할 수도 있다. 그런 역할이라면 어쩌면 정치적 증인이 더 나을 수 있다.

나는 남아프리카의 진실과 화해 위원회가 아파르트헤이트의 인종차별에서 단지 사실을 말하는 것 이상의 경험이 존재함을 올바르게 감지했다고 믿는다. 내가 보기에 그들은 해명의 필요성을 느꼈지만, 그러한 해명에 대해 "사회적 진실", "서사적 진실", "치유적 진실"과 같은 잘못된 용어를 사용했다. 저 용어들은 진실, 곧 실제하는 진실을 매우 유연한 개념처럼 보이게 했다.

도덕적 증인의 권위는 그 사람의 성실성과 관련이 있다. 다시 말해, 자신의 감정과 공언의 강력한 일치, 그리고 그 스스로 타협하지 않는 것과 관련이 있다. 그러나 성실성은 다만 권위의 일부일 뿐이며, 진정성과는 다르다. 진정성 있는 사람은 자신의 모든 인격들(가면들)을 제거하고 자신의 "참된 자아"를 표현하는 사람, 특히 문명화된 도덕적 환경에 의해 보호받지 못하는 극한의 상황에서 표현하는 사람이다.

진정성을 추구하는 일부 철학자들은 극단적이고 험난한 환경이 교훈적인 경험을 제공한다는 이유로 그것을 환영했다. 교훈적 경험의 기회를 제공하기 위해 나치의 강제수용소를 환영하겠다는 것이 내게는 끔찍한 충격으로 다가온다. 하지만 이것이 수용소에서 살아남은 사람들 가운데 일부가 자기 스스로에게 진실했고, 근본적인 질문을 했고, 자살을 단지 원초적 본능에서가 아니라 의식적 저항의 활동으로서 거부했음을 부정하는 것은 아니다. 그리고 자살을 거부한 사람들 가운데 일부는 증인이 되기 위해 그렇게 했다. 이 결정은 그들의 삶에 의미를 부여했다. 이 결정을 일종의 자기원인(causa sui)처럼 마치 신의 역할을 맡으려는 실존적 환상의 표현으로 여기는 것은 옳지 않다. 그것은 가장 불리한 조건에서 자신의 삶을 스스로 규정하기 위한 어떤 사려 깊은 노력으로 간주되어야 한다.

자기규정의 특징 중에는 자신의 이야기를 전하려는 사명, 즉 자신이 증인이라는 감각을 가지고 살아가려는 사명이 있다. 확실히 증인이라는 감각을 가진 채 살아가는 것은 자기기만적인 삶의 한 형태일 수 있다. 말하자면, 당신은 살고 싶지만, 계속 살아가야 할 정당성을 찾을 수 없고, 따라서 증인이 된다는 더 높은 목표를 위해 살아가라고 자기 자신에게 말하는 것일 수 있다. 이것은 살아남는 데 기여한다는 점에서 유용하지만, 가식의 한 형태라는 점에서는 나쁜 신앙이다. 그러나 나쁜 신앙의 가능성은 좋은 신앙에 따라 증인이 되는 것이 불가능함을 의미하는 것은 아니다.

7. 대리인으로서의 증인

1929년 프란츠 베르펠(Franz Werfel)은 다마스쿠스를 여행하던 중 터키의 대학살을 피해 탈출했으나 시리아에서 비참한 상황에 처한 아르메니아 난민들을 만났다. 그들의 이야기에 충격을 받은 베르펠은 그 이야기를 세상에 전하기로 결심했다. 그의 저서 『무사 다흐의 40일』(*The Forty Days of Musa Dagh*)은 비록 모세 산 주변의 아르메니아인들의 정착지에 국한되어 있지만, 그 이전에 없었고 그 이후에도 없을 방식으로 아르메니아인들의 곤경을 서술한다.[16] 베르펠이 그것을 서술할 수 있었던 것은 부분적으로는 당시 남아있던 사실적 기록들 덕분이고, 부분적으로는 그가 가진 생생한 상상력 때문이었다. 이 책의 주인공은 아르메니아인 관찰자 가브리엘 바라디안인데, 그는 파리에서 20년 이상 생활한 후 자신의 가족을 방문하려 왔다가 심각한 위기에 처하게 된다. 관찰자였던 그는 행위자로 변한다.

가브리엘은 베르펠을 "대리하여"(go proxy) 베르펠을 도덕적 증인으로 만드는가? 베르펠이 자기 자신을 아르메니아인들과 얼마나 강하게 동일시하든, 그리고 그들에게 가해진 악을 얼마나 구체적으로 묘사할 수 있었든 간에, 그는 결코 증인이 아니다. 증인이 되려면 직접대면에 의한 어떤 지식이 있어야 하지만, 그의 지식은 전적으로 타인의 서술에 의존했다. 나는 직접대면에 의한 지식이 도덕적 증인이 되기 위한 필수조건이라고 생각한다. 그런데 『무사 다흐의 40일』은 프란츠 베르펠 자신이 나치의 박해를 받고 있던 1933년에 출간되었다. 사실에 반하기는 하지만, 그가 나치에 의해 희

---

16 Franz Werfel, *The Forty Days of Musa Dagh*, trans. Geoffrey Dunlop (New York: Modern Library, 1937).

생된 유대인으로서 어떤 비슷한 경험을 한 후 아르메니아인에 관한 이야기를 썼다고 가정해보자. 이것은 도덕적 증인이 되기 위해 마땅한 경험을 한 것으로 간주될 수 있는가? 내 대답은 여전히 부정적이다. 이 경험이 어쨌든 그가 가지고 있던 뛰어난 감정이입의 능력을 강화했을지 모르지만, 그럼에도 도덕적 증인의 권위는 목격자라는 점에서 나오는 것이다.

날조된 도덕적 증인이 있을 수 있는가? 그 대답은 아주 명확히 '아니다'일 것이다. 베르펠의 정직한 허구적 설명도 도덕적 증인의 증언으로 간주되지 않는다면, 실화를 가장하는 날조된 설명이 과연 그러한 기회를 얻을 수 있겠는가?

(이른바) 빈야민 빌코미르스키(Binjamin Wilkomirski)의 사례는 진실에 가까워보이는 사례들이 우리의 개념 분석을 얼마나 곤란하게 만들 수 있는지 보여준다. 브루노 그로장(Bruno Grosjean)은 스위스 비엘 마을의 미혼모에게서 태어났다. 그는 쿠르트 되세커(Kurt Dössekker)와 마사 되세커(Martha Dössekker) 부부에게 입양되어 그들의 성을 따르게 되었다. 인생의 어느 시점부터 그는 전쟁의 참혹한 시기에 유대인 소년으로서 '자서전'(*memoirs*)을 쓰기 시작했는데, 거기서 그는 자신이 세 살 무렵부터 폴란드의 마이다네크 강제수용소에서 시작하여 나중에 아우슈비츠-비르케나우를 거쳐 전쟁이 끝난 후 크라쿠프의 고아원에서 살았던 기억까지 있다고 주장했다. 그는 1939년부터 1948년까지의 자신의 기억을 1995년 빈야민 빌코미르스키라는 이름으로 『어린 시절의 편린들』이라는 제목으로 출간했는데, 이 책은 엄청난 인상을 남겼으며 비평가들에 의해 "도덕적으로 중요한", 그리고 "깊은 감동을 주는" 책으로 평가받았다. 지금 그의 이야기를 믿는 사람은 거의 없다. 그러나 홀로코스트 연구자 이스라엘 구트만(Israel Gutman)의 의견을 접한다면, 당신도 수필가 엘레나 래핀(Elena Lappin)처

럼 분명 큰 관심을 가질 수밖에 없을 것이다.[17]

구트만 자신은 마이다네크와 아우슈비츠 수용소를 경험했고 살아남았다. 그는 빌코미르스키에 대해 이렇게 말한다. "그는 가짜가 아닙니다. 그는 자신의 영혼 속에서 이 이야기를 매우 깊이 살아낸 사람입니다. 그 고통은 진정한 것입니다." 구트만은 저 엄청난 사건들이 홀로코스트에서 일어났다고 말함으로써 애매한 태도를 취하긴 하지만 그가 빌코미르스키의 이야기를 사실로 여기지 않음은 분명하다. 그러나 그는 이어서 말한다. "저는 그것이 그렇게 중요하다고 생각하지 않습니다. 빌코미르스키는 자신이 깊이 경험한 이야기를 썼습니다. 확실히 그렇습니다. 따라서 그가 비록 유대인이 아니라 해도 홀로코스트로부터 깊은 영향을 받았다는 사실이 매우 중요합니다."[18]

나는 구트만의 직관에 동의하지 않는다. 나는 '경험', '진정한', '가짜'라는 표현을 객관적 범주로 사용한다. 홀로코스트 속 어린이들과 자기 자신을 동일시하는 행위만으로 그가 그들 중 하나라는 정체성이 확립되는 것은 아니다. 경험은 인격적 마주침을 의미할 수도 있고 "내적으로" 겪은 일을 의미할 수도 있다. 이따금 우리는 양자를 혼동하는 경향이 있다. 특히 종교적인 경험과 관련하여, 우리는 영적 회심을 겪는 일로부터 신과의 만남이 일어났다고 추론한다. 호의적으로 설명하자면, 빌코미르스키는 영적 활동으로 동일시를 겪었지만, 도덕적 증인은커녕 증인이 되기 위한 필요조건인 인격적 마주침을 경험하진 못했다.

아우구스티누스나 루소의 것과 같은 자전적 고백은 도덕적 증인의 증언

---

17 Elena Lappin, "The man with two heads," *Granta* 66 (Summer 1999), pp. 9–65.
18 같은 글, p.46.

인가? 이러한 고백서에서 저자는 외재적 악이 아니라 자기 자신의 영혼 내부의 악에 대해 이야기한다.[19] 아우구스티누스는 자신이 배를 훔친 사소한 일까지 이야기한다. 그는 배가 필요하지도 않았고 다 먹지도 않았기 때문에 여기에서 악의 경험을 발견한다. 도둑질의 목적이 다만 도둑질 자체였기 때문이다.

루소는 고백할 것이 훨씬 더 많았다.[20] 『에밀』의 존경받는 저자는 순박한 여성 테레즈가 낳은 자신의 다섯 자녀를 고아원에 맡기고 완전히 버린 인간일 뿐이다. 장 자크는 자기 자신에 대해 온갖 합리화를 했고, 그의 고백은 진정한 참회라기보다는 변명에 가깝다. 그러나 불완전한 참회의 행위라 해도, 여전히 그의 고백은 상당한 용기를 요구한다. 하지만 나의 관심사는 그의 진실성을 평가하는 것이 아니다. 물론 성실성이 도덕적 증인을 평가하는 일과 무관하지는 않으나, 여기서 나의 주된 관심사는 고백이 참으로 가정될 때 고백이 도덕적 증인의 증언인지 아닌지 여부이다.

나는 증언함의 관계가 나보다 키가 더 큰 어떤 사람과 나의 관계처럼 비(非)재귀관계(irreflexive relation)가 아니라, 사랑함의 관계와 같은 부(不)재귀관계(nonreflexive relation)라고 생각한다. 어떤 사람들은 자기 자신을 사랑하기도 하고 사랑하지 않기도 하지만, 누구도 자기 자신보다 키가 더 클 수는 없다. 마찬가지로, 우리가 우리 자신에 대해 증언하는 일은 가능하지만, 반드시 필수적인 것은 아니다. 그것은 자신의 악한 마음을 포함하여 자신의 정신적 상태에 대한 1인칭적 인식을 포함한다. 따라서 나는 고백의 도덕적 증언의 자격을 박탈할 만한 개념적 근거를 알지 못한다. 하지만 고백은 어떤 사람을 도덕적 증인으로 만드는 모범적 사례를 이루지는 못한

---

19 [옮긴이 주] 아우구스티누스, 『고백록』, 성염 옮김, 경세원, 2016.
20 [옮긴이 주] 장 자크 루소, 『고백』(전2권), 박아르마 옮김, 책세상, 2015.

다. 거듭 말하건대, 모범적 사례는 외재적 악의 마주침과 관련이 있다.

8. 증언과 증거

여러 전통 사회들에서 법정의 공식적 증인이 된다는 것은 특별한 지위를 가짐을 의미한다. 설령 어떤 남성이 (또는 특히 여성이) 사건과 연관된 정보를 가지고 있다 해도, 모두가 증인이 될 수 있는 것은 아니다. 요세푸스에 따르면, 성서 시대의 여성들은 법정에서 증언할 자격이 없었고 이는 로마 여성들에게도 해당되는 사실이었다. 그 까닭은 아마 당시 여성들이 노름꾼과 같이 조금도 존중받을 자격이 없고 도리어 법정의 평판을 손상시킬 수 있는 신분의 범주에 포함되었기 때문일 것이다.

그러나 나는 존경받을 자격이 없었다는 점만으로 특정 범주의 사람들이 공식적 증인이 되는 것을 금지하는 관행이 충분히 해명된다고 생각하지 않는다. 이 관행은 진리에 관한 특정한 이미지를 수용한다. 이 이미지 속에서 진리는 표면적으로는 쉽게 관찰될 수 없는 깊은 것이다. 모두가 진리에 접근할 수 있는 것은 아니고, 중요한 진리는 비밀스럽게 전승되며(esoteric), 특별한 권위에서 나온 계시에 기인한다. 진리를 전달하려면 권위가 필요하다. 어쩌면 누군가는 계몽주의와 새로운 과학의 모든 추진력이 진리는 깊이 은폐된 것이라는 이미지를 훼손하는 데 있었다고 말할 수도 있을 것이다.

'계몽된' 그림 속에서 진리는 원칙적으로 모두에게 주어져 있다. 진리는 표면에 있다. 전문적인 과학 지식조차 비의적(秘義的) 지식이 아니라 원칙적으로 모두에게 열려 있는 지식이다. 최종적으로 분석될 때, "새로운 지식"의 권위는 오직 관찰에 달려 있다. 이 새로운 그림 속에서, 타인으로부터 전해 들은 증언의 신뢰성은 우리의 관찰에 반하는 증인의 진술들을 걸러냄으로써 검사된다.

과학은 크게 이론과 관찰로 나뉜다. 이론은 관찰에 의해 검사되지만, 이론은 우리가 직접 관찰할 수 있는 것을 넘어서 지식의 범위를 확장하는 방법이다. 관찰은 이론에 비해 상당히 빈약하지만, 그럼에도 최종 분석에서는 우리의 관찰만이 우리의 이론의 타당성을 판가름한다. 역설은, 한편으로는 현대 과학에 침투한 분업과 전문 지식의 깊이가 과거에는 알려지지 않은 규모가 되었지만, 다른 한편으로, 그럼에도 우리는 과학이 모두에게 열려 있다고 주장한다는 데 있다.

이론과 관찰의 구획은 다른 무엇보다 이 역설을 변명하기 위한 것이다. 현대의 이론들은 매우 정교한 방법들로 검사되는 동시에 그 자체로 이론에 의존적인 관찰들로 검사된다. 오늘날 과학이 도달한 검사 기술의 수준에서 볼 때, 검사는 이론의 구성과 크게 다르지 않다. 그러나 이런 경우 그 주장은 '원칙적으로' 검사과정에서 정교함의 수준이 다소 원시적인 수준의 정교하지 않은 관찰로 환원될 수 있다는 것이다. 이 그림에서, 정리되어야 할 것은 이론적 가설과 그 가설의 관찰적 증거 사이의 관계이다.

도덕적 증인의 특징을 서술하려는 우리의 기획은 증인의 개인적 권위로부터 증거 그 자체로 강조점을 옮기려 하는 과학적 경향을 거스르는 것 같다. 우리는 도덕적 증인에게 전통적 권위를 부여하지는 않지만, 그에게 특별한 종류의 카리스마를 부여하는 것 같다. 카리스마는 증인이 도덕적 힘을 갖게 만드는 일종의 높은 정신적 수준으로 격상된, 특별한 종류의 경험을 하는 데서 나온다.

관련된 경험은 차분하고 방법론적인 관찰과는 다른 것 같다. 따라서 우리는 도덕적 증인을 이를테면 범죄를 관찰하는 목격자보다 계시된 진리를 받아들이는 사람에 더 가깝다고 여기는 것 같다. 도덕적 증인에 대한 우리의 이미지는 증거 제시의 민주정이 아니라 고통을 주는 귀족정을 연상시킨다. 비판가들은 강제수용소의 체험을 누군가 거기서 상처 없이 빠져나오는지 확인하기 위해 이것을 쇠의 담금질과 같은 시련처럼 여겨서는 안 된다고 덧붙일 수도 있다. 비판가들의 견해는 여기까지만 다루겠다.

9. 도덕적 증인이라는 관념을 변호하며

근대 철학에는 모든 사람이 진리에 대해 평등하게 접근하길 촉구하는 두 가지 위대한 힘이 있다. 그것은 관찰과 이성이다. 관찰은 경험론자들에 의해 강조되며, 그것은 동기부여적 요인('의지')에 의해 마음이 어지럽혀지지 않은 모든 사람에게 열려있다. 우리가 관찰한 지식을 증식시킬 수 있도록 해주는 이성은 지식을 얻기 위해 신뢰할만한 방법을 따르는 능력이다. 우리의 타고난 추론 능력은 우리의 한정되고 제한된 지식을 확장하기에 충분하다.

이 그림은 특별한 증인이 성서의 권위를 통해 지식을 전하는 전통적 그림에 대항하는 만큼, 근대 과학에 의해 축적된 지식의 승리를 승인하는 것처럼 보인다. 우리가 직접 관찰을 통해 획득한 경험적 지식이 적어도 개연적인 지식이라는 관념을 수용한다면, 우리는 우리 각자의 관찰에 기초한 직접적 지식이 극히 제한적임을 인정해야 한다. 우리가 타인의 관찰에 의존할 때, 우리는 엄밀히 말해 더는 관찰이 아니라 타인의 관찰에 대해 전해 들은 설명에 의존한다.

"우리의 관찰"(*our* observation)이란 표현은 중요한 사실을 감춘다. 나는 나 자신의 빈약한 관찰의 기반을 "귀납"이나 "추론"이나 "증명"이 아니라 주로 타인들의 증언을 통해 확장한다. 그런데 타인들의 증언은 보통 그들이 직접 관찰한 것이 아니라 그들 자신이 타인들의 말을 그대로 믿은 것으로 구성된다. 이것은 우리가 텔레비전을 볼 때도 마찬가지로 적용된다. 우리는 밀레니엄의 전환기에 화면에서 관찰된 불꽃놀이가 호주 시드니에서 벌어졌다고 우리에게 전해주는 타자의 말에 의존한다. 직접적인 관찰이 아닌 증언이 증거와 지식에 관한 우리의 기본 원천이며, 그것이 귀납이나 연역을 더해 관찰로 환원될 수 있다는 믿음은 옹호될 수 없다.

나 자신의 한정된 관찰 자원으로는 타인들의 증언을 검사할 수 없는 방법이 없다. 나는 그러한 검사를 위해 타인들에게 의존해야 하며, 이는 내가 다시 증언적 요소에 의존함을 의미한다. 내가 증언을 단계적으로, 그리고 어느 정도는 재귀적으로 검사할 수 있다는 관념은 내게 환상처럼 여겨진다.

만약 이러한 사고방식이 옳다면, 그리고 내가 그렇다고 믿으면, 그것은 우리의 삶에 매우 중요한 함의를 가진다.[21] 말하자면 '우리는 본질적으로 증언적 요소에 의존하고 있다.' 이것은 우리 삶의 모든 영역, 즉 과학, 종교, 역사, 법정은 물론이고 우리의 집단적 기억에 대해서도 참이다. 내 그림에 따르면, 내 경우는 주변적인 것들은 관찰에 기초하고 그것들은 관찰 보고서와 일치해야 한다는 식의 신념의 그물에 사로잡힌 것이 아니다. 오히려 나는 증인들의 그물에 사로잡혀 있는 경우에 해당한다. 내가 신뢰하는 사람들 중에는 (이를테면 내 부모처럼) 나와 두터운 관계를 맺고 있어서 신뢰하는 경우가 있다. 그들에 대한 나의 신뢰는 나에게 나쁘게 작용할 수 있

---

21 C. A. J. Coady, *Testimony: Philosophical Study* (Oxford: Clarendon Press, 1992).

다. 그들은 최선의 의도를 가지고서 나에게 편견, 미신, 실수, 그리고 나쁜 이데올로기와 그릇된 가치관을 주입할 수 있다. 그러나 보통 그들이 그렇게 하는 까닭은 나를 잘못 인도하고 싶어서가 아니라 스스로 착각하고 있기 때문이다. 이러한 관점에서, 잠재적 증인에 대한 나의 태도는 종종 그 사람의 증언에 대한 나의 태도에 앞선다. 내가 (그 사람을) 믿는다는 것은 (그가 말하는 것을 사실로 여기는) 내 믿음의 내용에 앞서며, 후자로 환원될 수 없다. 나는 적절한 때에 증인들에 대한 나의 태도를 바꿀 수도 있고, 일부의 내용을 추가하고, 다른 내용을 뺄 수도 있다. 그러나 이것은 인식론적인 과정일 뿐만 아니라 충성심과도 상당한 관련이 있는 느리고 고통스러운 과정이다.

 일반적으로 나의 증인들은 말하기를 통해서만이 아니라 글쓰기를 통해서도 내게 이야기를 전한다. 그들은 책을 쓰고 신문에 기고한다. 나는 대다수의 증인들을 직접 알지는 못하지만, 나는 끊임없이 그들에게 기대고 있다. 그리고 나는 여기서 나 자신에 관해 서술하는 내용이 당신에게도 해당된다고 확신한다. 요약하면, 증인들과 증언들은 우리가 지식을 획득하는 가장 중요한 방법이다. 증인들은 관찰적 지식의 범위를 확장할 뿐만 아니라 인간적 행위, 즉 상징적 행위와 언어 자체의 중요한 함의를 해명한다는 점에서 더욱 중요하다. 이리하여 나의 주된 주장은 우리의 지식이 우리로 하여금 증인들 사이의 위계를 만들도록 촉구한다는 것이고, 우리는 서로 다른 사물들과 관련하여 서로 다른 사람을 신뢰하고 또 불신하기 때문에 실제로 수많은 위계를 만들 수밖에 없다. 그러나 이것이 우리의 민주적 본능을 거슬러서는 안 된다. 증인들 사이의 위계에 대한 민주적 해법은 이 사실을 부인하는 것이 아니라 증인들 가운데 단 한 사람의 엘리트가 증언을 독점하는 전통을 깨뜨리는 것이다. 그러나 민주주의는 여기서 나의 관심사가 아니다.

이 모든 것이 도덕적 증인과 어떻게 연관되는가? 물론 악 때문에 고통받은 모든 사람이 자신의 고통을 증언할 수 있는 동등한 자격을 지닌다 해도, 거기에 있지 않았던 우리에게 그들이 겪은 악에 대한 경험을 해명하는 능력을 평등하게 가지고 있을리 없다. 이것은 오늘날 우리가 증인에 대해 가정하고 있는 민주적 본능을 훼손한다는 이유로 경시해서는 안 될 대단한 성취이다.

10. 도덕적 증인인가 윤리적 증인인가?

(윤리는 우리의 두터운 관계를 알려주고, 도덕은 우리의 얕은 관계를 나타낸다는) 앞의 논의에 따라 두터운 관계와 얕은 관계의 구별에 기초한 윤리와 도덕의 구별을 고려한 채 질문해보자. 내가 여기서 '도덕적 증인'이라 부른 사람은 정말로 '도덕적' 증인인가, 아니 어쩌면 '윤리적' 증인인가? 나의 대답은 둘 다 해당한다는 것이다. 도덕적 체계라는 관념 자체에 대한 공격으로서의 악에 대한 염려는 실로 전형적인 도덕적 염려이다. 다른 한편 "공통된 운명에 대한 증인"인 도덕적 증인이 자신과 운명을 같이 하는 사람들과의 두터운 관계에 기초한 두터운 정체성을 가지고서 희생자들의 '운명'을 대변할 때, 그는 가장 효과적이고 진정성이 있다. 도덕적 증인은 당연히 악의 세력에 의해 위험에 처한 윤리적 공동체의 목소리를 전달할 것이다. 따라서 나는 '도덕적 증인'이라는 표현에서 '도덕적'이라는 형용사가 윤리와 도덕 사이에서 체계적으로 애매하다고 여겨져야 한다고 결론짓는다.

6장

The Ethics of Memory

용서하기와 망각하기

1. 인본주의적 방향설정

용서하기와 망각하기의 관계는 무엇인가? 이 장에서 나는 먼저 이 두 개념의 종교적 토대를 밝혀냄으로써 이 물음에 답하려고 한다. 나는 용서의 개념이 종교에 깊이 뿌리내리고 있다고 믿으며, 이러한 뿌리를 밝혀내는 일이 개념 분석에 들어가기 전에 필요한 예비단계라고 생각한다. 그럼에도 내가 고려하는 윤리와 도덕은 종교적이 아니라 인본주의적이다. 이것은 윤리와 도덕을 정당화하는 원천이 '더 높은' 존재가 아니라 인류에게 있음을 의미한다.

그런데 나는 인본주의가 하나가 아니라 두 가지 주장으로 구성된다고 생각한다. 첫째 주장이 인간은 도덕과 윤리의 정당화의 '유일한' 원천이라는 것이고, 둘째 주장이 인간은 도덕과 윤리의 정당화의 '충분한' 원천이라는 것이다. 나는 첫째 주장에는 동의하지만 둘째 주장에는 동의하지 않는다.

나는 인간이 정당화의 유일한 원천이되, 이 원천이 충분하지는 않다고 생각한다. 종교적 윤리학의 중요성은 우리가 정당화의 충분한 원천을 결여하고 있음을 자각하게 하는 부정적 교훈에서 기인한다.

우리는 우리의 윤리와 도덕을 정당화하기에 불충분한 원천들을 가지고 산다. 우리의 상황은 오직 연역만이 경험적 주장을 충분히 정당화할 수 있지만 우리가 가진 것은 귀납뿐이라고 여기는 데이비드 흄의 후예들의 상황과 다르지 않다. 여기서 우리에게 필요한 것은 '어떤 사람에게' 정당화하기와 '어떤 사태를' 정당화하기의 구별일지도 모른다. 우리가 어떤 사람들에게 우리의 신념과 행위를 정당화하려고 시도할 때, 그들이 만족할 만큼 충분히 정당화해도, 우리 자신은 여전히 그 사례나 행위의 근거에 만족하지 못할 수 있다. 따라서 윤리나 도덕에 대한 충분한 정당화의 결여는 사태에 대한 충분한 정당화의 결여를 의미하는 것이지, 어떤 사람에 대한 것이 아니다.[1]

2. 용서하기와 망각하기의 계보학

죄, 용서, 그리고 망각에 대한 우리의 개념은 종교적 그림에 뿌리를 두고 있다. 그림이라는 말로 내가 의도하는 것은 문제적 개념에 대해 은유적 모델을 제공할 수 있는 친숙한 대상들의 집합이다. 하나의 그림을 서술하는 표현은 은유적 성질이 사용자로부터 이탈한 '죽은' 은유이다. 사용자가 그 은유적 본성을 자각하지 못하고 그림이 표현하는 바를 말할 수 있는 다른

---

1 나는 시드니 모겐베서(Sidney Morgenbesser)의 도움으로 양자를 구별할 수 있었다.

방식을 생각할 수 없다면 그는 그림에 포획되어 있는 것이다. "그럼 달리 표현할 방법이 있나?"라는 항의는 바로 그러한 그림에 포획되어 있다는 표시이다.

따라서 이를테면 죄를 핏자국으로, 그리고 정화와 속죄를 핏자국을 지우는 일로 여기는 관념은 성경에서 강력한 그림을 형성한다. "네 죄가 주홍빛과 같다 해도 눈과 같이 희어질 것이요"라는 구절(이사야 1:18)에서는 그림의 은유적 성격이 제법 분명하지만, "네 손에는 피가 묻었다. 씻고 깨끗해지라. 너희의 악한 행실을 버려라"는 구절(이사야 1:15 – 16)에서 그림은 이어지지만 씻는다는 행위의 은유적 성질은 사라진다. 맥베스 부인의 손 씻는 그림이 나오는 장면("약간의 물로 우리의 이 행위를 씻을 수 있다")이 증언하는 것은 우리가 이 은유의 손아귀에서 벗어나기가 얼마나 어려운지 납득시키기 충분하다.[2]

성경은 용서를 의미하는 히브리어 '살라크'(*salakh*)를 오직 하느님의 용서에 대해서만 사용한다. 그 낱말은 현대 히브리어의 경우처럼, 한 사람이 다른 사람을 용서하는 데에 사용되지 않는다. 성경에서 후자의 경우를 위해 더 널리 쓰이는 용어는 '품고 있다'나 '짊어지다'를 의미하는 '나사'(*nasa*)이다. 이 용어는 죄를 무거운 짐으로 여기는 대안적 그림을 제시한다는 점에서 흥미롭다. 용서하는 자는 죄인이 진 죄라는 짐을 나누어 갖는다. 원래 '씻다'라는 뜻이었을 수 있는 히브리어 어원 '살라크'와 달리, 죄를 짊어진다는 관념은 완전히 다른 그림을 제시한다.

그러나 인간만이 죄의 짐을 지는 것은 아니다. "주께서 나의 죄악을 짊

---

2   William Shakespeare, *Macbeth*, in *Oxford Standard Author's Shakespeare*, Act 2, scene ii, line 64 [윌리엄 셰익스피어, 『맥베스』, 최종철 옮김, 민음사, 2004].

어지셨도다"(시편 32:5)나 "주께서 주의 백성의 죄를 짊어지셨도다"(시편 85:3)라는 선언에서 보듯, 신 또한 개인이나 집단의 죄를 짊어질 수 있다. 그런데 인간과 신만이 죄악을 짊어질 수 있는 것은 아니다. 그 짐은 또한 제물에게 맡겨질 수도 있다. "그 숫염소는 온갖 죄악을 짊어지고 메마른 황무지로 가리라"(레위기 16:22).

비트겐슈타인은 속죄일의 의식에 대해 다음과 같이 말한다. 속죄의 날 대제사장은 이스라엘 사람들의 죄를 짊어진 염소를 사막으로 보낸다. "사람의 죄를 대신 짊어지고 그 죄와 함께 사막으로 떠나가는 제물은 철학에서 오류를 일으키는 경우들과 유사한 그릇된 그림이다." 제물의 그림이 오도하는 것은 무엇인가? 비트겐슈타인은 신화를 높이 평가함에도 불구하고 제물은 왜 나쁜 신화로 여기는가? 나쁜 신화는 미신, 즉 초자연적 인과 메커니즘에 대한 믿음으로 구성된다. 나쁜 철학, 즉 형이상학 역시 이런 종류의 미신에 기초한다. 어떤 경우든 제물의 그림은 접신적 주술, 즉 어떤 초자연적 인과성에 의해 주술사가 바라는 대로 되도록 신들을 설득하는 기술, 이 경우에는 인간의 죄를 염소의 머리에 뒤집어씌우는 기술을 암시한다.

주술적 행위나 종교적 의식이 다만 죄를 씻기를 바라는 표현으로 이해되는 한, 비트겐슈타인이 보기에 문제는 주술의 실제 사용이 아니다. 그러나 그것이 행위의 인과적 작용에 대한 믿음을 나타낼 때, 그것은 나쁜 그림을 창조한다. "세례가 씻김이 되는 것은 여기서 마술이 과학으로 제시될 때에만 오류가 된다."[3] 그 행위가 단지 정화에 대한 갈망을 표현하는 것이 아니

---

3   Ludwig Wittgenstein, *Remarks on Frazer's Golden Bough* (Retford, Nottinghamshire, UK: Brynmill Press, 1983), p. 4e. [루트비히 비트겐슈타인, 「프레이저의 〈황금 가지〉에 관한 소견들」, 『비트겐슈타인 선집 2: 소품집』,

라 정화를 '일으킨다'고 간주될 때, 그것은 미신이 된다.

인간의 죄악을 짊어진 염소의 그림이 가진 다른 나쁜 점은 무엇인가? 비트겐슈타인을 괴롭히는 것은 그림의 조야함이 아니다. 반대로, 이러한 이미지들 중 일부가 정제될 때, 조야한 상태에서보다 오해의 여지가 더 커질 수 있다. 그를 괴롭히는 것은 그림의 조야함이 아니라 모호함이다. 이것은 그 그림에서 기인하는 연상들이 혼란스러울 뿐 아니라 혼란스럽게 만듦을 의미한다.

제물의 경우, 우리가 이 그림에 잘못된 감정을 결부시키기 때문에 그림은 우리를 오인케 한다. 제물이 된 염소는 죄의 용서에 적합한 모델이 아니다. 왜냐하면 그것이 실제로 무구한 피조물이라 해도. 우리에겐 순수를 표현한다고 여겨지는 피조물이 아니기 때문이다. 이사야가 "주께서 우리 모두의 죄를 그에게 지우셨다"고 말하는 "하나님의 종"은 염소가 아니라 어린 양이나 암양에 비유된다. 이것들은 염소와 달리 순수함을 나타낸다고 여겨지는 동물들이다. 우리는 양과 염소를 구분해야 한다. 제물로서의 염소는 서구문화권에서 자신이 저지르지 않은 죄, 즉 비난받고 벌받을 일을 실제로 저지른 사람들의 죄를 대속하는 피조물로 받아들여졌다. 그러나 제물인 염소가 전적으로 결백하더라도 그것은 순수함의 상징이 아니다. 염소는 일반적으로 근본적 타자성, 즉 차이, 완전히 기이하고 위협적인 것을 나타낸다. 이것이 바로 그것에 비난과 죄를 전가하는 것이 그토록 쉬운 이유이다. 서구 문화에 수용된 제물 염소의 그림에서의 이러한 변화는 우연의 일치가 아니다. 그것은 염소가 항상 용서와 죄의 짊어짐이라는 관념의 나쁜 모델이었음을 보여준다.

이영철 옮김, 책세상, 2006, 42쪽].

따라서 우리는 서로 다른 두 수준에서 그림을 검사할 수 있다. 하나는 인지적 수준이다. 그것은 가상을 나타내거나 강화하는가? 다른 하나는 정서적 수준이다. 그것은 적합한 감정과 연결되는가? 제물 염소의 그림은 두 가지 검사에서 모두 실패한다.

3. 용서: 죄를 지우기인가 감추기인가?

죄와 용서에 대한 두 가지 종교적 모델은 오늘날 인본주의적 도덕의 용서 개념에도 여전히 스며들어 있다. 죄를 지우는 용서와 덮어 감추는 용서가 그것이다. 죄를 지운다는 것은 죄를 완전히 잊어버림을 의미한다. 덮는다는 것은 그것을 잊지 않은 채 무시하겠다는 의미이다. 성경의 시편의 작자가 신에게 "나를 씻어 주옵소서. 내가 눈보다 희게 하소서"(시편 51:7)라고 청할 때, 그의 요청의 의미가 "내 모든 죄를 지우는 것"(51:9)임은 분명하다. 지우기 모델에서 용서는 망각으로 나타난다. 이는 예레미야서에서 명백해진다. "내가 그들의 악행을 사하고 다시는 그들의 죄를 기억하지 아니하리라"(31:34).

우리는 오직 신에게만 죄를 짓기 때문에 용서하고 잊어버리는 자는 신이다("내가 주께만 범죄하였사오니", 시편 51:4). 죄는 인간을—개인과 집단 모두를—신에게서 소외시킨다. 이러한 소외는 망각으로 표현된다. "주님이 나를 버리셨습니다. 나의 하나님이 나를 잊으셨습니다"(이사야 49:14). 그러나 신은 쉽게 잊지 않는다. "여자가 자기 품에 있는 아기를, 사랑하는 어머니가 자기 자궁으로 낳은 아이를 잊을 수 있겠는가? 이 사람들이 잊을지라도 나는 너희를 잊지 않으리라"(49:15).

인간을 기억하는 신과 자기 자궁으로 낳은 아이를 기억하는 어머니의 비교는 흥미롭다. 자궁을 뜻하는 히브리어 낱말 '레헴'(*rehem*)과 자비를 뜻하는 '라하밈'(*rahamim*)은 같은 어근에서 유래한다. 자비는 자신의 원천, 즉 자궁에서 멀어진 이들을 돌아오게 한다. 따라서 기억하는 행위는 자비와 은총의 행위이다.

이런 점에서 망각은 죄지은 사람을 잊는 동시에 죄 자체를 잊어버리는 이중 역할을 한다. 이러한 이중 역할은 죄와 용서에 대한 또 다른 중요한 성서적 이미지, 즉 신성한 책과 연결되어 있다. 신성한 책은 때때로 자신의 죄 때문에 지워진(즉, 망각의 운명을 지닌) 이들과 반대로 살아갈 운명인 사람들의 이름들을 담고 있는 것처럼 보인다. 이스라엘인들이 금송아지를 섬기는 죄를 지은 뒤, 모세는 신에게 간청했다. "저들을 용서하시길 바란다면, 용서하십시오. 그러나 그렇지 않다면 청하건대 당신의 기록하신 책에서 내 이름을 지워 주십시오"(출애굽기 32:32). 그러자 신은 "나를 거슬러 죄지은 이를 내가 내 책에서 지워버리리라"(32:33)라고 답했다.

실제로 신성한 책에 대한 두 가지 관념이 있다. 하나는 죄가 차변에 기록된 장부라는 관념이다. "모든 것이 내 앞에 기록되어 있다. 나는 침묵하지 않을 것이다. 내가 네 죄악을 갚으리라"(이사야 65:6). 이 회계장부는 대변과 차변 양편의 행실을 목록화한다. 또 하나는 이름 목록을 포함하는 장부라는 관념이다. 이 명부에는 살아갈 운명을 지닌 이들의 이름은 나타나 있지만 죽음을 선고받은 이들의 이름은 지워져 있다. "생명의 책에서 그들이 지워지게, 의인들 사이에 기록되지 않게 하소서"(시편 69:28). 신성한 회계장부에서 죄는 부채로, 선행은 자산으로 기재된다. 양편의 합계가 흑자인 이들의 이름이 생명의 책에 기록된다.

따라서 용서를 위한 탄원은 부채를 지워버린다는 의미에서 잊어버리기 위한 탄원이다. 용서의 이러한 그림은 신약성서(마태복음 6:12)에서 용서에 대응하는 그리스어 동사가 '빚을 제하다'라는 뜻의 낱말 '아핀마이'(*afinmai*) 라는 점에서 가장 분명하게 표현된다. 베드로의 질문에 답하면서 용서하기를 거부한 노예의 우화도 이와 마찬가지이다. "내 형제가 내게 죄를 범하면 내가 몇 번이나 용서해야 합니까? 일곱 번까지?"(마태복음 18:21). 주인은 노예의 빚을 탕감해 주었지만 노예는 동료 노예가 자기에게 진 빚을 탕감하길 거부했다. 주인은 종의 거절을 듣고 나서 말한다. "네가 염원했기 때문에 나는 네 모든 빚을 제하였노라. 너도 동료 노예를 불쌍히 여겨야 하지 않겠느냐?"(18:32-3).

 이렇게 해서 성경에는 용서에 대한 서로 다른 네 가지 그림이 나온다. 즉 짐을 짊어지기, 덮어 감추기, 지워버리기, 빚을 탕감하기의 그림이다. 앞의 세 가지 그림은 시편에 문자 그대로 표현된 것처럼(32:1-2), 용서의 정도가 점차 증가하는 것으로 보일 수 있다. 죄인이 자기 허물을 짊어지고, 자기의 죄를 덮고, 자기 죄를 변호하지 않음으로써 그에 대한 정죄는 중단된다. 용서의 네 번째 그림은 빚을 탕감하기인데, 이것은 빚의 일부를 부담하기, 빚이 남아 있어도 무시하기, 빚을 완전히 탕감하기 중 하나의 수준으로 해석될 수 있다. 내가 보기에 죄를 덮어 감추기로서의 용서와 죄를 지워 없애기로서의 용서는 서로 반대개념이다. 이 대립은 용서하기와 망각하기의 개념적 차이에 있다. 두 가지 그림에 대한 평가와 비판은 아래에서 다시 다룰 것이다.

4. 태도이자 의무로서의 용서

용서는 분노와 복수심을 극복하는 것을 의미한다. 이는 성경의 신에게서도 그렇다. "그러나 그 분은 그들을 죽이는 대신 동정심으로 그들의 죄를 용서하시고 진노를 완전히 분출하는 대신 거듭 노여움을 억누르셨다"(시편 78:38). 하지만 분노와 복수심의 극복은 또한 용서 없이 일어날 수 있다. 야곱은 아버지의 축복을 가로채 에서에게 잘못된 일을 했다. 그 결과, "에서는 야곱에게 원한을 품었고"(창세기 27:41), 복수를 계획했다. "내 아버지를 애도하는 때가 곧 올 것이며, 그러면 내가 내 동생 야곱을 죽이겠다"(27:42). 야곱과 에서의 어머니 레베카는 이 소식을 듣고 사랑하는 아들 야곱에게 "네 형의 분노가 식을 때까지" 다가가지 말라고 경고했다. "분노가 가라앉고 네가 그에게 한 일이 잊혀지면 내가 소식을 전해 너를 데려오겠다"(27:44-5). 에서가 분노와 복수의 충동을 극복하리라고 레베카가 믿는 까닭은 그가 야곱을 용서해서가 아니라 야곱의 잘못을 잊어버릴 것이라는 데 있다. 그녀는 에서가 쉽게 화를 낸다는 점을 알고 있어서 그에게 화를 식힐 기회를 주고 시간이 흘러서 일어난 일을 잊어버리도록 돌본다. 따라서 에서의 분노와 복수심의 극복은 도덕적(또는 이 경우에는 윤리적) 중요성을 지닌 용서의 행위가 아니다.

단순한 망각에 의해 일어난다면 그것은 진정한 용서가 아니다. 용서는 자신의 태도를 바꾸고 분노와 복수심을 극복하려는 의식적 결단이다. 궁극적 분석에 따르면, 망각은 분노와 복수심을 극복할 수 있는 가장 효과적인 방법일 수도 있지만, 이는 결단이라기보다 누락이기 때문에 용서가 아니다. 그러나 기억하기의 경우처럼, 용서의 결단이 망각을 불러오고 이로써 용서의 절차가 완성될 수 있는 간접적인 방식도 존재한다. 용서하겠다는 결단은 우리가 더는 과거를 곱씹지 않도록, 과거에 대해 타인들에게 말하는 것을 멈추도록, 그리고 그 결과 마침내 그것을 잊어버리도록, 또는 그것이 한때 우리 자신에게 매우 중요한 것이었다는 사실을 잊어버리도록 이끈다. 이러한 망각은 도덕적으로는 물론 윤리적으로도 대단히 중요하게 여겨져야 한다.

5. 선물로서의 용서

히브리어 성경에 용서의 의무는 나오지 않는다. 신약 성경에는 용서하라는 명시적 권고가 들어 있다. "다른 사람이 저지른 잘못을 용서하면, 하늘 아버지께서도 용서하실 것이다. 그러나 다른 사람을 용서하지 않으면, 네가 저지른 잘못을 아버지께서 용서하지 않으실 것이다"(마태복음 6:14-5). 여기에는 용서받을 필요가 없는 사람은 아무도 없다는 생각도 스며 있다. "이 세상에는 항상 옳은 일을 하고 결코 악행을 행할 수 없을 만큼 의로운 사람이 없다"(전도서 7:20).

설령 개인이 직접 죄를 짓지 않았더라도 그는 원죄로 인해 여전히 용서받을 필요가 있다. "하나의 악행이 모든 사람에 대한 정죄"(로마서 5:18)였으므로, 우리는 모두 죄인이거나 적어도 죄의식을 가진다. 우리는 모두 용서가 필요하기 때문에 우리는 모두 용서할 수 있어야 한다. 이것이 신약의 관점이다.

마이모니데스는 용서의 요건을 다음과 같이 진술한다. "완고한 태도와 스스로를 진정시키지 못하는 태도는 금지된다. 반대로 쉽게 진정할 수 있어야 하고 화를 내는 것을 어려워해야 한다. 그리고 가해자가 용서를 구하면 진실한 마음으로 기꺼이 용서해야 한다. 어떤 사람이 크게 화가 날 정도로 심하게 해를 입었더라도 그는 복수하려거나 원한을 품어서는 안 된다."[4] 이는 가해자가 진심으로 뉘우칠 때 그를 용서하는 것이 마뜩치 않더라도 우리에게 용서의 의무를 지우는 강력한 권고이다. 이 구절은 용서가 자애심에서 나온 행위가 아니라 도덕적 종교적 의무라는 인상을 준다.

나는 오늘날 의무에 관한 인본주의적 도덕이론이 의무와 자애의 결합을 상상하기 어렵게 만들었다고 생각한다. 용서는 칭송받을 만한 일이지만 그렇다고 용서하지 않는 사람이 비난받을 만한 것은 아니라는 의미에서 용서는 필요 이상의 것이라고 여겨진다. 그러나 용서는 의무의 한계를 넘어선 것이 아니다. 종교적 도덕의 의무들은 선물 교환의 제도가 상당히 발전된 사회에 존재하는 의무들과 같다. 무상으로 수여되는 것인 선물이라는 관념 자체는 이에 대응하는 선물의 보상을 규범적으로 기대하기에 부적합한 것 같다. 그렇다면 선물 교환은 경제적 거래와 어떻게 다른가?

이 물음은 마르셀 모스(Marcel Mauss)의 시대 이래 많은 인류학자를 괴롭혀왔다.[5] 단순히 대답하기는 어렵다. 이보다 복잡한 대답은 적어도 하나의 핵심요소를 포함해야 할 것이다. 즉 선물은 최초의 증여자와 선물을 돌려주는 자 사이의 사회적 유대를 형성하거나 강화하기 위한 것이라는 점이다. 경제적 거래는 실용적 목적을 위해 재화와 서비스를 공급하기 위한 것이다. 따라서 선물 증여의 주된 측면은 예를 들면 장식적인 기능처럼, 선물의 비실용적인 본성에 있는 경우가 많다.

---

[4] Moses Maimonides, *Mishneh Torah: The Book of Knowledge*, ed. Moses Hyamson (Jerusalem/New York: Feldheim Publishers, 1965), ch. 22, sec. 14, p. 83b.

[5] [옮긴이 주] 마르셀 모스, 『증여론』, 이상률 옮김, 한길사, 2002.

성경에서, 타인에 대한 선물과 신에게 바치는 공물은 둘 다 같은 낱말인 '민하'(minha)로 표시된다. 그리고 히브리어 성경에서 신에게 바치는 공물에는 실로 선물 교환의 분명한 요소가 있다. 여기서 내가 제안하고 싶은 생각은 용서에 포함된 의무들이, 즉 용서를 구하는 사람의 의무와 용서를 베푸는 자의 의무가 둘 다 선물 교환에 포함된 의무와 유사하다는 점이다. 두 경우 모두 목적은 가해가 발생하기 전에 존재했던 인격적 관계의 본성과 관련이 있다. 그러나 하나의 차이가 있다. 용서는 보통의 선물과 달리, 관계의 형성이나 강화를 위한 것이 아니라 관계를 이전 상태로 되돌리기 위한 것이다.

용서를 구하는 진심 어린 간청을 받아들이지 않는 것은 선물을 거절하는 것과 같다. 두 경우 모두에 설득력 있는 정당화가 필요하다. 다음의 유명한 사례를 생각해보자. "그 날은 카인이 흙에서 나는 곡식을 주께 선물로 드리고, 아벨은 양 떼 가운데서 태어난 맏아들 가운데서 기름진 것을 가져 왔다. 주님은 아벨과 그의 선물을 호의로 받으셨지만, 카인과 그의 선물은 받지 않았다. 카인은 매우 화가 났고 그의 얼굴은 붉어졌다"(창세기 4:3-5). 전통적인 유대 성서 주석가들은 선물을 임의로 거절해서는 안 된다고 여겼다. 선물의 거절은 정당화될 필요가 있다. 선물은 책무를 부과한다. 즉 선물을 거절할 좋은 이유가 없는 한 선물을 받아야 할 책무를 부과하고, 선물 교환 사회에서는 선물을 되돌려주어야 할 책무 또한 부과한다. 나는 그러한 책무가 존재하는 한 용서해야 할 책무는 선물을 거절하지 않아야 하는 책무, 즉 후회와 용서의 간청의 표현을 거부하지 않아야 할 책무와 같다고 주장한다.

우리가 보았듯이, 죄와 용서의 종교적 맥락은 죄가 어떻게 용서받을 수 있거나 망각될 수 있는지에 대한 다양한 그림을 암시한다. 우리의 목표와 관련하여 가장 중요한 그림은 용서를 지워 없애는 그림과 덮어 감추는 그림이다. 지워 없애기의 은유에서 용서란 벌 받을 행위를 절대적으로 망각하는 것으로 묘사된다. 용서는 가해자와 피해자 사이의 인격적 관계를 가해가 일어나기 전의 상태로 복원한다. 대조적으로, 덮어 감추기의 은유는 죄를 잊지 않은 채 가해를 무시할 것을 제안한다. 벌 받아 마땅한 가해의 흔적은 남아 있지만, 피해를 입은 편은 자기에게 잘못을 저지른 이에게 복수로 대응하지 않는다.

우리가 기록한 내용이 불만족스러울 때, 그것을 지우는 두 가지 방식이 있다. 하나는 삭제하는 방식이고, 다른 하나는 X와 같이 교차선을 긋는 방식이다. 삭제할 때에는 기록된 내용이 전부 지워지지만, 교차선을 그을 때에는 선 아래에 오류의 흔적이 남는다. 지워 없애기는 삭제와 유사하고, 덮어 감추기는 교차선 긋기와 비슷하다. 나는 덮어 감추기의 이미지가 지워 없애기의 그림보다 개념적 및 심리적으로는 물론이고 도덕적으로도 선호할만하다고 주장하고 싶다. 가해의 기억은 삭제하기보다 교차선을 긋는 편이 더 낫다는 점에서 그렇다. 요약하면, 나는 용서가 죄를 망각하기가 아니라 죄를 무시하기에 기초한다고 주장한다.

6. 되돌아가기

용서를 구하는 종교인은 죄가 지워지길 희망한다. 그는 신에게 과거를 되돌려달라고 빈다. 과거의 무효화를 향한 이러한 소망은 이미 저질러진 악의 절대적 근절을 위한 간청의 형식으로 용서의 세속적 개념에 침투했다. 그것이 다만 용서를 구하는 사람의 소망에 관계되는 한, 소망에는 잘못된 것이 없다. 그러나 속죄를 통해 과거를 되돌릴 수 있다는 마술적 믿음이 동반된다면 이것이 환상이다. 칼뱅주의가 그러한 용서의 관념에 그토록 단호히 반대했던 타당한 이유는 이것이 신성함을 조작하려는 시도로 간주되었기 때문이다. 예정에 대한 칼뱅주의적 개념은 주권적 신성함은 결코 마술적 조작이나 회개라는 "정서적 협박"에 의해 영향을 받을 수 없으리라는 점을 확증하기 위한 것이다.

그러나 주된 은유는 지우는 것이 아니라 되돌리는 것이다. 자신의 죄로 인해 신에게서 멀어진 죄인은 이제 신에게로 되돌아간다. 잘못을 바로잡는 첫째 단계는 신의 용서가 아니라 죄인이 신에게로 되돌아가는 행위이다.

최초의 회개자는 카인이었다. "카인이 주님께 아뢰었다. "그 형벌은 제가 짊어지기에 너무나 큽니다""(창세기 4:13). 신은 카인을 부분적으로 용서한다. 신은 살인자는 사형에 처해야 한다는 사법적 원칙을 제정하지 않는다. "땅에 피가 흐르면 땅은 그 피를 흘리게 한 자의 피가 아니고는 속죄될 수 없다"(민수기 35:33). 그러나 카인에 대한 신의 용서는 그의 죄를 지우는 것을 포함하지 않는다. 반대로 신이 카인을 보호하는 방법은 "그에게 표식을 찍어 주셔서, 어느 누가 그를 만나더라도 그를 죽이지 못하게"(창세기 4:15) 하는 것이다. 카인의 표식은 지울 수 없는 죄인의 (그것도 살인자의) 표식이라는 지워지지 않는 그림으로 바뀌었다. 카인의 표식은 용서와 기억 사이의 긴장을 강조한다. 카인의 표식을 포함하는 용서는 완전한 망각이 아니다.

히브리어 성경에서 참회는 후회, 고백, 금식, 기도, 심지어 자기 옷을 찢고 삼베옷을 입는 식의 상례 등의 다양한 구성요소를 지닌다. 예를 들어, 이것은 다윗 왕이 밧세바에게 자신의 죄를 뉘우칠 때 하던 행위이다(사무엘하 12장). 이 모든 구성요소 중 가장 중요한 것은 후회이다. 그런데 어째서 후회가 용서의 이유로 간주되어야 하며, 어째서 후회는 용서하는 자와 가해자 사이의 관계를 재확립하는 데 그토록 본질적인가?

후회(즉, 양심의 가책)는 우리가 주술적이지 않은 방식으로 과거를 돌이킬 수 있게 한다. 과거를 바꿀 수는 없으므로, 우리가 이미 한 일을 되돌리는 일이 불가능하더라도, 과거에 대한 우리의 해석을 바꾸는 일은 가능하다. 후회를 표현함으로써 가해자에게는 새로운 빛, 곧 과거로 투사될 수 있는 빛이 나타난다. 가책을 느끼는 그의 능력은 설령 그가 범한 행위가 극악무도하더라도 근본적으로 악하지는 않음을 입증한다. 죄인이 자신이 한 일의 악함을 부인한다면 그는 후회를 표현하지 않았을 것이고, 그래서 그는 범행의 악함을 부인하지 않지만, 범행에 대한 책임이 그에게 있다는 중요한 가정은 행위와 행위자 사이에 균열을 만들어낸다. 따라서 범행이 망각될 수 없더라도 가해자는 용서받을 수 있다. 이러한 관점에서 후회는 용서가 죄의 제거와는 다르다는 관념과 일치한다.

잘못을 바로잡는 후회의 역할에 대한 이러한 언급은 내가 죄를 지워 없애는 그림보다 죄를 덮어 감추는 그림을 선호하는 이유를 보여준다. 후회는 속죄 제물이라는 마법을 포함하지 않는다.

어떤 의미에서 지워 없애는 이미지에는 일관성이 없다. 용서하기 위해 죄를 완전히 망각해야 한다면 우리는 모순에 직면한다. 그것은 필립 로스(Philip Roth)의 "망각하기 위해 기억하라"는 명령과 같다. 이것이 다음 절에서 논의될 것이다.

7. 망각하기가 의도적일 수 있는가?

앞서 언급했듯, 우리는 수의근과 불수의근을 구별하는 데 어려움이 없다. 근육의 자발성 검사는 다른 근육의 매개 없이 직접적으로, 그리고 즉시 요구되는 바에 따라 작동할 수 있는가 아닌가에 달려 있다. 다리 근육은 자발적이지만, 심장 근육은 그렇지 않다. 나는 분명 달리기 시작하여 심장을 더 빨리 뛰게 할 수 있지만, 이것은 수의근의 기준을 충족하지 않는다.

고행 수도자(Fakirs)는 연습을 통해 자신의 모든 근육을 자발적으로 움직일 수 있어야 한다. 이것은 수의근과 불수의근의 구별이 개념적이라기보다 경험적임을 뜻한다. 그러나 불수의근의 운동이 개념적인지 경험적인지는 우리의 현재 목적을 위해 특별히 고려되는 것이 아니므로, 고행 수도자를 고려할 필요는 없다.

자발적인 것과 비자발적인 것의 구분은 심리적 활동에도 적용되는 것 같다. 나는 자발적으로 흰 코끼리를 생각할 수 있으나, 흰 코끼리를 생각하지 말라는 지시를 따를 수는 없다. 망각활동은 자발적일 수 없다. 내가 흰 코끼리를 생각하기를 자발적으로 막을 수 없듯이, 나는 그와 같은 것을 망각하기로 결단할 수 없다. 따라서 용서하는 일이 망각하는 것을 포함한다면 우리는 용서하기로 결단할 수 없을 것 같다. 그러면 용서는 일관된 개념이 아닐 것이다. 용서란 무엇인가?

배심원단은 종종 법정에서 채택할 수 없고 알아서는 안 될 증거를 접한다. 판사가 그들에게 이 증거를 잊어달라고 요청해도 이 요청은 다만 그들이 그것을 더 잘 기억하게 할 뿐이다. 그러면 판사는 실제로 배심원들에게 무엇을 말해야 하는가? 판사는 일반적으로 배심원은 채택될 수 없는 증거를 무시해야 하고 평결의 이유로 사용해서는 안 된다고 그들에게 지시한다. 판사는 그 정보가 배심원들에게 영향을 끼치지 않도록 요청할 수는 없지만, 그들의 평결을 정당화하기 위해 사용되지 않도록 요청할 수는 있다.

얼핏 보기에, 용서의 경우에도 이것이 우리가 요청할 수 있는 전부인 것 같다. 다시 말해, 우리가 요청할 수 있는 것은 단지 잘못의 피해자가 해당 가해행위를 자신의 미래적 행위의 이유로 고려해서는 안 된다는 것뿐이다. 용서는 피해가 "채택될 수 있는 증거"가 아니라는, 즉 그것이 더는 행위의 이유가 되지 않는다는 결단이다. 우리는 왜 피해자가 피해를 "채택될 수 없는 증거"로 간주해야만 하는지 그 이유를 아직 제출하지 못했다. 그것은 나중에 나올 것이다. 우리가 지금 논의하는 주제는 무엇이 용서를 구성하는가에 관한 문제이다. 그리고 이 문제에 대한 답변은 용서가 실천 영역에서 자발적 결단의 산물임을 강조한다.

이러한 의미에서 용서는 요셉 라즈(Joseph Raz)가 "배제적 이유"(exclusionary reason), 즉 "특정 이유들에서 하는 행위에 반대하는 이유"라고 부르는 것의 한 사례이다.[6] 우리의 경우, 가해자가 용서하는 자에게 가한 피해에 의존하는 이유들에서 나온 행위에 반대한다는 의미에서, 용서는 배제적 이유이다. 그 경우, 용서는 행위의 특정 이유를 무시하겠다는 약속과 같다.

이러한 해석에 따르면, "나는 당신을 용서한다"는 말은 "나는 약속한다"처럼 수행적 활동이다. 그리고 수행되는 활동은 특정한 이유들을—용서의 경우, 우리에게 피해를 입힌 사람을 향한 적대적이거나 냉혹한 행위를 정당화하기 위한 이유들을—사용하지 않겠다는 약속을 하는 것이다.

따라서 용서는 무엇보다 우리에게 잘못한 사람과 관련하여 배제적 이유

---

6   Joseph Raz, *Practical Reason and Norms*, 2nd ed. (Oxford: Oxford University Press, 1999).

를 채택하는 방침이다. 이러한 견해는 지워 없애는 그림보다는 도리어 덮어 감추는 그림과 양립가능하다. 무시하는 것은 결단이지만, 망각하는 것은 결단이 아니다. 그러므로 자발적 용서는 비자발적 망각과 함께 묶여서는 안 된다. 용서가 실제로 정해진 방침을 채택하려는 결단이라면 이 견해는 개념적 이점뿐 아니라 심리적 이점도 가진다. 개념적 이점은 우리에게 비자발적인 일이 요구되지 않는다는 데 있다. 심리적 이점은 망각이 요청될 때는 기억할 가능성이 더 높아지지만 무시하라는 요청은 그렇지 않다는 데 있다.

8. 용서

앞의 주장과 반대되는 주장은 용서가 방침이나 결단이 아니라 피해를 당한 사람 심리상태의 변화("마음의 변화")라는 것이다. 피해를 망각하는 것은 이러한 마음의 변화와 성공적인 용서를 위해 필요한 것의 일부이다. 망각하는 일은 자발적이지 않으므로 용서가 아니다. 이리하여 용서는 자발적인 심리 활동일 수 없으며 기껏해야 심리상태일 뿐이다.

달리 말해, 거의 같은 이유들을 근거로, 내가 망각하기를 결단할 수 없는 것처럼 용서하기로 결단할 수도 없다. 대신 내가 용서할 때 나는 내 심리상태의 변화를 겪는다. 그런데 유의할 것은 이 사실이 망각하기에 반대하는 논거가 아닌 것처럼 용서의 간접적 방법에 대한 호소에 반대하는 논거도 아니라는 점이다. 자신의 심장 근육을 자발적으로 활성화하는 것이 직접적 결단이 아니라 해도, 운동을 통한 심장근육 강화는 결단의 결과이다. 용서하는 것과 망각하는 것도 마찬가지이다. 양자는 간접적 접근이 요구된다.

어쨌든, 이 견해에 따르면, "마음의 변화"로서의 용서하기는 방침이 아니다. 심지어 배제적 이유를 채택하는 방침도 아니다. 그러한 방침은 사죄에 적합할지 몰라도 용서에는 적합하지 않다. 이러한 시각에서의 용서는 방침의 문제가 아니라 심리학의 문제이다.

사람들을 용서하는 재판관이나 왕의 역할에는 실제로 신에 관한 성경적 이미지가 투영되어 있다. 이러한 경우, 용서는 단지 사죄이다. 신은 죄인을 처벌하지 않는다는 점에서 좁은 의미에서의 죄를 무시한다. 그러나 예레미야서에서 신이 이스라엘 백성에게 "네가 광야에서 나를 따랐을 때 네 젊음의 한결같은 정성과 신부의 날의 사랑을 기억하노라"(2:2)고 말했을 때, 그는 사죄로서의 용서를 베푼 것이 아니다. 도리어 그것은 훗날 배신의 죄로 인해 상실된 친밀감의 기억을 회복한다는 의미에서의 용서이다.

이런 종류의 용서는 방침이 아니라 원한과 복수심을 극복하고 분노와 굴욕을 다스리는 경우에 해당한다. 그러한 극복은 그 자리에서 무언가를 하기로 한 결단이 아니라 오랜 노력의 결과이다. 우리는 그것을 금연에 비유할 수 있다. 실제로 어떤 사람이 그렇게 단번에 흡연을 멈출 수도 있다. 그러나 흡연을 향한 그의 욕구가 그대로 끝이 날 수는 없다. 이 욕구는 다만 점진적으로 교정될 수 있다.

'작업'(work)이라는 말이 일하는 과정과 성취된 작품을 함께 지시하듯, '용서'(forgiveness)라는 말도 과정과 성취를 함께 지시한다. 용서하는 자는 적어도 전형적인 경우에 의식적 결단을 내림으로써 결과적으로 자신의 피해를 망각하고 마치 피해가 일어난 적 없었던 것처럼 가해자와의 관계를 회복하기 위한 과정에 들어선다.

용서의 결단은 피해를 무시하겠다는 결단이다. 그러나 피해자가 피해로 인한 상처를 조금이라도 간직하고 있는 한, 용서는 불완전하다. 오직 이 과정을 시작하기로 한 결단만이 자발적이고, 완전한 용서라는 최종 결과는 망각과 마찬가지로 자발적이지 않으며, 따라서 그것은 보증될 수 없다. 피해에 대해 곱씹어 생각하지 않겠다는 결단과 같이 자발적일 수 있는 요소가 망각하기에는 존재하지만, 망각하기 자체는 비자발적이다.

완전한 용서는 망각을, 다시 말해 덮어 감추기보다는 지워 없애기를 수반한다. 그런데 망각하기로 한 최초의 결단은 기억하기를 필요로 한다. 그렇지 않으면 용서는 아무 의미가 없기 때문이다. 피해를 "자연적으로" 망각하는 것은 용서가 아니며, 어떠한 도덕적 가치도 없다. 그러나 용서의 이상적인 최종 결과는 가해자와 용서하는 자 사이의 본래적 관계의 회복이며, 이것은 용서하는 자가 어떠한 원한감정이나 피해에 대해 복수하려는 욕구를 느끼지 않는 한에서만 이상적으로 성취될 수 있다. 방침으로서의 용서는 피해를 무시하기로 한 결단의 이유들을 다루지만, 극복하기로서의 용서는 의식적이든 아니든 간에 피해 자체에서 기인한 원한과 복수심과 같은 동기들을 지배하는 것을 의미한다. 아마도 우리가 도달할 수 없는 이상적 의미에서의 용서는 용서받아야 할 행위의 모든 흔적과 상처를 극복하는 것이다. 그러나 이것은 인간의 덮어 감추는 용서가 아니라 신의 지워 없애는 용서이다.

9. 이차 용서

이제 논의를 종합할 시간이다. 만일 원한감정을 극복하는 것이 개념적으로 적합하게 이해된다면, 방침으로서의 용서는 원한의 극복하기로서의 용서의 관념과 모순되지 않는다. 이것은 원한을 극복하기가 망각하기를 필요로 하지 않기 때문이다.

우리가 심각하게 부당한 대우를 받았을 때, 우리는 잘못을 저지른 사람에 대해 원한을 갖기 쉽다. 용서하려는 결단은 원한이나 복수심이라는 일차적 감정에 따라 행위하지 않으려는 이차적 욕망의 표현이다. 이것은 일차적 원한감정이나 복수욕이 사라졌음이 아니라 이차적 욕망이 승리했음을 의미한다. 우리는 원한이나 복수심에 따라 행위하지 않는다. 우리는 망각하지 않지만 용서를 실행한다.

그럼에도 나는 우리가 가해자에 대한 어떤 의무 때문에 용서를 실행하는 것은 아니라고 생각한다. 내가 보기에 가해자의 어떤 권리 때문에 우리에게 용서의 의무가 있다는 것은 일반적으로 정당화되기 어렵다. 진심 어린 참회가 인정될 때조차도 그렇다. 우리는 일반적으로 타인에 대해서가 아니라 우리 자신에 대해 용서의 부채감을 가질 수 있다(혹은 이렇게 말해도 좋다면 우리는 우리 자신에 대해 그러한 의무를 가질 수 있다). 이러한 의무는 원한감정과 복수욕을 가지고 살고 싶지 않다는 바람에서 기인한다. 그러한 정서는 유독한 태도이자 마음 상태이다.

실제로, 여기에는 윤리에 대한 나의 개념과 연관이 있는 더 깊은 요점이 있다. 나에게 윤리는 우리와 두터운 관계에 있어서 우리가 돌보아야 할 사람들에 대해 어떻게 처신해야 하는가와 주로 관련이 있다. 자기혐오자가 아닌 한, 우리는 자기 자신을 돌본다. 나의 설명에 따르면, 이런 점에서 윤리는 특별한 경우로서, 자기 자신과 맺는 이러한 성찰적 관계도 포함한다. 용서는 그것이 하나의 윤리적 의무인 한에서 윤리의 저 특별한 경우에서의 의무, 즉 우리 자신에 대한 의무이다.

가해자가 진정한 참회를 하는 경우에는 종교적 또는 세속적 근거에 따라 용서해야 할 책무가 있다고 믿는 사람들은 여전히 카라마조프(Karamazov)

의 물음에 직면하게 된다.[7] 결코 용서할 수 없는 행위라는 것이 과연 존재하는가? 만일 고문기술자가 한 여인의 아들을 데려가 자신의 개가 물어뜯어 죽게 했다면, 그 어머니가 이 살인을 용서해야 한단 말인가? 이반 카라마조프는 그녀가 용서해서는 안 된다고 믿는다. 실제로, 고문의 가해자에 대한 의무가 아니라 자기 자신에 대한 의무로서 용서해야만 한다는 나의 아주 빈약한 개념에서조차, 그 어머니에게 그녀 자신을 위해 용서해야 한다고 말하는 것은 끔찍하지는 않더라도 공허하게 들린다. 그녀에게 이렇게 말한다고 해보자. "당신의 삶을 계속 살아가려면, 할 수 있는 한, 잊어버려야 해요." 이러한 금언은 심리적으로 공허할 수는 있지만, 절대 끔찍하지는 않다.

망각에 대한 일반적 '의무'는 없으며, 심지어 우리 자신에 대한 의무라는 불완전한 의미에서도 마찬가지이다. 우리가 누구인지는 우리 삶에서 일어나는 중요한 일들을 망각하지 않는 데 달려있기 때문이다. 그러나 우리가 누구인지, 그리고 우리가 어떤 행위자인지를 구성하는 기억의 역할은 우리에게 행해진 잘못을 망각하는 것으로 종결되는 성공적인 용서라는 이상과 긴장 관계에 있다.

나는 성공적인 용서를 위해 필요한 것은 잘못의 망각이 아니라 오히려 잘못에 수반되는 원한감정을 극복하는 것이라고 주장한다. 이는 사건의 기억이 떠오를 때 그것을 되살리지 않는다는 의미에서 감정을 잊어버리는 것과 같다. 심리적으로는 물론 윤리적으로도, 용서하기의 올바른 모델은 지워 없애기 모델이 아니라 덮어 감추기 모델이다. 지워 없애야 하는 것은 사건을 기억한다는 의미에서가 아니라 되살린다는 의미에서의 감정 기억이다.

---

7 [옮긴이 주] 표도르 도스토옙스키, 『카라마조프 가의 형제들』(전3권), 김희숙 옮김, 문학동네, 2018.

나의 마지막 언급은 용서의 성공적 경로의 최종 결과에 관한 것이다. 그러나 그러한 경로의 최종 결과는 우리 손에 달려 있지 않다. 오로지 시작만이 우리에게 달려 있다. 그것은 두 가지 요소에 달려있다. 첫째 요소는 일종의 행위방침으로서, 우리에게 가해진 피해에 근거한 행위의 이유를 논박하는 배제적 이유를 채택하는 것이다. 둘째 요소는 저 피해에서 기인하는 일차 원한인 복수심과 모욕감을 극복하려는 이차 욕망이다.

참고문헌

Akhmatova, Anna. 1967. *Poems of Akhmatova*. trans. Stanley Kunitz with Max Hayward. New York: A Mariner Book Houghton Company [기쁴우스, 지나이다 편. 2004.『레퀴엠: 혁명기 여성 시인 선집』. 석영중 옮김. 고려대학교 출판부].
_____. 1993. "Instead of a Preface." trans. Stanley Kunitz and Max Hayward. in *Against Forgetting*. ed. Carolyn Forche. New York: W. W. Norton and Company, pp.101-102.
Amery, Jean. 1980. *At the Mind's Limits*. trans. Sidney Rosenfeld and Stella P. Rosenfeld. Bloomington: Indiana University Press [아메리, 장. 2012.『죄와 속죄의 저편: 정복당한 사람의 극복을 위한 시도』. 안미현 옮김. 도서출판 길].
Anderson, Benedict. 1983. *Imagined Communities: Reflections on the Origins and Spread of Nationalism*. London: Verso [앤더슨, 베네딕트. 2018.『상상된 공동체: 민족주의의 기원과 보급에 대한 고찰』. 서지원 옮김. 도서출판 길].
Anscombe, G. E. M. 1958. "Modern moral philosophy." *Philosophy* 33(124), pp.1-18.
Bakunin, Mikhail. 1896. *God and the State*. trans. Carlo Cafiero and Elisee Reclus. Columbus Junction, IA: E. H. Fulton.
Baudelaire, Charles. 1975. "L'Héautontimouroumenos." in *Selected Poems*. trans. Joanna Richardson. Middlesex: Penguin Books [보들레르, 샤를 피에르. 2003.『자신을 벌하는 사람』.『악의 꽃』. 윤영애 옮김. 문학과지성사].
Brodsky, Joseph. 2000. *Collected Poems in English*. New York: Farrar Strauss Giroux.
Brown, Roger James Kulik. 1997. "Flashbulb Memories." *Cognition* 5, pp.73-99.
Coady, C. A. J. 1992. *Testimony: Philosophical Study*. Oxford: Clarendon Press.
Conway, Martin. 1995. *Flashbulb Memories*. East Sussex: Lawrence Erlbaum.
Czerniakow, Adam. 1979. *The Warsaw Diary of Adam Czernialow: Prelude to Doom*. ed. Raul Hilberg, Stanislaw Staron, and Josef Kermisz. New York: Stein and Day.
Edgar, David. 1995. *Pentecost*. London: Nick Hern Books.

Elster, Jon. 1983. *Sour Grapes*. Cambridge: Cambridge University Press.
_____. 1989. *Solomonic Judgments: Studies in the Limitations of Rationality*. Cambridge: Cambridge University Press.
_____. 2000. *Ulysses Unbound*. Cambridge: Cambridge University Press.
Fenton, James. 2000. "Auden's Enchantment." in *New York Review of Books* 23(3).
Josephus, Flavius. 1959. *The Jewish War*. trans. G. A. Williams. London: Penguin Classics [요세푸스, 플라비우스. 2008. 『유대 전쟁사』. 박찬웅·박정수 옮김. 나남].
Frankfurt, Harry. 1998. *The Importance of What We Care About*. Cambridge: Cambridge University Press.
_____. 1999. *Necessity, Volition, and Love*. Cambridge: Cambridge University Press.
Freud, Sigmund. 1974. *The Complete Psychological Works of Sigmund Freud*. trans. James Strachey. London: Hogarth Press.
Geertz, Clifford. 1973. *The Interpretation of Cultures*. New York: Basic Books [기어츠, 클리퍼드. 2009. 『문화의 해석』. 문옥표 옮김. 까치].
Gilligan, Carol. 1982. *In a Different Voice*. Cambridge: Harvard University Press [길리건, 캐럴. 2020. 『침묵에서 말하기로: 심리학이 놓친 여성의 삶과 목소리』. 이경미 옮김. 심심].
Goldie, Peter. 2000. *The Emotions*. Oxford: Oxford University Press.
Hardin, Russell. 2001. "Social identity," in *International Encyclopedia of the Social and Behavioral Sciences*. ed. Neil J. Smelser and Paul B. Baltes. New York: Elsevier.
Heidegger, Martin. 1962. *Being and Time*. trans. John Macquarrie and Edward Robinson. Oxford: Blackwell [하이데거, 마르틴. 1998. 『존재와 시간』. 이기상 옮김. 까치].
Heyd, David. 1983. "Is Life Worth Reliving." *Mind* 92, pp.21-37.
Hume, David. 1888. *A Treatise of the Human Nature*. Oxford: Clarendon Press [흄, 데이비드. 2009. 『인간이란 무엇인가』. 김성숙 옮김. 동서문화사].
_____. 1947. *A Dialogue Concerning Natural Religion*. ed. N. Kemp Smith. Indianapolis: Bobbs-Merrill [흄, 데이비드. 2008. 『자연종교에 관한 대화』. 이태하 옮김. 나남].
Inge, William Ralph. 1923. *Philosophy of Plotinus*. London: Longmans, Green [잉에, 윌리엄 랄프. 2011. 『플로티누스의 신비철학』. 조규홍 옮김. 누멘].
Kahneman, Daniel, Ed Diener, and Norbert Schwarz. ed. 1999. *Well-Being: The Foundations of Hedonic Psychology*. New York: Russell Sage Foundation [카너먼, 대니얼·에드 디너·노르베르트 슈바르츠. 2020. 『행

복의 과학—웰빙: 쾌락심리학 핸드북』. 임종기 옮김. 아카넷].
Kant, Immanual. 1960. *Religion within the Limits of Reason Alone*. trans. T. M. Green and H. H. Hudson. New York: Harper and Brothers [칸트, 임마누엘. 2015.『이성의 한계 안에서의 종교』. 백종현 옮김. 아카넷].
_____. 1991. *The Metaphysics of Morals*. trans. Mary Gregor. Cambridge: Cambridge University Press [칸트, 임마누엘. 2018.『도덕형이상학』. 이충진·김수배 옮김. 한길사].
Klemperer, Victor. 1998. *I Will Bear Witness: A Diary of the Nazi Years*. trans. Martin Chalmers. New York: Random House.
Kripke, Saul. 1980. *Naming and Necessity*. Cambridge, MA: Harvard University Press [크립키, 솔. 2014.『이름과 필연』. 정대현·김영주 옮김. 필로소픽].
Kristeva, Julia. 1991. *Strategy to Ourselves*. New York: Columbia University Press.
Kropotkin, Peter. 1992. *Mutual Aid: A Factor of Evolution*. London: Heineman [크로포트킨, 표트르 A. 2005.『만물은 서로 돕는다—크로포트킨의 상호부조론』. 김영범 옮김. 르네상스].
Lappin, Elena. 1999. "The man with two heads." *Granta* 66, pp.9–65.
Levi, Primo. 1988. *The Drowned and the Saved*, trans. Raymond Rosenthal. New York: Summit Books [레비, 프리모. 2014.『가라앉은 자와 구조된 자』. 이소영 옮김. 돌베개].
Malaparte, Curzio. 1946. *Kaputt*. trans. Cesare Foligno. New York: E. P. Dutton [말라파르테, 크루초. 2013.『망가진 세계』. 이광일 옮김. 문학동네].
Malcolm, Norman. 1977. *Memory and Mind*. Ithaca: Cornell University Press.
Mandelstam, Nadezhda. 1971. *Hope against Hope*. trans. Max Hayward. London: Collins-Harvill [만델슈탐, 나데쥬다 야코블레브나. 2009.『회상』. 홍지인 옮김. 한길사].
_____. 1974. *Hope Abandoned*. trans. Max Hayward. New York: Athenaeum.
Margalit, Avishai. 1996. *The Decent Society*. trans. Naomi Goldblum. Cambridge, MA: Harvard University Press [마갈릿, 아비샤이. 2008.『품위 있는 사회』. 신성림 옮김. 동녘].
Margalit. Avishai and Moshe Halbertal. 1991. *Idolatry*. trans. Naomi Goldblum. Cambridge, MA: Harvard University Press.
Mendelssohn, Moses. 1965. *Mishneh Torah: The Book of Knowledge*. ed. Moses Hyamson. Jerusalem and New York: Feldheim Publishers.
_____. 1983. *Jerusalem*. trans. Allan Arkush. Hanover and London: Brandies University Press.
Milton, John. 2000. *Paradise Lost*. ed. John Leonard. London: Penguin Books

[밀턴, 존. 2010. 『실낙원』. 조신권 옮김. 문학동네].
Mosse, George. 1964. *The Crisis of German Ideology: Intellectual Origins of the Third Reich*. New York: Grosset & Dunlap.
_____. 1990. *Fallen Soldiers: Reshaping the Memory of the World Wars*. New York: Oxford University Press [모스, 조지 L. 2015. 『전사자 숭배—국가라는 종교의 희생제물』. 오윤성 옮김. 문학동네].
Pushkin, Aleksandr. 1982. *Boris Godunov*. New York: Viking Press [푸슈킨, 알렉산드르 세르게비치. 2011. 「보리스 고두노프」. 『푸슈킨 선집』. 최선 옮김. 민음사].
Raz, Joseph. 1999. *Practical Reason and Norms*. 2nd ed. Oxford: Oxford University Press.
Royzman, Edward and Rahul Kumar. 2001. "On the relative preponderance of empathic sorrow and its relation to commonsense morality." *New Ideas in Psychology* 19, pp.131–144.
Sartre, Jean-Paul. 1962. *Sketch for a Theory of the Emotions*. trans. Philip Mairet. London: Methuen.
Scanlon, Thomas. 1998. *What We Owe to Each Other*. Cambridge, MA: Harvard University Press [스캔론, 토마스. 2008. 『우리가 서로에게 지는 의무』. 강명신 옮김. 도서출판 한울].
Schmitt, Carl. 1985. *Political Theology: Four Chapters on the Concept of Sovereignty*. trans. George Schwab. Cambridge: MIT Press [슈미트 칼. 2010. 『정치신학—주권론에 관한 네 개의 장』. 김항 옮김. 그린비].
Shakespeare, William. 1991. *Macbeth*. in *Shakespeare Complete Works (Oxford Standard Authors)*. Oxford: Oxford University Press [셰익스피어, 윌리엄. 2004. 『맥베스』. 최종철 옮김. 민음사].
Silver, Allen. 1997. "'Two Different Sorts of Commerce'—Friendship and Strangership in Civil Society." in *Public and Private in Thought and Practice*. ed. Jeff Weintraub and Krishan Kumar. Chicago: University of Chicago Press, pp.43–74.
Ullmann-Margalit, Edna. 1976. "The Generalization Argument: Where Does the Obligation Lie?" *Journal of Philosophy* 73, pp.511–522.
Ullmann-Margalit, Edna and Sidney Morgenbesser. 1977. "Picking and Choosing." *Social Research* 44(4), pp.757–758.
Unamuno, Miguel de. 1954. *Tragic Sense of Life*. trans. J. E. Crawford Flitch. New York: Dover [우나무노, 미겔 데. 2018. 『생의 비극적 의미』. 장선영 옮김. 누멘].
Weber, Max. 1930. *The Protestant Ethic and the Spirit of Capitalism*. trans. Talcott Parsons. London: Allen&Unwin [베버, 막스. 2010. 『프로테스탄

티즘의 윤리와 자본주의 정신』. 김덕영 옮김. 도서출판 길].
Werfel, Franz. 1937. *The Forty Days of Musa Dagh*. trans. Geoffrey Dunlop. New York: Modern Library.
Wigoder, Geoffrey. etc. 1971. *Encyclopedia Judaica*. Jerusalem: Macmillan.
Williams, Bernard. 1985. *Ethics and the Limits of Philosophy*. Cambridge: Cambridge University Press [윌리엄스, 버나드. 2022. 『윤리학과 철학의 한계』. 이민열 옮김. 필로소픽].
Winch, Peter. 1987. *Trying to Make Sense*. Oxford: Blackwell.
Winograd, Eugene and Ulric Neisser. ed. 1992. *Affect and Accuracy in Recall: Studies of "Flashbulb" Memories*. Cambridge: Cambridge University Press.
Wittgenstein, Ludwig. 1983. *Remarks on Frazer's Golden Bough*. Retford, Nottinghamshire: Brynmill Press [비트겐슈타인, 루트비히. 2006. 『프레이저의 〈황금 가지〉에 관한 소견들』. 『비트겐슈타인 선집 2: 소품집』. 이영철 옮김. 책세상].
Wordsworth, William. 1956. "Preface to the Lyrical Ballads." in *English Romantic Poetry and Prose, Appendix to the Preface*. ed. Russell Noyes. New York: Oxford University Press, pp.357-372 [워즈워스, 윌리엄. 2014. 「《서정담시집》(1802) 서문」. 『워즈워스 시선』. 윤준 옮김. 지만지, 193-200쪽].

옮긴이 해제
―
The Ethics of Memory

기억, 돌봄, 윤리의 관계 맺기[*]

I. 들어가며

지난 세기말부터 최근까지 '기억'은 역사학, 정치학, 신학, 문화연구 등 다양한 방면에서 주목받는 연구주제이다(Bernstein, 2004).[1] 기억 연구는 특히 두 가지 주요한 계기를 통해 지속적으로 중요성이 부각되었다. 첫 번째는 긍정적 계기로서 인류사의 뼈아픈 비극을 다시 반복하지 않겠다는 국

---

[*] 이 해제는 원래 학술지에 게재된 다음의 논문을 일부 수정하여 재수록한 것이다. 오창환·박의연. 2023. "기억, 돌봄, 윤리의 관계 맺기: A. 마갈릿의 『기억의 윤리』를 중심으로", 『민주주의와 인권』 제23권 1호: 141-172쪽. 수록을 허가해준 전남대학교 5·18 연구소에 감사를 표한다.

[1] 기억 연구의 흐름에 대해서는 최호근의 연구를 참조하시오(2003:159-189). 대표적으로 『기억의 장소』는 집단적 기억과 관련된 기념비적인 공동연구이다(피에르 노라 외, 2010). 국내에서도 기억 연구는 다양한 분야에서 진행되고 있다. 대표적으로 이경래와 박찬승의 연구는 집단적 기억의 제도화와 관련된 사례로 주목할만하다(박찬승, 2016:13-50; 이경래, 2015:5-44).

제사회의 합의이다. 이는 구소련의 몰락과 냉전 체제의 종식 이후 20세기 두 번의 세계대전에서 두드러진 전쟁 범죄와 국가폭력 및 대규모 학살을 기억하려는 것이고, 화해와 평화를 지향하려는 움직임으로 이어졌다. 두 번째는 부정적 계기인데, 이는 제국주의와 인종주의의 공모 아래 자행된 반인륜적 학살을 부정하고 그 기억을 지우려는 역사수정주의 세력의 도발로 특징지어진다. 심지어 오늘날 인종주의자, 파시스트, 극우 민족주의 집단의 반동은 더욱 거세어지고 있다.[2] 이러한 두 가지 요인은 국내외를 막론하고 기억 연구를 활성화하는 촉매가 되었다.

오늘날 기억 연구의 흐름에서 중심적 주제는 무엇보다 집단적 기억(collective memory), 즉 공통의 역사를 가지고 문화적 기억을 공유하는 공동체의 기억이다. 이에 반해 철학적 전통에서 기억 연구는 주로 인간의 인식능력을 기반으로 한 개인의 기억의 층위에서 진행되었다.[3] 또한 '기억의 윤리'나 '기억의 의무'라는 조합 역시 철학적 연구의 대상으로 간주되기 어려웠다. 기억이 윤리의 실천적 영역 바깥에 있는 이론적 주제로 여겨

---

[2] 가장 극단적인 사례로 데이빗 어빙의 홀로코스트 부정(Holocaust denial)론이 있다. 재야 역사학자인 어빙은 20세기 말까지 나치와 인종주의의 편에서 홀로코스트의 존재 자체를 부정했다. 이에 대해 데보라 립스타트는 『홀로코스트 부정하기』란 저서로 어빙의 주장을 공개적으로 비판했다가 어빙에 대한 명예훼손 혐의로 재판을 받게 된다. 이 재판에서 립스타트는 홀로코스트가 허구가 아니라 실재했다는 점을 역으로 증명해야 하는 역설적인 상황에 처했다. 이 사건은 믹 잭슨 감독에 의해『나는 부정한다』(*Denial*, 2016)로 영화화되기도 했다.

[3] 근대철학에서 기억은 능력심리학의 관점에서 논의되었고, 현재에는 인지과학 또는 뇌과학과 융합하여 다루어진다. 물론 철학사에서 역사적 기억에 대한 관심은 18세기 중반 이후 백과사전과 철학사의 시대에도 찾아볼 수 있으나, 과학적 사실로서의 역사와 구별되는 엄밀한 의미에서의 집단적 기억 내지 문화적 기억 연구 프로젝트는 비교적 최근 해석학의 성립 이후에 주제화되었다고 볼 수 있다 (철학에서 기억에 대한 다양한 주제적 접근에 대해서는 Michaelian and Sutton, 2017 참조).

진 까닭은 엄밀하게 볼 때 기억이 자유나 자발성의 영역에 속하지 않기 때문이다. 기억력은 감각능력처럼 우리 의식의 기능 중 하나이지만, 그럼에도 다소 우리의 통제를 벗어나 있다. 따라서 당위로서의 기억이나 기억해야 할 필연적 의무라는 관념은 어떤 면에서 불합리하다. 이런 점에서 유대인 철학자 아비샤이 마갈릿(Avishai Margalit)의 『기억의 윤리』(The Ethics of Memory)는 철학의 영토에서 고유한 주제를 개척했다고 말할 수 있다.[4] 개인의 사적 영역을 넘어서, 인류사의 비극적 사건이나 이와 연관된 사람들에 관련한 문화적 혹은 집단적 기억을 윤리적 의무의 측면에서 다루고자 하기 때문이다.[5]

마갈릿이 기억의 윤리를 다루는 맥락은 자신의 문화적 배경, 특히 유대인으로서 부모세대의 직접적 경험에 대한 기억과도 관계된다. 여기서 기억은 인식론적이라거나 가치중립적인 것이라기보다는 제2차 대전 시기 유대인 홀로코스트와 아르메니아인들에 대해 자행된 인류사적 비극으로서의 '제노사이드'(genocide) 그리고 그 트라우마에 대한 개인적 및 집단적 기억 —저자의 표현으로는 '공유기억'(shared memory)—과 밀접하다.[6] 그러나 이

---

[4] Margalit, 2002. *The Ethics of Memory*. Cambridge, Mass.: Harvard University Press. 이 글에서 이 책을 직접 및 간접 인용시에는 본문에서 소괄호 안에 본 번역서의 쪽수를 숫자로 표기한다. 『기억의 윤리』의 전반부—제1장부터 제3장에 해당되는 내용—는 본서로 출판되기 전에 프랑크푸르트 대학에서 '막스 호르크하이머 강연'(Max Horkheimer Vorlesungen)에서 발표된 후 독일어로 먼저 출판되었다(Margalit, 2000).

[5] 마갈릿은 자신의 기억의 윤리 기획이 미시윤리(microethics)와 거시윤리(macroethics) 양편을 다 포괄하는 작업임을 강조한다(20). 또한 그는 사적 영역과 집단적 영역 모두에서 기억에 대한 윤리적 평가가 어떻게 이루어지는지 주로 예시를 통해 접근하며, 기억이 윤리적으로 중요하게 간주되어야 하는 여러 근거도 제시한다.

[6] 그동안 아우슈비츠나 유대인 학살과 관련된 기억의 연구는 주로 역사학과 사

러한 맥락에서 기억할 의무와 책임을 다루면서 단지 과거에 발목이 잡혀있을 뿐이라면, 현재적 관점에서 재차 숙고할 이유가 없다. 따라서 마갈릿은 홀로코스트의 기억을 가진 유대인 공동체의 일원으로서 피해자 혹은 피해집단이 어떤 방식으로 희생자들을 기억하고 살아가야 하는지 미래지향적인 시각에서 고민한다.

이 책에서 마갈릿은 윤리적 의무로서의 문화적 기억이 가지는 특징과 그러한 의무와 책임이 귀속되는 주체의 성격을 탐구하는데, 그의 주요한 물음은 본서의 제목에서 드러나듯, 당위로서의 기억에 있다.

> 기억의 윤리는 존재하는가? … 우리에게 과거의 사건과 사람을 기억할 책무가 있는가? 만일 그렇다고 한다면 이 책무의 본성은 무엇인가? 도덕적 칭송이나 비난을 받을 만한 적정한 주체를 기억하는 것과 망각하는 것인가? 기억할 책무가 있는 '우리'는 누구인가? 집단적 '우리'인가, 아니면 집단의 모든 구성원 각각에 책무가 있다는 분배적 의미에서 '우리'인가?(20)

이러한 문제의식에서 출발하는 그의 논의는 전 인류를 포괄하는 규범인 '도덕'과 구체적인 역사와 문화를 공유하는 이들의 '윤리'를 개념적으로 구별한다. 그리고 이러한 바탕 위에서 기억이 의무라면 그것은 도덕이 아니라 윤리적 관계에서 성립함을 밝혀낸다. 이러한 과정에서 그는 현시점에서 기억할 의무와 책임의 주체는 전 인류라기보다, 특정한 역사적 기억을 공유하는 집단으로서 윤리적 공동체라는 결론에 이른다.

이 글은 마갈릿의 『기억의 윤리』의 주요 논지를 따라 윤리적 의무가 부과

회학 및 정치학의 영역에서 수행되었다(허시, 2009; 힐베르크, 2008; 전진성, 2005; 비교역사문화연구소, 2009; 올릭, 2011).

되어야 하는 문화적 기억의 특징과 그러한 의무와 책임을 져야 하는 주요한 행위자인 윤리적 공동체를 탐구하고 기억의 윤리 이론을 재구성하려는 시도이다.[7] 우리는 먼저, 마갈릿의 기억의 윤리 기획을 특징짓는 몇 가지 요소들을 살펴본 뒤(Ⅱ.), 기억과 돌봄을 연결하고 다시 돌봄의 매개를 통해 기억과 윤리를 연결하는 삼각관계의 특이성을 고찰한다(Ⅲ.). 이러한 관계맺음을 통해 기억은 추상적 보편성이 아니라 구체적인 역사와 문화를 공유하는, 즉 서로 돌봄 관계에 있는 개인과 집단 사이에서 윤리적 의무로 요구될 수 있다(Ⅳ.). 더 나아가 이러한 기억의 의무는 개인적인 차원보다는 기억 노동의 분업을 통해, 다시 말해 윤리적 공동체 내에서 우리의 공유기억을 소생시키고 기념하려는 다양한 사업을 통해 효과적으로 수행될 수 있다(Ⅴ.). 무엇보다 두터운 관계의 구체적인 맥락에서 수행되는 기억 사업들은 우리가 과거와 단절되지 않으면서도 단순히 과거 회귀적인 방식으로 신화화되지는 않도록, 즉 현재의 우리가 과거와 미래 사이에서 적절한 균형을 유지하면서 바람직한 방향으로 윤리적 관계를 지도하는 집단적 정체성을 형성할 수 있도록 도울 수 있을 것이다.

Ⅱ. 왜 기억의 윤리인가?

유대인 철학자 마갈릿에게 기억 문제는 아우슈비츠 학살, 즉 자신의 동

---

[7] 이 글의 범위는 주로 『기억의 윤리』의 전반부인 제3장까지의 논의에 집중한다. 본서의 후반부에는 감정기억과 트라우마(제4장), 도덕적 증인(제5장), 용서와 망각(제6장) 같은 더 심화된 주제가 다루어진다. 특히 마갈릿은 후반부에서 유대인 학살에 대한 경험과 기억의 문제에 구체적인 사례들과 함께 접근한다.

족과 부모세대부터 이어진 뼈아픈 고통의 기억과 불가분의 관계에 있다. 그는 자신의 특수한 문화적 배경에서 논의를 시작하지만, 거기에 배타적으로 갇히지 않는다. 기억은 과거 회고적으로 지금의 우리를 규정하는 중요 요소인 동시에 우리 자신의 더 나은 미래를 위한 실마리를 담고 있다. 마갈릿이 속한 유럽의 유대인 공동체는 2차 대전 시기에 일어난 수많은 동족의 죽음과 그 죽음의 원인을 기억해야 할 책무, 또 현재의 맥락에서 미래를 위해 망각하고 용서해야 할 책무에 대해 깊이 고민해왔다. 그는 이러한 기억을 지닌 유대인은 어떻게 살아야 하는가에 대해 과거 회고와 미래 지향을 두고 토론하던 부모님의 대화로부터 이 고민이 시작되었다고 고백한다(12). 학살의 기억을 간직한 사람들은 과거 기억의 전승에 헌신해야 하는가, 도리어 미래를 준비하고 현재에 반응하는 삶을 살아야 마땅한가?『기억의 윤리』는 어떤 사람이나 사건을 기억해야 할 의무의 원천과 가능성에 대한 질문으로 시작하고, 이에 대해 기억이 의무라면 그것은 윤리적 의무, 즉 전 인류가 아니라 특정 역사적 기억을 공유하는 집단인 윤리적 공동체의 의무라는 답을 도출한다. 그러나 얼핏 보기에 단순한 이 주장의 도출과정은 전혀 단순하지 않다. 그 접근법은 특히 세 가지 측면이 두드러진다.

첫째, 그는 기억에 관한 우리의 개념적 사고틀에 압도적인 영향을 미치는 지배적 은유에 대한 메타적 반성의 중요성을 강조한다.[8] 기억은 이미 서양의 문화사적 전통에서 강력한 지배적 은유 아래 이해된다. 그것은 우선 고대 그리스, 특히 플라톤에게서 뚜렷하게 나타나는 감옥 은유, 그리고 '알레테이아'(aletheia)로서의 진리의 은유이다. 현세의 우리는 몸이라는 감옥

---

8 마갈릿은 비트겐슈타인을 따라 제1의 철학적 활동이 은유에 기초한다는 점을 자각함으로써 개념에 대한 은유의 지배를 약화시키는 일이 중요하다고 여긴다 (19).

에 갇혀 있으나, 해방의 날이 오면 영혼이 본래 속해있던 진리의 세계, 이데아의 세계로 갈 수 있으며, 육신의 감옥에서 우리는 자유롭던 시절의 기억을 상기하고자 분투한다. 그에 따르면 진리는 망각이라는 감옥에 갇혀 있고, 기억의 해방이 곧 우리를 참된 앎에 이르게 한다. 현대에 이르러 감옥 은유는 프로이트에 의해 무의식, 전의식, 의식의 관계로 변형된다. 정신분석학에서 기억의 감옥 은유는 '트라우마'(trauma) 개념을 가지고 설명된다. 프로이트적인 모델에 따르면, 트라우마적 기억, 즉 억압을 통해 망각된 기억은 다시 의식의 수면 위로 떠올려지는 과정을 거치며 승화를 통해 마음의 치유에 이를 수 있다.

　오늘날 프로이트적인 믿음은 거의 상식의 수준에 도달했다. 억압된 기억을 드러내고 직시함으로써 그 개인이 치유될 수 있다는 믿음은 흔하다. 그러나 "기억-감옥의 이미지는 집단적 기억과 관련하여 비교적 새롭다"(18). 그러나 기억의 복귀와 승화를 통해 해방과 치유에 이른다는 그림을 집단의 기억과 관련짓는 것은 아직 상당히 조심스러울 수밖에 없다. 현대사에서 자행된 고통스러운 학살의 비극과 그 문화적 기억은 승화되기보다는 원한 감정과 분노, 그리고 복수심을 자극해왔기 때문이다. 기억이 항상 해방을 함의하는 것은 아니다. 집단적 기억의 경우라면 더욱 그렇다. "기억은 화해만큼 자주 복수를 불러오고, 해방된 기억을 통해 정화에 이르리라는 희망은 가상으로 판명날지도 모른다"(19). 집단들 간의 상이한 기억들이 오랜 갈등의 뿌리가 되고 결국 살상과 전쟁, 그리고 오랜 원한의 원천이 되는 경우를 우리는 역사에서 흔히 볼 수 있다. 마갈릿은 이처럼 억압된 기억이 반드시 해방과 구원을 가져다주는 것은 아니라는, 어떻게 보면 기억의 윤리의 입지를 더 좁게 만드는 메타적 반성 하에서 기억의 윤리에 대한 질문을 던지고 있다.

둘째, 그는 철학자지만 신화와 역사가 융합된 문화적 기억의 이해에서 이미지와 은유의 중요성을 누구보다 잘 인식하고 있다. 그는 철학자의 스타일을 둘로, "즉 예시의 철학자(e.g. philosopher)와 정의의 철학자(i.e. philosopher)"로 구분한다. "전자가 예증가라면 후자는 설명가이다. 예증가는 인상적인 사례들을 가장 신뢰하는 반면, 설명가는 무엇보다도 정의와 일반원칙들을 신뢰한다"(13). 이 저작에서 그는 예증가를 자처하며, 사례로부터 논의를 이끌어낸다. 물론 예증가는 철학적 목적에 도움이 되지 않는 지엽적 일화를 사용할 위험이 있지만, 그럼에도 적합한 사례는 단순한 교훈적 예시를 넘어 문제 자체를 조명하는 힘을 지닌다. 이러한 맥락에서 그는 단순히 주장을 뒷받침하는 경험적 자료가 아니라 철학적 요점에 실제적 의미를 부여하려는 의도로 예시를 이용한다.

셋째, 그는 기억의 윤리를 주장하기 위한 가장 핵심적인 전제로 도덕과 윤리의 개념적 이분법을 설정한다. 그에 따르면, 도덕과 윤리의 구별은 두 유형의 인간관계의 구별, 즉 '두터운 관계'(thick relations)와 '얕은 관계'(thin relations)의 구별에 기초한다(20-21). 두터운 관계는 예를 들면 부모, 친구, 연인, 지인 등, 삶의 영역이 겹치고 서로를 돌보아 온 각별한 시간이 축적된 상당히 밀도 높은 관계를 이르는 표현이다. 두터운 관계를 맺은 사람들은 과거를 공유하기 때문에, 다양한 실제 사건의 기억과 연루되어 있다. 반면, 얕은 관계는 인간이라는 공통성에 의해 뒷받침될 뿐, 얕은 관계의 사람들에게 개별적 사건과 그 역사가 품은 두터운 맥락은 불필요하다. 그러나 이 낯선 사람들이 서로 '인간'이라는 속성을 공유한다는 것의 의미는 친밀함 없이도 서로에 대한 의무를 규정한다는 것이고, 이러한 관계를 결정짓는 것은 도덕성이다. "윤리는 우리가 어떻게 우리의 두터운 관계를 규제해야 하는지를 알려주며, 도덕성은 어떻게 우리의 얕은 관계를 규제해야

하는지 일러준다"(21).[9]

기억이 때로는 우리의 윤리적 의무라는 이 책의 주장은 얼핏 보기에는 단순명료해 보이며 누구나 동의할만한 주장 같지만, 그럼에도 몇몇 우려지 점이 있다. 마갈릿은 이러한 우려들을 명확히 의식하고 전선(戰線)을 분명히 함으로써 의혹을 불식시키고자 한다.

첫째, 기억의 윤리가 "순전히 위장된 형태의 종교"라는 의혹이 있을 수 있다. 그 의혹이란 "용서, 망각 등의 기억의 윤리의 주요 개념은 오직 용서하는 신이라는 종교적 맥락 속에서만 의미를 부여받고 정당화된다"는 것이다(22). 이 의혹을 제거하기 위해 마갈릿은 윤리적 맥락에서의 기억을 종교적 기획과 분리한다. 공동체의 기억 안에서 역사와 신화는 구별하기 어려운 면이 있지만, 그럼에도 우리가 마땅히 기억해야 하는 대상은 비합리적인 권위와 신화를 재생산하는 이데올로기여서는 안 된다. 기억의 대상과 내용은 어쩌면 신화적 성격을 가질 수도 있고, 때로는 건조한 역사에 가까울 수도 있다. 중요한 점은 이 기억이 실제로 삶의 영역을 공유하는 두터운 관계의 사람들 및 집단과 관련되어야 한다는 것이다.

두 번째는 기억의 윤리가 전통주의와 혼합되는 것에 대한 우려이다. "근본주의자가 된다는 것은 저 전통의 사건-기억이 실제 과거 사건의 기억이라고 믿는 것과 같다. 반면, 전통주의자가 된다는 것은 저 전통의 사건-기억의 진실성에 대한 판단을 유보하는 것과 같다"(68). 이런 점에서 전통주의와 근본주의는 엄격히 구별된다. 하지만 전통주의 역시 과거에 대한 일

---

[9] 도덕과 윤리, 또는 두터운 관계와 얕은 관계의 구별은 마갈릿의 전작 『품위 있는 사회』에서의 존엄성 대 공정성의 구별, 다시 말해 존엄성을 중요시하는 품위 있는 사회와 (즉 롤즈가 제안하는 "공정으로서의 정의"의 개념에 따라) 공정성을 중요시하는 정의로운 사회의 구별과 일정 부분 유비적인 면이 있다(품위 있는 사회론에 대해서는 장은주, 2004:197-229; 소병철, 2023:171-193 참조).

방적 충성을 요구한다. 마갈릿에게 "과거를 기억한다는 점에서 이 충성이 무엇으로 구성되는지 탐구하는 것은 기억의 윤리의 과제"이기도 하다(23). 권위를 중심으로 한 전통주의는 적법성을 토대로 하는 민주주의를 위협할 수 있기 때문이다. 하지만 법제사와 정치적 제도화의 유구한 역사에서 보듯. 민주주의 역시 어느 정도는 역사와 기억을 필요로 한다. 마갈릿은 전통주의와 어느 정도 선을 긋고 미래 지향적 관점에서 기억의 윤리를 추구한다.

세 번째 우려지점은 도덕지상주의(moralism)에 관한 것이다. "도덕지상주의란 도덕적으로 판단되기 부적합한 것에 대해 일종의 도덕적 판단을 내리려는 기질이다"(25). 도덕지상주의자는 문화, 예술, 정치 등 전혀 다른 내적 논리나 복잡한 상황 논리를 고려해야 하는 사안의 특수성을 무시하고 개인의 도덕적 신념과 원칙을 획일적으로 적용하려 한다는 점에서 문제적이다. 기억의 윤리의 호소는 그 신념윤리적 성격 때문에 도덕지상주의의 의혹이 제기될 수 있다. 그러나 마갈릿에 따르면 기억의 윤리가 신념과 연관되는 까닭은 기억이 인식론적으로 일종의 믿음이라는 점에서 기인할 뿐 현실의 복잡다단한 면을 무시하는 도덕지상주의와는 뚜렷이 구별된다. 윤리적 관계는 두터운 관계에 기초하기 때문에 획일화된 기준보다 다양하고 복잡한 상황의 고려를 요구받는다. 이런 점에서 기억의 윤리는 도덕의 팽창주의적 경향을 극복하고 역사와 문화를 공유하는 공동체의 여러 상황과 맥락을 두텁게 고려해야 한다.

Ⅲ. 기억과 돌봄

기억의 윤리에 대한 마갈릿의 질문은 이름의 망각에 관한 논란에서 촉발되었다. 명망 있는 한 대령이 오래전 소규모 부대를 지휘했던 때 자신의 병사 하나가 오인사격으로 사망한 일이 있었다. 최근 인터뷰에서 그 대령은 그 병사의 이름을 기억하지 못한다는 사실이 드러났다. 대중들은 전사한 병사를 기억하지 못하는 지휘관에게 무척 분노했고, 그를 윤리적으로 비난했다. 사람들은 전사한 병사의 이름이 지휘관의 가슴에 뚜렷이 새겨져 있기를 바랐을 뿐 아니라, 그것을 지휘관의 의무로 여겼다. 이 사건을 두고 마갈릿은 대령을 윤리적으로 비난하는 이스라엘 전역의 사람들이 공유하는 기초신념이 무엇인지 철학적 의미에서 묻는다. 대령이 비난받은 것은 단순히 그가 병사의 이름을 기억하지 못했기 때문인가? '무언가를 기억하지 못한다'는 이유로 도덕적 비난을 받아 마땅한가? 기억해야 할 '책무'(obligation)가 있어야만 그러한 비난은 마땅할 터이다. 하지만 대령에게 과연 그러한 책무가 있는가? 이 예화는 마갈릿이 기억의 의무라는 주제를 철학적으로 고찰하게 한 최초의 촉매였다. 물론 기억 연구를 비롯한 그의 철학적 작업 전체의 심연에는 늘 유럽의 유대인 공동체의 역사적 및 문화적 기억이 깔려 있으나, 표면의 도화선은 자신의 문화권에서 이름 기억을 대단히 중요하게 여기는 사람들의 상식 내지 가치관을 환기시킨 저 장교 이야기이다.

그런데 이름의 기억은 어떤 의미에서 중요한가? 그것은 이름이 그 사람의 고유성을 나타낸다는 생각 때문이다. 마갈릿은 한 사람을 기억한다는 것과 그의 이름을 기억한다는 것이 과연 완전히 같은 의미인지 되묻는다. 이름을 기억하지 못해도 그와의 기억이나 그에 관한 이야기를 기억하면 될

일인데, 이름을 기억하는 것에는 무엇인가 특별한 의미가 있는 것 같다. 적어도 유대 기독교의 문화적 전통에서는 "기억에 관한 우리의 견해를 윤리적인 주제로 만드는, 그리고 미리 말하자면, 종교적인 주제로 만드는 강력한 그림이 개인의 이름을 기억하는 것과 관련이 있다"(31). 사람들은 이름의 망각을 존재 자체의 부정과 자주 동일시하며 망각을 두려워한다. 신체의 죽음과 이름의 망각은 이중적인 살해의 이미지를 가진다(32–33). 실제로 각종 문학과 경전 속에서는 이름을 지운다는 은유, 혹은 반대로 이름을 영원히 기억하리라 혹은 이름을 이어나갈 자손이 남으리라는 은유가 자주 언급된다.

  마갈릿은 특히 이름의 종교적 의미를 강조하며, "성경에서 한 사람의 이름은 단지 그의 이름을 보존하기 용이한 도구일 뿐 아니라 그의 본질과도 밀접하게 관련되어" 있음을 지적한다(33). 이름은 어떤 조건 속에서도 특정한 개인을 지시하는 의미론적 고유성을 가지며, 마법적 사고방식에서는 심지어 당사자에게 영향을 끼칠 수도 있다. "개인의 본질이 개인의 이름으로 지시되고 표현된다는 관념은 이름에 기억의 특별한 역할을 부여한다"(34). 또한 이름은 자아의 고유성을 담을 수 있는 중요한 그릇처럼 여겨진다. 우리는 "이름을 남기고자 하는 욕망"에 강력하게 이끌리며, "불멸에 대한 이 강력한 욕망"은 특히 종교를 통해 표출된다(36). 인간이 자신의 이름이 불멸하기를 바라는 주된 이유는 영광에 대한 추구나 허영이 아니라, 소멸과 완전한 망각에 대한 공포 때문이다.

  이름의 기억을 중요시하는 서구의 종교 문화적 전통의 의미를 어느 정도 인정하면서도 마갈릿은 윤리적 관점에서 기억이 의무로서 정당화되기 위해서는 그 이상의 이유가 필요하다고 여긴다. 그에 따르면, 장교가 병사의 이름을 기억하지 못한다는 사실은 그가 젊은 병사를 돌보지 않았다는 증거다. 아들이 같은 집에 사는 어머니의 이름을 망각하는 것은 기이하다. 어떤 사람이 진정으로 사랑하던 연인과 헤어지자마자 그 연인의 이름을 잊어버리는 상황은 다소 납득하기 어렵다. 이런 경우 그가 연인을 별로 사랑하지 않았다고 보는 편이 자연스럽다. 우리가 진심으로 누군가를 돌보고 아낀다면 우리는 우리가 돌보는 자의 이름을 망각할 수 없다. 이런 이유로 많은 사람들은 이름의 기억이 돌봄의 징표라고 자연스럽게 생각한다.

기억은 부분적으로 돌봄 개념을 구성한다. 기억이 윤리적 의무로 간주되는 까닭은 기억이 돌봄에 수반된다는 데 있다.

> 만일 내가 어떤 사람이나 어떤 것을 돌보는 중에 그 사람 또는 그것을 망각한다면, 이것은 내가 그 사람이나 그것에 대한 돌봄을 중단했음을 뜻한다. … 우리가 '지금' 누군가를 기억하고 있다는 것은 지금은 아니더라도 우리가 최소한 그 당시에 그를 돌보고 있었다는 강력한 암시이다(39–40).[10]

돌보는 활동은 능동적 기억을 포함한다. 돌봄이 기억을 수반한다면, 여기서 돌봄이란 무엇인가? 우리는 마갈릿이 포괄적으로 사용하고 있는 '돌봄'(caring)의 개념을 좀 더 상세히 고찰할 필요가 있다. 돌봄의 개념은 적어도 세 가지 층위에서 조금씩 다르게 이해될 수 있다. 첫째, 물리적 층위에서 돌봄은 나에게 의미 있는 타인의 복지, 특히 그 사람의 결핍과 필요를 충족시키는 활동으로 이해된다. 이는 예컨대 어린이의 양육이나 노약자

---

10   기억과 돌봄이 흑과 백처럼 양쪽 항을 서로 규정하고 구성하는 내적 관계를 맺고 있다는 것은 아니다. 돌봄이 기억의 구성적 요소는 아니기 때문이다(40). 또한 기억과 돌봄이 서로의 필요조건인 것도 아니다. 다만 "기억의 조건적 의미가 돌봄에 필수적"이라는 점에서 돌봄에는 기억이 내재적이다(41).

의 일거수일투족을 보조하고 보살피는 조력과 동일시된다.[11] 둘째, 심리적 층위에서 돌봄은 나와 두터운 관계에 있는 이, 즉 가족이나 친구 및 공동체 구성원의 안위를 걱정하고 마음을 쓴다는 의미에서 애착과 사랑을 수반한다. 이러한 돌봄은 구성원들과의 유대감 내지 소속감을 만들어내기도 한다. 이런 점에서 돌봄은 태도인 동시에 감정이기도 하다.[12] 세 번째로, 철학적 내지 형이상학적 층위에서 돌봄은 인간의 현존재의 실존, 즉 유한자로서의 현존의 조건에 대한 반성의 의미로 이해된다. 그에 따르면 돌봄은 인간 현존재가 시간 속에서 살아가는 방식이고, 자신의 존재조건의 반성으로부터 미래를 계획하는 것이다. 이는 하이데거의 『존재와 시간』에서 두드러지는 용례로서 하이데거 철학에서는 '돌봄'이라는 표현보다는 '염려'(Sorge)라는 역어가 더 선호된다(하이데거, 1999:260). 이처럼 돌봄 개념은 각 층위에서 상이하게 사용되며 이에 따라 약간의 의미변경이 일어나기도 한다. 어쨌든 이러한 세 가지 맥락의 중첩 속에서 우리는 돌봄 개념을 다채롭게 이해할 수 있다.

 그렇다면 돌봄의 요구는 어느 정도까지 확장될 수 있는가? 돌봄이 오직 윤리적 관계에 국한해 작동하는 것은 아니다. 실제 삶의 영역에서 도덕과 윤리의 경계가 애매할 때가 많다고 해도, 양자의 개념적 구별은 규범적으로 기여하는 바가 크다. 이는 일면 인간사의 관계맺음의 방식이 가진 본질적 한계 때문이기도 하고, 또한 현 인류의 문명화 단계에서 돌봄 관계를 전 인류로 확장하는 것이 어렵다는 자조적 전망 때문이기도 한다.

---

11 최근 인문사회과학 및 사회복지 담론에서 심신의 보살핌의 의미에서 돌봄의 중요성이 부각되고 있다(더 케어 컬렉티브, 2021; 김창엽 외, 2022).

12 특히 이러한 심리적 층위에서의 돌봄 개념은 캐럴 길리건의 기념비적인 저작에서 상세히 다루어졌다(길리건, 2020).

도덕이 전 인류를 포괄하는 광의의 영역이라면 윤리의 범위는 어느 정도까지인가? 마갈릿은 물리적 근접성(physical proximity)을 함의하는 '이웃'(neighbor)이라는 용어에 주목한다. 윤리적 요구를 하고 윤리적 평가가 적용되어야 할 범위, 즉 가깝고 친밀해서 서로에 대한 돌봄이 요구되는 관계를 이웃이라고 본다면, 우리는 이웃에게 돌봄을 베풀 의무가 있다. 마갈릿은 착한 사마리아인의 유명한 예화를 언급하며 돌봄의 의무를 저버린 '이웃'과 돌봄을 베푼 '이방인'을 대조한다(50-54). 강도를 당해 다친 사람을 외면했던 유대인들은 그의 동족으로서 마땅히 가져야 할 윤리적 의무를 저버린 셈이다. 그러나 사마리아인이 다친 이를 구해서 여관으로 데려와 치료를 받게 도왔다고 해서 그가 민족적·종교적 공통점이 없는 초면의 피해자와 갑자기 이웃이 되는 것은 아니다. 도리어 사마리아인은 다친 이를 도울 윤리적 의무가 없지만 도움을 베푼 사람이다. 따라서 사마리아인은 윤리적 의무가 아니라 도덕적 의무에 응답한 셈이다(53).

도덕과 윤리의 개념적 이분법에 따르면, 우리는 이웃, 즉 두터운 관계에 있는 가까운 사람들에게 돌봄을 제공할 의무가 있고, 그러한 두터운 관계의 이웃을 배반한 경우 윤리적 관점에서 비난받아야 한다.[13] 반면 사마리아인은 같은 인간이라는 것 말고는 공통점이 없는 상대에게 돌봄을 제공할 의무가 없었으나, 그의 생명을 구하고 추가적으로 돌봄의 비용까지 부담했다. 그는 도덕적 측면에서 옳은 행위를 했다고 평가받아야 하며 의무 이상의 행위를 한 탁월함이 인정되어야 한다. 착한 사마리아인의 사례는 우리의 윤리적 의무의 이상을 현시하지만, 그럼에도 이러한 의미에서 '이웃'이

---

13 마갈릿의 최근 저작 『배신』은 바로 이러한 공동체의 신뢰 상실을 부추기는 배반, 배신, 반역에 관한 풍부한 문화사적 사례들과 은유를 통해 공동체의 윤리 문제를 새롭게 조명한다(마갈릿, 2017).

전 인류로 확장된다면 우리의 두터운 관계를 지도하는 윤리적 요구는 약해질 수 있다. 도덕의 이상은 우리의 현실을 지도하기에 아직 너무 멀리 떨어져 있다.

마갈릿에게 윤리의 맥락에서 이웃은 "유의미하고 적극적인 개인적 관계의 역사를, 혹은 내 삶에서 한 번도 마주친 적 없었을지라도 내가 속한 동료 유대인의 공동체와 같이, 어떤 상상된 공동체를 통해 매개될 수 있는 역사를 우리와 공유하는 사람"이다(54). 반면 도덕의 맥락에서 '이웃'이란 단순한 동료 인간을 의미한다. 그저 단순한 인간, 도덕의 주체라는 점만으로는 돌봄을 요구하기 부족하다. 이리하여 도덕과 윤리의 구분은 기억해야 할 존재의 속성에도 구별을 가져온다. 마갈릿에게 윤리의 맥락에서 돌봄을 요구하는 존재는 나와 공유하는 실제적 삶의 영역을 가진 개성적 존재이다. 이러한 삶의 두터운 맥락이 나에게 돌봄과 그에 따른 기억을 요구한다. 윤리이론에서 인격(person)이나 개인(individual)은 개별자의 성취 정도를 함의하지 도덕이론에서와 같이 형식적인 개념이 아니다(55). 윤리적 맥락에서는 그 사람의 개성(personality)이 중요하며, 이는 기억을 통해 인지된다. 반면 개개의 고유성이 추상된 인격은 기억 여부와 무관하게 그가 인간으로서 마땅히 '존중'받을 자격을 수여한다. 인격의 존중은 특정 개성 혹은 특정 속성을 획득할 것을 전혀 요구하지 않으며, 인간이라는 이유만으로 모든 인간에게 보편적으로 주어져야 한다. 따라서 인격적 정체성은 보편적 도덕을 위해 필수적이며 인간이 마땅히 누려야 할 존중의 바탕을 이루지만, 기억을 당위적으로 요구하지는 않는다.

마갈릿이 그리는 기억, 돌봄, 윤리의 삼각형에서 중간고리는 돌봄이다(39). 돌봄의 매개를 통해 기억과 윤리가 연결된다. 모든 사람이 도덕적 의미에서 인격을 가지고 있지만 내게 특별히 기억할 것을 요구하는 것은 내가 개인적 내지 집단적으로 보살피고 마음을 쓰는 관계, 따라서 내 생애의 이력과 뗄 수 없이 두텁게 축적된 시간의 무게를 내가 의식케 하는 관계 안에 있는 사람들이다. 나는 이런 사람들과의 관계에서 기억의 구체적 내용을 가지며 그것을 기억할 의무가 있다.

Ⅳ. 돌봄과 윤리

마갈릿은 돌봄의 고유성을 분명히 하기 위해 이 책 전체에서 도덕과 윤리을 개념적으로 구별한다.[14] 그에게 도덕은 "다른 어떤 속성 때문이 아니라 단지 그들이 우리의 동료 인류라는 이유만으로 우리와 관련된 이들에 대한 우리의 행위를 지도"한다(47). 도덕이 이처럼 얕은 관계를 지도한다면, 윤리는 우리의 두터운 관계를 지도한다. 두터운 관계는 물리적 근접성과 함께 지내온 시간의 축적이 필요하며, 이는 윤리적 관계에 지리적 한계를 부과한다. 반면 도덕은 더 넓은 지리적 범위를 포괄하며, 따라서 전 인류에 해당된다. 따라서 기억과 관련해서는 더 좁은 범위에 한정되고 때로 배타적인 경계를 짓는 윤리가 상대적으로 유리하다(21). 따라서 마갈릿은 기억이 두터운 관계와 불가분함을 강조하며, 기억의 공동체가 두터운 관계, 따라서 윤리의 영역에서 성립될 수 있다고 주장한다.

관계의 이분법에 따르면, 도덕은 서로 돌보지 않는 관계에서도 규범적

---

14 그는 도덕과 윤리를 구별하겠다는 구상을 버나드 윌리엄스에게서 차용했다. 윌리엄스는 성향이나 관습을 의미하는 '윤리'와, 본래 윤리적인 것 중 하나이지만 '책무'를 중심으로 발전된 '도덕'을 개념적으로 구별하며, 윤리를 더 폭넓은 것으로, 도덕을 더 협소한 체계를 나타내는 용어로 사용한다(윌리엄스, 2022:23-24).

강제력을 갖는 무조건적 기준이다. 그러나 그것은 누군가를 인간 대 인간으로서 존중하기 위한 최저기준일 뿐 돌봄의 원천일 수는 없다. 이에 반해 인간은 흔히 가족, 친구, 지인 등 집단의 구성원 등 상대적으로 가까운 사람들의 안녕에만 관심을 가진다. 우리 중 친절한 일부가 보이는 보편적 선의는 이러한 태도를 공감적으로, 즉 상상력을 통해 확장한 것이지, 본래적 의미에서의 돌봄이 아니다. 돌봄이 반드시 애정을 전제하는 것은 아니지만, 적어도 상대에 대한 주의나 염려를 포함한다. 전혀 모르는 사람이나 무관심한 사람에게 맥락 없이 돌봄을 베풀어야 하는 상황에서 우리는 정서적 공백에 직면하여 그를 적극적으로 염려하지 못할 수도 있다.

도덕은 이런 식의 무정함에 대처하기 위한 최소한의 규범을 제공한다. 하지만 그것만으로 낯 모르는 타인에 대한 무관심의 관성을 극복하긴 어렵다. 도덕은 우리에게 타인의 생명을 빼앗아선 안 된다는 지침을 주지만, 그것만으로 병자에 대한 돌봄을 제공해야 한다는 귀결에 이르는 것은 아니다. 도덕의 모호한 태도와 달리, 윤리는 내 마을의 병자를 우선적으로 돌볼 것을 명시적으로 요구한다. 기억은 이미 돌봄에 내재하고, 돌봄은 도덕이 아니라 윤리적 사안이다. 이 점을 장교가 병사의 이름을 망각한 앞의 사례에 적용해보면, 그 지휘관이 비난받는 까닭이 선명해진다. 그는 성문화된 규정이나 도덕적 차원의 일반지침을 어겨서가 아니라, 자기 병사를 돌보아야 할 의무와 도의적 책임을 지닌 지휘관임에도 불구하고 죽은 병사를 제 몸처럼 돌보지 않았기 때문에 지탄받았다.

그러나 기억이 도덕과 완전히 무관한 것은 아니다. 마갈릿이 도덕과 기억을 연관짓는 경우는 "대규모의 반인륜적 범죄들, 특히 우리가 공유하는 인류라는 개념을 공격하는 범죄"에 해당된다(21). 인류가 공유하는 인간성을 부정하는 이데올로기에 의해 수행된 나치의 범죄는 도덕의 이름으로 기억할 것을 요구하는 분명한 사례이다. 하지만 그럼에도 "인류는 기억의 공동체가 아니다. 언젠가 그렇게 진화할 수 있을지라도, 적어도 오늘은 사실상 아니다"(22). 도덕은 전 인류와 관계하므로 지리적으로 광범한 영역을 포괄하지만 그런 만큼 기억의 여지는 좁다.

대조적으로, 윤리는 더 좁은 관계, 즉 나와 유대가 있는 두터운 관계에 있는 사람들과 공동체를 더 강력하게 돌볼 것을, 따라서 기억할 것을 요구한다. 따라서 기억의 의무는 윤리에 기초한 두터운 관계의 덕목이고, 여기서 돌봄 관계가 성립한다. 돌봄 관계는 또한 과거의 중요성을 강조한다. "우리가 타인을 돌볼 때 그가 우리 공통의 과거와 공통의 기억을 공유하는 사람이기를 기대하는 것은 자연스러운 태도"이다(45). 돌봄은 뒤를 돌아보는 정서로, 기억의 매개를 통해 작동한다. 이런 맥락에서 기억은 단순히 인지적일 뿐 아니라 정서적이기도 하다.[15] 이런 점에서 도덕이 그저 인간이라는 공통점만 있는 사람들이 준수해야 하는 무색무취의 형식화된 보편적 지침인 데 비해 "윤리는 타인에 대한 감정이 중요한 역할을 하는 두터운 관여적 관계에 기초한다"(143).

그러나 기억을 윤리적 관계에만 국한시키는 경우, 편중된 기억은 때로 우리를 원한과 복수심에 사로잡히게 하고, 다른 공동체에게 잔인한 태도를 보이게 한다. 따라서 모든 윤리적 관계가 그 자체로 정당화될 수 있는 것은 아니다. 윤리적 관계의 적절성은 도덕에 의해 검사될 필요가 있다. 마갈릿에 따르면 "도덕에 배치되는 윤리적 관계는 나쁜 관계이다. 도덕은 윤리적 관계를 평가하기 위한 최저기준"이다(91). 윤리적 관계는 그 성격상 편파적일 수밖에 없지만, 편파성은 도덕적으로 동점(moral tiebreaker)인 상황에서

---

15 기억의 정서적 측면 또는 '감정기억'에 대해서는 『기억의 윤리』의 제4장 '회상된 감정'에서 집중적으로 다루어진다(109-144).

만 윤리적으로 정당화될 수 있다.

'절대 예술일 수 없는 것'과 '나쁜 예술'이 동일하지 않듯이, 결코 윤리적일 수 없는 관계와 나쁜 윤리적 관계는 서로 다르다. 마갈릿의 설명에 따르면 '사도마조히즘 관계'는 기본적으로 인간에 대한 존중이 없는, 그래서 도덕적일 수 없는 관계이다. "강한 의미에서 굴욕은 그 정의상 피해자의 인간 존엄성을 해친다"(90). 그리고 존엄성은 윤리가 아니라 도덕의 문제이다. 구성원들 사이의 관계맺음의 도덕성은 윤리적 관계의 최저 기준을 위한 중요한 참조점이 된다. 이와 달리, 윤리적이되 나쁜 관계도 있다. 이를테면 자신의 친족과 혈연에게 특혜를 주는 연고주의가 그러한 경우에 해당한다.[16]

V. 공유기억과 윤리적 공동체

집단적 기억은 개인적 기억의 단순한 확장이어서도 안되지만, 신화적으로 추상화된 형태의 기만적 은유여서도 안 된다. 마갈릿은 공유기억(shared memory)을 공통기억(common memory)과 구별함으로써 기만적이지 않은 집단적 기억의 성격을 분명히 한다. 그의 구별에 따르면, 공통기억은 단순히 각자가 개별적으로 겪었던 어떤 일화를 기억하는 모든 사람의 기억을

---

[16] 다만 나쁜 윤리적 관계는 도덕적인 기준에서만 평가될 수 있는 것은 아니다. 충분한 돌봄을 제공하지 않은 윤리적 관계도 나쁜 윤리적 관계라고 할 수 있다. 타인을 대하는 것과 같은 정도의 호의만으로 자기 자식을 양육하는 부모는 그런 의미에서 나쁜 윤리적 관계를 맺고 있다고 하겠다. "윤리적 관계는 편파성을 포함한다. 그것은 동등한 도덕적 요구를 하는 타인들보다 특정 사람이나 집단에게 더 큰 호의를 가진다"(92).

합산한 것이다. 한 사회 안에서 그 일화를 기억하는 사람들의 비율이 특정 임계값 이상일 때 그것을 '공통기억'이라고 부를 수 있다(59-60). 반면 공유기억은 집단의 정체성과 직결되며 구성원들 사이의 소통을 통해 형성되고 유지 및 보존된다. 이 경우 개별적으로 일화를 기억하는 사람들은 여러 방식의 소통을 거쳐 서로 다른 관점들을 통합하고 보정한다.

같은 자리에 있었던 사람들의 기억이라고 해도, 이들은 사건에 대한 각자의 입장에서 획득한 단편적인 경험들을 나누며 믿음을 확인하고 오해를 교정하고 적절한 해석을 찾아갈 수 있다. 또한 다양한 경로로 기술된 내용을 통해 직접 경험하지 못한 사람도 사건 현장에 있었던 사람들의 경험에 연결되기도 한다. 이렇게 해서 공유기억은 기억 노동의 분업(a division of mnemonic labor)에 따라 자생적으로 또는 인위적, 즉 제도적으로 형성될 수 있다(60).

보통 우리는 타인과 기억을 공유하는 경로를 의식하지 못하지만, 우리가 공유하는 사건이 대단히 중요하고 의미심장한 사건일 때 우리는 일종의 '섬광기억'(flashbulb memories)을 갖기도 한다(60-61). 이러한 사례로 베를린 장벽의 붕괴나 2001년 9월 11일 미국의 쌍둥이빌딩 폭탄 테러, 또한 한국의 사례로는 80년 5월 광주 도청과 금남로에 나왔던 시민들의 항쟁에 대한 기억이나 수백 명의 학생과 시민이 탑승한 여객선 세월호가 침몰하는 순간이 실시간으로 전국에 생중계된 2014년 4월 16일에 대한 기억을 거론할 수 있을 것이다. 당시 그 사건의 중요성을 인지한 사람은 모두 스스로가 해당 사건과 관계 맺은 경로를 여전히 생생히 기억하는데, 이는 그 사건이 그 자신에게 섬광기억으로 각인되었기 때문이다. 그런데 한 사회의 구성원 대다수가 섬광기억을 가질 만큼 중대한 사건은 그 기억을 공통으로 갖는 당사자들을 넘어서 공동체 일반은 물론이고 다음 세대에게도 공유해야 하는 기억의 대상일 수 있다.

전통 사회에서 공유기억은 당사자로부터 그들의 성직자, 이야기꾼, 또는 주술사로 이어지는 직접적인 경로를 거쳐 전승되어 왔지만, 현대 사회에서는 기념비와 거리 이름, 기록보관소 같은 기관 등 우리 외부에 세워진 기억 저장장치를 통해 사람과 사람 사이를 오간다(62). 개인의 기억은 상대적으로 우연적이고 비자발적이어서 휘발과 망각에 취약한 반면, 집단적 의지에서 기인한 '기억의 제도화'는 공유기억의 유지 및 관리를 가능케 한다. 이 세상의 모든 병자를 돌보려는 목표는 개인의 차원에서 실현 불가능하기 때문에 '이 세상에 방치된 환자가 있어서는 안 된다'는 당위는 개인에게 의무로 강제될 수 없다. 하지만 집단이 구성원의 건강을 확인하고 환자를 돌보는 기관을 설립해 관리한다면, 이 집단은 그 당위를 실현할 능력이 있고 책임을 질 수 있는 행위자이다(65-66).[17] 공유기억에 대한 책임은 모든 구성원이 모든 것을 전부 기억해야 한다는 요구가 아니다. 기억의 공동체의 구성원이 해당 기억에 접근할 수 있고 그 기억을 유지 및 보존할 수 있는 조건이 제공된다는 데 방점이 찍힌다. 공동체에게 요구되는 기억할 책임은 기억의 공유를 위한 환경을 집단적 차원에서 관리하기를 요구한다.

기억노동의 분업은 공시적일 뿐 아니라 통시적으로도 가능하다. 특정 기억 공동체의 일원이라는 것은 내가 이전 세대 사람들의 기억과 관계하고 있다는 의미이다. 이런 점에서 시공간적으로 더 멀리 떨어진 사람들과의 공유기억은 인식이라기보다는 믿음이다. 물론 해당 기억이 최초의 누군가

---

17 집단적 기억과 마찬가지로, 집단적 책임에 관련된 논의 역시 20세기 후반에 시작되어 지금도 활발하게 진행되고 있다. 다만 모든 집단이 행위자가 될 수 있는 역량을 가진 것은 아니다. 일반적으로 그 구성원들과 독립적인 의사 결정 구조를 가진 '조직', 명시적인 공동의 목표를 가진 '목표지향적 집단' 등이 집단적 책임의 주체로 거론된다(Isaacs, 2011; Smiley, 2022).

에게는 사실이었겠지만, 그 다음 세대의 공유기억은 사실명제로 여겨져서는 안 된다는 점이 중요하다. "살아있는 누군가의 경험을 넘어선 역사적 사건의 공유기억은 기억의 기억이며, 통시적인 노동 분업을 통해 실제 사건으로 끝나는 기억일 필요는 없다"(67).

따라서 공유기억은 사실 검증으로서의 역사학의 대상과 결이 다르다. 비판적 의미에서 "역사는 닫힌 기억에 의존하길 꺼린다는 점에서, 즉 과거 사건을 현재의 역사적 서술과 연결하는 대안적 노선의 추구에 전념한다는 점에서 공유기억과 다르다"(68). 그러므로 닫힌 기억에 머무르지 않고 계속 비판에 노출되는 '역사'와 달리, 공유기억은 일종의 전통으로 간주될 수 있다.

> 과거의 형태를 전승하는 기억의 노선은 대안적 역사적 노선에 기초한 도전의 영향을 받지 않을 정도로 신성화되거나 공인되거나 심지어 정전화된다. … 공유기억은 '이어받은 것'(legacy), 즉 태도와 원리 같은 추상적인 것들에 대한 기억으로, 또는 건물이나 기념물과 같은 구체적인 대상으로 이루어진 '유산'(heritage)으로도 표현될 수 있다(68).[18]

---

[18] 마갈릿은 전통주의를 긍정하면서도 다른 한편 그것이 전승된 신화를 그 자체로 맹신하는 식의 근본주의로 변질되지 않아야 함을 강조한다. 올바른 전통주의는 "저 전통의 사건이 지닌 기억의 진실성에 대한 판단을 유보"해야 한다(68). 마찬가지로 향수를 자아내는 '키치함'(kitsch)에 매몰되어서도 안 된다. 그러한 감상성(sentimentality)은 "도덕적 결과를 초래하는 특수한 방식으로 현실을 왜곡하기 때문이다. 향수는 과거를 이상화함으로써 왜곡한다. 과거의 사람들, 사건들, 그리고 대상들은 순수하게 무결함을 부여받은 것으로 제시된다"(69). 그러한 과도한 감상성만 제약된다면 과거에 대한 감정도 기억의 유지를 위해 중요한 역할을 한다. 공유기억을 형성하기 위해서는 과거에 대한 정확한 인식과 분별력뿐만 아니라 기억된 사건과 감정의 체계적 연결이 필수적이기 때문이다.

우리는 집단적 기억, 역사, 신화라는 세 가지 영역을 구분해야 한다. 그래야만 공유기억의 일종인 집단적 기억의 의미가 분명해진다. 집단적 기억은 역사와 신화가 양 극단에 놓인 스펙트럼 가운데의 어느 모호한 지점에 위치한다. 역사를 체계적이고 비판적인 집단적 기억으로 이해하는 경우가 잦지만, 집단적 기억은 사실 상식보다는 관습적 지혜로서의 공유기억에 더 가깝다. 이에 비해 현대의 공유기억은 역사와 신화의 성격을 모두 가지고 있다. 상징적 의미와 강력한 감정을 가진 믿음이면서, 동시에 진리 주장의 측면 역시 가지기 때문이다. 마갈릿에 따르면 신화와 역사의 대조는 사람들이 과거가 아니라 "현재 삶의 중요성을 처음 의식하게 된 근대에 일어난 일종의 형태 전환(Gestalt switch)"이다(71).

현대 사회는 신화와 역사를 극단적으로 대조하지만, 마갈릿은 그러한 분절이 인간사를 적절히 반영하지 못한다고 생각한다. 그는 도리어 기억을 통해 역사와 신화를 연결함으로써 과거에 다시 "생명을 불어넣는", 즉 "소생(revivification)"의 계기에 주목한다(73). 공유기억은 현대에도 여전히 공동체를 결합하고, 더러는 신화화를 통해 과거를 소생시킨다. 이를테면 프랑스의 팡테옹(Pantheon)에 봉안된 시민영웅의 숭배와 교과서에 기록되는 것, 전몰장병, 특히 무명용사의 숭배 등이 그러한 사례에 해당한다(앤더슨, 2018). 이것은 선택된 몇 명의 탁월한 사람들의 이름을 드높이고 불멸을 노래하고 그렇게 반사된 영광을 통해 그 공동체의 보통 사람들 역시 빛나게 하는 식으로 작동한다(74). 인간이 살아가는 삶의 경로 속에서 공동체가 가진 집단적 기억이 현시하는 소생의 힘과 그 힘이 주는 환상은 굉장히 강력하다. 이러한 소생의 의례와 장치를 통해 윤리적 기억의 공동체는 살아 있는 사람들뿐 아니라 죽은 사람까지 포함하는 두터운 관계를 이룬다. 이런 점에서 "기억의 공동체는 기억을 통한 생존이라는 문제에 관여하는 공동체이다"(75). 인간은 이러한 공동체를 필요로 한다.

역사적으로 가족, 씨족, 부족, 종교 공동체, 민족 등이 기억의 공동체로 자연스럽게 발전했다. 이와 달리 인류는 공유기억의 형성이 없이 다만 "상상된 공동체"이며, 두터운 관계로 전환될만한 정도의 유대감을 형성하기 어렵다. 물론 유대감이나 친밀관계가 돌봄의 수행에 필수적인 것은 아니지만, 그럼에도 돌봄의 윤리적 공동체로서의 인류는 우리의 규제적 이념일 뿐 현실에서 구현되기는 어려웠다. 그렇다고 포기해야만 하는 것은 아니다. 다만 현재 우리가 속한 윤리적 공동체 안에서 가까운 이들을 돌보며 동시에 인류를 점차 '도덕' 공동체로 바꾸어 나가는 차선책이 폄하될 필요는 없다(82-83).

윤리적 공동체만이 기억의 작업을 하는 것은 아니다. 도덕 공동체로서의 인류가 기억해야만 할 것들이 있다. "노예제도, 시민추방, 대량학살 같은 근본악과 반인륜적 범죄의 충격적인 사례들"은 도덕성 자체의 토대를 훼손한다는 점에서 "근본악"(radical evil)이다(84). 무엇보다 "유대인과 집시를 인간 이하로 간주하여 제거하기 위해 시행된, 나치의 제거적 생물학주의(eliminative biologism)는 공유된 인간성이라는 관념 자체에 대한 직접적 공격이었다"(84). 이처럼 누군가를 인간 아닌 존재로 만들려는 시도는 "도덕성 그 자체에 대한 직접적 공격"이므로, 반드시 기억되고 또 기록되어야 한다. 그러나 전 인류의 공유기억이 바람직하고 중요하다 해도, 이러한 기억을 구성하고 실현하는 정치적 기획과 제도화는 이루 말할 수 없을 만큼 어렵다.[19]

---

19 심지어 제도는 쉽게 관료화될 뿐 아니라 추상화 내지 일반화된다. 특히 우리가 전 인류를 포괄하는 도덕의 관점에서 공유기억을 형성하려 할 때 우려스러운 점이 있다. 마갈릿이 예로 들듯, 우리가 미 라이(My Lai) 학살이나 데이르 야신

우리가 반드시 기억해야 할 것이 존재하며, 도덕을 지향하는 '인류'보다 윤리를 공유하는 '기억의 공동체'가 그러한 요구를 만족시키기에 더 믿음직하며, 나아가 현재는 더 적절하다는 마갈릿의 주장에는 실천적 설득력이 있다. 공유기억 중에서도 부정적 계기들은 특히 더 중요하게 다루어져야 한다. 인류의 공유기억의 대상은 일차적으로 인간의 고귀함을 드높이는 승리와 영광의 순간들이 아니라 도리어 도덕적 악몽, 트라우마적 경험이어야 한다.

> 우리 앞의 문제는 인류는 무엇을 기억하면 좋은가가 아니라 인류는 무엇을 기억해야만 하는가이다. 도덕성을 보호하는 것과 도덕성을 증진하는 것은 비대칭적 관계이다. 도덕성의 증진은 매우 바람직하지만, 우리가 반드시 해야 하는 것은 도덕성의 보호이다.
> 나는 주장하건대, 기억해야 할 책무는 원천적으로 과거에 대한 재서술과 집단적 기억의 통제를 통해 도덕성 그 자체를 훼손하려는 근본적으로 악한 세력들의 노력에서 기인한다(87).

이를테면 학살과 국가폭력, 피해와 가해의 사실을 기억함으로써 그러한 비극이 인류사에 다시는 반복되지 않도록 해야 한다. 이러한 당위의 수신자는 전 인류이지만, 이를 실현하려면 구체적인 윤리적 공동체들의 기여가

(Deir Yassin)에서 일어난 학살을 베트남전이나 이스라엘 독립 전쟁과 분리하고 그저 '학살'로 추상화한다면 이 사건의 깊이와 두꺼운 맥락은 사상되고 만다(84-85). 나아가, 이러한 일반화가 적극 용인되면, 제1세계에 지리적 및 문화적으로 근접한 사건들은 제3세계에서 일어나는 비슷한 사건들에 비해 더 큰 주목을 받는 부작용이 일어날 수 있다. 예컨대 유럽에서 가까운 코소보의 사건은 르완다의 학살보다 더 많이 알려지고 중요하게 기억된다.

필수적이다.

개인의 시각에서도 기억의 장래성 있는 행위자는 개개인보다 집단으로 여겨진다. 자기 경험을 전하는 개인들도 "개별적으로 기억되지는 않겠지만, 우리는 집단의 삶 속에서 중요하게 기억될 사건들에 참여한다는 점에서 기억될 것"을 기대한다(99-100). 물론 두터운 집단적 관계의 조작가능성을 무시할 수는 없지만 그렇다고 그러한 기억이 전부 허상은 아니다.[20]

공유기억의 단위가 반드시 가족, 씨족, 부족, 민족 등 가족이 상상적으로 확장된 형식의 집단일 필요는 없다. 중요한 것은 그 단위가 구성원들 서로 간의 돌봄 관계를 포함하는 기억의 공동체여야 한다는 것이다. 마갈릿에게 민족과 기억의 공동체의 관계는 "적절한 기억의 공동체는 민족을 이루는 데 도움이 될 수" 있는 정도로 느슨하다(104). 중요한 것은 공동의 기원 또는 중요한 과거사 등 공유기억의 내용이다. 민족 외에도 기억의 공동체를 형성하는 다른 방식은 존재해왔다. 예를 들어 뉴욕의 소방관들은 중세적 길드와 흡사한 직업적 연합으로서 끈끈한 기억의 공동체를 형성해 왔고, 정기적인 의례와 기념을 통해 임무에 헌신하다 죽음을 불사한 소방관 동료들에 대한 기억을 되살려낸다(104-105).

이러한 우정 혹은 협업 관계의 연장선상에서 다양한 집단들이 기억의 공동체로서 일정한 역할을 해왔다. 마갈릿은 기억의 윤리적 공동체를 형성할 적절한 후보로 '가족 은유'와 '친구(우정) 은유'가 경쟁하고 있음을 지적한다. 오늘날에도 여전히 가족 은유가 지배적이지만, 가까운 미래에는 향후 친구 은유가 우세해질 전망도 무시할 수 없다(106).

---

20   다만 집단적 기억 자체의 가상과 집단적 기억 내부의 가상은 엄격히 구별될 필요가 있다. 집단적 기억 내부에 가상이 있을 수도 있으나, 이로부터 집단적 기억 자체가 가상이라고 추론하는 것은 오류이다(103-104).

우리에게 반드시 윤리적으로 기억해야만 하는 것이 있는가? 마갈릿은 이 물음에 긍정으로 답한다. 다만 여기서 '기억해야만 한다'는 당위는 칸트적 정언명령의 형식보다는 "의료적 당위"(medical ought)로 이해해야 한다(107). 건강지침에서 '건강해야 한다'는 요구는 당위의 유효성이 '당신이 건강하게 살기를 원한다면'과 같은 조건의 수용에 달려 있다는 점에서 조건적 명령이다(벡, 2022:134-140). 그 자체로 건강해야 할 책무 같은 것은 없다. 마찬가지로 "윤리적 관계에 참여할 책무는 없다. 윤리적인 삶과 연관된 활동에 참여하거나 헌신하지 않더라도 예의 바르고 고독한 삶이라는 선택지도 존재한다"(107).

칸트적인 의미에서 도덕적 당위가 이성적 존재자라면 무조건 따라야만 하는 정언적 성격을 지니는 데 반해, 마갈릿이 규정하는 윤리적 의무는 그것이 우리 자신과 우리가 속한 공동체에 의해 원칙적으로 선택되었다는 의미에서의 선이다.[21] 우리가 우리 자신과 두터운 돌봄 관계에 있는 공동체의 구성원들과 좋은 관계를 유지하고자 한다면, 기억은 우리 스스로 지향하는 가치, 즉 관계 내재적 선을 옹호하기 위해 말 그대로 '치명적인'(vital) 중요성을 가진다(108). 바로 이런 점 때문에 우리에게는 기억의 윤리적 의무가 성립한다.

여기서 기억이 '치명적'이라는 말은 단순한 은유가 아니다. 기억의 공동체 속에서 인간은 "기억을 통해 생존"한다는 점에서 기억 없이는, 또 같은

---

21 "도덕의 '당위'는 윤리의 '당위'와 다르다. 도덕적이라는 것은 요구된 선(a required good)이지만, 윤리적이라는 것은 원칙적으로 선택된 선(an optional good)이다. '원칙적으로'(in principle)라는 말은 개인의 선택에 맡겨져 있다 해도 우리가 윤리적 관여로부터 손쉽게 탈출할 수 있는 것은 아님을 함의한다. 우리는 상당 부분 가족관계와 동일한 방식으로 우리가 속한 공동체에 윤리적으로 관여하도록 강제된다"(107).

말이지만 각별하고 두터운 돌봄 관계 없이는 살아갈 수 없다(75). 따라서 '역사를 잊은 민족에게 미래는 없다'는 상투어는 기억의 윤리의 관점에서 다음과 같이 번역될 필요가 있다. 돌봄의 기억을 유지하고 되살리지 못한다면 우리는 구체적인 윤리적 공동체로 묶일 수 없다. 돌봄과 기억의 공동체와 유리된 인간은 어떤 의미에서는 정신적 디아스포라(diaspora)이다.

Ⅵ. 나가며

홀로코스트로 대표되는 유대인 학살에 대한 반성으로 20세기 말부터 수십 년 동안 서구 문화권에서는 역사학, 정치학, 신학 등을 통해 전쟁 폭력과 학살을 기억하고 성찰하려는 일련의 연구 방법을 모색해 왔다. 특히 제2차 세계대전 중 유대인, 집시, 소수인종, 부랑자, 장애인 등 소수자에 대한 나치의 학살에 주목함으로써, 이 죽음들이 은폐되지 않도록 폭로하고, 망각되지 않도록 기억하는 일의 중요성이 강조되었다. 오늘날 홀로코스트 대학살은 반인륜적 범죄이자 인류사의 비극으로 간주된다. 그러나 희생자는 인간 일반이 아니라 저마다의 얼굴과 이름을 지닌 개성적인 존재들이라는 점을 다시 한번 생각해보자. 피해자들은 집단적으로는 유대인이었고 학살의 가해자는 독일인들이었다. 이러한 구체적인 역사적 비극 앞에서 우리가 인류 전체에 대해 추상적 보편성을 호소할 수도 있겠지만, 추상의 사다리를 너무 높이 오르면 구체적 개인들의 삶에까지 가 닿을 기억의 공간이 남지 않는다. 구체적인 피해와 가해의 기억을 망각하지 않고 실제로 누가 누구에게 어떠한 일을 자행했고 그 결과 무엇이 파괴되었는지를 분명히 기억하고 추모하고 기념하는 일이 기억의 도덕보다 우선한다.

마갈릿은 전 인류를 포괄하는 '도덕'과 구체적인 역사와 문화를 공유하는 이들의 '윤리'를 구별한다. 그러한 구별을 받아들이면 기억은 전 인류를 아우르는 형식화된 도덕의 차원에서 성립하는 것이 아니라 특수한 개인과 집단에 부여된 윤리적 의무여야 한다. 기억할 의무의 주체로서, 그러한 책임을 귀속시킬 집단적 행위자는 전 인류보다 특정한 역사적 기억을 공유하는 집단으로서 윤리적 공동체라고 보는 편이 적절하다. 인류 등의 포괄적 집단이 섣불리 기억의 도덕적 공동체를 자처하는 것에는 피해와 가해의 특수성을 희석하고 윤리적 의무와 책임을 사소화할 위험이 있다. 우리는 궁극적으로는 인류라는 도덕 공동체로 통합되어야 하지만, 그렇다 해도 구체적인 사건과 인물과 관련해서 기억의 윤리적 공동체가 해야 할 중요한 역할을 도외시할 수는 없다.

우리가 윤리적 공동체에게 기억할 의무를 마땅히 부과해야 한다면, 그 경우 의무로서의 기억은 먼저 집단적 신화 자체가 아니라 구성원들의 돌봄 관계와 깊이 연관된 내용을 가진다. 따라서 영광과 승리의 기억보다는 비극과 고통의 기억이 더 적합하다. 둘째, 집단적 기억은 단순히 구성원들에게 공통적인 사실이나 경험 기억의 집합이 아니라 집단이 공유해야 한다고 여기는 중요한 사건에 대한 기억이자—어쩌면 신화일 수도 있는—전승된 믿음에 대한 기억, 즉 공유기억이다. 셋째, 구술 전승의 시대와 달리 현대 사회에서 공유기억은 개인적 층위가 아니라 공동체의 여러 사업을 통해, 즉 기념행사, 기념일 제정, 교육, 예술작품, 기록매체와 재현매체의 활용, 아카이빙 작업, 기념관 건립 등과 같은 기억 노동의 분업을 통해 이루어진다. 분업을 통해 기억은 형성 및 유지될 뿐 아니라 재구성될 수 있다(아스만, 2011). 국가와 지역사회는 이러한 작업을 뒷받침하고 촉진하는 정책과 예산을 마련하고 제도화에 힘써야 한다. 마지막으로, 공유기억은 역사적 사실과 신화가 중첩되는 가운데 유지·보존되어야 하지만, 이는 우리가 과거에 매몰되기 위해서가 아니라 과거를 현재와 연결하는 '소생'을 통해 더 나은 미래를 열어가기 위해서라는 점을 잊지 말아야 한다.

나고 자란 돌봄의 공동체 속 두터운 윤리적 관계를 버리고, 완벽하게 유리된 개인이 되는 것이 불가능하지는 않을 것이다. 다만 당신이 정말 돌봄과 기억의 공동체에 속하지 않기를 원하는지 되돌아볼 필요가 있다. 나를 돌보고 기억해주리라 약속하는 공동체에 속해서 타인을 돌보고 기억하는 삶을 살고자 하는 사람이라면 받아들여야 할 윤리적 의무가 있다. 과연 당신은 어떤 미래를 꿈꾸는가? 윤리적 요구를 받아들인 후 무겁고 두터운 기억의 의무를 질 것인지, 이 모든 속박에서 벗어나 얇은 관계만을 딛고 살 것인지의 선택은 우리 자신의 몫이다. 칸트적 도덕이 정언명령에 기초한다면, 기억의 윤리는 가언명령에 기초한다. 따라서 기억의 윤리는 일차적으로 우리 자신이 선택해야 하는 사안이다. 그리고 선택 이후 수반되는 윤리적 의무를 개인 및 집단적으로 감수할 것인지에 관한 문제이다.

참고문헌

길리건, 캐럴(이경미 역). 2020. 『침묵에서 말하기로: 심리학이 놓친 여성의 삶과 목소리』. 심심.
김창엽 외. 2022. 『돌봄이 돌보는 세계』. 동아시아.
노라, 피에르 외(김인중·유희수·문지영·양희영 역). 2010. 『기억의 장소』(전 5권). 나남.
더 케어 컬렉티브(정소영 역). 2021. 『돌봄선언: 상호의존의 정치학』. 니케북스.
마갈릿, 아비샤이(황미영 역). 2017. 『배신 – 인간은 왜 믿음을 저버리는가』. 을유문화사.
_____(신성림 역). 2008. 『품위 있는 사회』. 동녘.

박찬승. 2016. "동아시아에서의 제2차 세계대전의 기념과 집단기억." 『동아시아문화연구』 64. 13-50쪽.
벡, 루이스 화이트(오창환 역). 2022. 『칸트의『실천이성비판』주해』. 도서출판 길.
비교역사문화연구소(전진성·이재원 엮음). 2009. 『기억과 전쟁 - 미화와 추모 사이에서』. 휴머니스트.
소병철. 2023. "아비샤이 마갈릿의 '품위 있는 사회'론의 한 비판 -'정의로운 사회' 및 '문명화된 사회'와의 대비를 중심으로." 『철학논총』 111. 171-193쪽.
아스만, 알라이다(채연숙·변학수 역). 2011. 『기억의 공간 - 문화적 기억의 형식과 변천』. 그린비.
앤더슨, 베네딕트(서지원 역). 2018. 『상상된 공동체 - 민족주의의 기원과 보급에 대한 고찰』. 도서출판 길.
올릭, 제프리 K.(강경이 역). 2011. 『기억의 지도』. 옥당.
윌리엄스, 버나드(이민열 역). 2022. 『윤리학과 철학의 한계』. 필로소픽.
이경래. 2015. "과거사 집단기억과 '아카이브 정의' - 진실화해위원회 아카이브의 동시대적 재구성." 『기록학연구』 46. 5-44쪽.
장은주. 2004. "사회정의와 인간의 존엄성." 『철학사상』 19. 197-229쪽.
전진성. 2005. 『역사가 기억을 말하다 - 이론과 실천을 위한 기억의 문화사』. 휴머니스트.
최호근. 2003. "집단기억과 역사." 『역사교육』 85. 159-189쪽.
하이데거, 마르틴(이기상 역). 1998. 『존재와 시간』. 까치.
허시, 허버트(강성현 역). 2009. 『제노사이드와 기억의 정치』. 책세상.
힐베르크, 라울(김학이 역). 2008. 『홀로코스트 유럽유대인의 파괴』(전 2권). 개마고원.
Bernstein, Richard J. 2004. "Cultural Memory." *History and Theory* 43. pp.165-178.
Isaacs, Tracy. 2011. *Moral Responsibility in Collective Contexts*. New York: Oxford University Press.
Margalit, Avishai. 2000. *Ethik der Erinnerung. Max Horkheimer Vorlesungen*. Aus dem Englischen von Reiner Stach. Frankfurt am Main: Fischer.
_____. 2002. *The Ethics of Memory*. Cambridge, Mass.: Harvard University Press.
Michaelian, Kourken and John Sutton. 2017. "Memory." *The Stanford Encyclopedia of Philosophy*. Edward N. Zalta (ed.). URL = <https://plato.stanford.edu/archives/sum2017/entries/memory/>.
Smiley, Marion. 2022. "Collective Responsibility". *The Stanford Encyclopedia of Philosophy*. Edward N. Zalta (ed.). URL = <https://plato.stanford.edu/entries/collective-responsibility/>.

인명 찾아보기

|ㄱ|
구트만, 이스라엘 Gutman, Israel 169~170
기어츠, 클리퍼드 Geertz, Clifford 34

|ㄴ|
니체, 프리드리히 Nietzsche, Friedrich 140

|ㄷ|
도스토옙스키, 표도르 Dostoyevsky, Fyodor 43, 199~200
돈 후안 Don Juan 39
드 골, 샤를 De Gaulle, Charles 19

|ㄹ|
라 로슈푸코 공작 La Rochefoucauld, Duc de 112
라일, 길버트 Ryle, Gilbert 48, 54
레비, 프리모 Levi, Primo 161, 163
로크, 존 Locke, John 64
루소, 장 자크 Rousseau, Jean-Jacques 170~171

|ㅁ|
마갈릿, 아비샤이 Margalit, Avishai 65, 71, 91, 115
마이모니데스 Maimonides 50, 188
만델슈탐, 나데쥬다 Mandelstam, Nadezhda 153
멘델스존, 모제스 Mendelssohn, Moses 50
모스, 마르셀 Marcel Mauss 189

|ㅂ|
바라디안, 가브리엘 Baradian, Gabriel 168
바쿠닌, 미하일 Bakunin, Mikhail 151~152
베르펠, 프란츠 Werfel, Franz 168~169
베버, 막스 Weber, Max 70, 143, 151
브로드스키, 조지프 Brodsky, Joseph 30
비트겐슈타인, 루트비히 Wittgenstein, Ludwig 19, 38, 109, 155~156, 165~166, 182~183
빌코미르스키, 빈야민 Wilkomirski, Binjamin 169~170

|ㅅ|
사르트르, 장 폴 Sartre, Jean-Paul 143
셰익스피어, 윌리엄 Shakespeare, William 102, 181
슈미트, 칼 Schmitt, Carl 151~152
스미스, 애덤 Smith, Adam 106, 142
스캔론, 토마스 Scanlon, Thomas 78~79
스탈린, 이오시프 Stalin, Joseph 76, 102, 147
스펜더, 스티븐 Spender, Stephen 122

|ㅇ|
아메리, 장 Amery, Jean 118~120

아우구스티누스 Augustinus, Aurelius 170~171
아자이, 시므온 벤 Azzai, Simon Ben 50
아흐마토바, 안나 Akhmatova, Anna 37, 145, 150, 160, 161
올비, 에드워드 Albee, Edward: 『아기에 관한 극』(The Play about a Baby) 37~38
앤더슨, 베네딕트 Anderson, Benedict 36
앤스컴, G. E. M. Anscombe, G. E. M. 151
에드거, 데이비드 Edgar, David: 『성령강림절』(Pentecost) 31
엘스터, 욘 Elster, Jon 116~117
오든, W. H. Auden, W. H. 122~123
오스틴, 존 Austin, John 42
요세푸스, 플라비우스 Josephus, Flavius 156~158, 172
우나무노, 미겔 데 Unamuno, Miguel de 36
워즈워스, 윌리엄 Wordsworth, William 121~122
윌리엄스, 버나드 Williams, Bernard 47~48
잉에, 윌리엄 랄프 Inge, William Ralph 23

|ㅊ|
차우셰스쿠, 니콜라에 Ceausescu, Nicolae 59
체르니아쿠프, 아담 Czerniakow, Adam 154
체스터턴, G. K. Chesterton, G. K. 80
체스터필드 백작 Chesterfield, Earl of 118, 120
체트니크, K. Zetnik, K. 161~162

|ㅋ|
카너먼, 대니엘 Kahneman, Daniel 110, 133, 136~137
칸트, 임마누엘 Kant, Immanuel 51~53, 55, 65, 83~84, 94
케니, 앤서니 Kenny, Anthony 16, 154
코헨, 헤르만 Cohen, Hermann 50
크로포트킨, 표트르 Kropotkin, Peter 79
크리스테바, 줄리아 Kristeva, Julia 79~80
크립키, 솔 Kripke, Saul 33
클렘페러, 빅토르 Klemperer, Victor 154~156

|ㅌ|
트버스키, 아모스 Tversky, Amos 124

|ㅍ|
포스터, E. M. Forster, E. M. 135
푸슈킨, 알렉산드르 Pushkin, Aleksandr: 『보리스 고두노프』(Boris Godunov) 159~160
프랑크푸르트, 해리 Frankfurt, Harry 41
프로스트, 로버트 Frost, Robert 124
프로이트, 지그문트 Freud, Sigmund 16~18, 125~126
플라톤 Platon 15~16, 58

|ㅎ|
하딘, 러셀 Hardin, Russell 100
하이데거, 마르틴 Heidegger, Martin 45,

140~141

할베르탈, 모셰 Halbertal, Moshe: 『우상
숭배』(*Idolatry*) 71

흄, 데이비드 Hume, David 44, 52, 106,
131~133, 180

사항 찾아보기

|ㄱ|

가족 Family 105~107
감사 Gratitude 24, 78~79
감상성 Sentimentality 44, 69, 138~140
감수성 Sensibility 28, 69, 111
감옥 Prison 15~19
감정 Emotion 28, 69, 109~144, 183
　▶ Cf. 사랑; 증오; 화/분노
개인 Individual 20, 27, 46, 57~59, 60, 70~75, 89~90, 94, 188 ▶ Cf. 인격
객관성 Objectivity 93~94
고문 Torture 118~120 ▶ Cf. 고통
고백 Confession 170~172
고정 지시어 Rigid Designator 33
고통 Pain 111, 118~119, 120, 136~137 ▶ Cf. 고문; 고통
고통 Suffering 147, 148, 149, 158, 165, 174, 177 ▶ Cf. 고문; 고통
공감 Sympathy 44, 52~53
공동체 Community :
　기억의 공동체 8, 28, 62, 65~67, 72~75, 75~79, 86, 98~106; 상상된 공동체 36, 54, 80~81, 99; 공동체와 신화 72; 윤리적 공동체 22, 77~78, 143~144, 156, 177; 도덕적 공동체 77~78, 82~83, 144, 152~153, 156, 164; 보편적 윤리 공동체 78, 80~87; 공동체와 감정 142~143 ▶ Cf. 집단
과거 Past 23~24, 25, 26, 27, 28, 45, 73, 191~192, 193
과학 Science 70, 72~73, 133, 134, 137, 144, 172~173
관계 Relation :
　관계와 행위 21, 26; 관계와 기억 38~39; 관계와 돌봄 38~39, 90; 내적 관계 40; 관계와 도덕 90, 91~92; 내적 관계와 외적 관계 90, 92, 93~94, 108; 관계에 대한 평가 89~95; 집단적 관계 99~100; 두터운 민족적 관계 99; 관계와 좋음 107; 관계와 책무 108; 관계와 대상 128~129; 관계와 감정 142~143; 관계와 용서 197~198
관계, 두터운 Relation, thick :
　개념 정의 20~21; 두터운 관계와 윤리 20~21, 26, 47, 54, 89~91; 두터운 관계와 기억 20, 77, 97~100; 두터운 관계와 행위 26; 두터운 관계와 돌봄 47~48; 두터운 관계와 모범 사례 48; 두터운 관계와 장교 이야기 48~49; 두터운 관계와 사랑 53~54; 두터운 관계와 이웃 53, 54; 두터운 관계와 소생 75; 두터운 관계와 기억의 공동체 77; 두터운 관계와 인류 77, 81; 두터운 관계와 책무 97, 107~108; 두터운 관계와 죽음 97~98; 두터운 관계와 뉴욕 소방관 104~105; 두터운 관계와 가족 105~106; 두터운 관계와 존재론 141; 두터운 관계와 감정 142; 두터운 관계와 용서 200
관계, 얕은 Relation, thin :
　개념 정의 20~21; 얕은 관계와 도덕

사항 찾아보기　245

20~21, 26, 47; 얕은 관계와 행위 26; 얕은 관계와 일반원리 48; 얕은 관계와 이웃 54, 55; 얕은 관계와 존재론 141
관찰 Observation 173, 174~175
굴욕 Humiliation :
　굴욕과 도덕 21, 90~91, 123; 굴욕과 부정적 정치학 113, 115, 117; 굴욕과 존엄 115; 굴욕의 영향 118; 굴욕과 고문 119, 120; 굴욕과 인류 119~120, 122~123, 129~130; 굴욕과 시 122; 굴욕과 성애 122~123; 굴욕 되살리기 129~130; 굴욕과 용서 197 ▶ Cf. 존엄
권위 Authority 172, 173
극미인 오류 Homunculus fallacy 16
기념/추모 Commemoration 22, 32~33, 36, 68, 72, 74~75, 77, 85~86, 104~105 ▶ Cf. 기억
기독교 Christianity 22, 54, 77, 80, 122, 150, 186, 188~190, 192
기록 Documentation 148~149, 154~155
기분 Mood 134~136
기억 Memory :
　기억과 인격 7~9, 29~37, 55; 기억과 책무 8, 20, 28, 57, 64~66, 87, 89, 97~98, 107~108; 기억과 감옥 15~19; 기억과 억압 16~18, 19; 기억과 집단 18, 20, 23, 27~28, 57, 70, 98, 100, 102, 103, 145; 공통의 기억 18; 기억과 개인 20, 27, 57, 60; 기억과 윤리 20~26, 27~28, 37, 38, 48, 77; 기억과 도덕 20, 21~22, 42~43, 47~48; 기억의 공동체 8, 28, 62, 65~67, 72~75, 75~79, 86, 98~106; 기억과 두터운 관계 20, 77, 97~100; 기억과 종교 22~23, 110; 기억과 인식 25~26, 27; 기억과 신념 27; 공유기억 27, 57~71, 73, 74, 76~77, 79~80, 84~87; 기억과 이름 29~37; 기억과 돌봄 37~42, 97~98; 기억과 사랑 39~40; 기억과 애매성 56; 기억의 부과 56; 기억과 추모 56; 공통 기억 59, 60, 62; 섬광기억 60, 61~62; 기억 노동의 분업 60, 62~63, 66~67, 84, 90; 기억과 의지주의 63~66; 기억의 기억 66~69; 개인적 기억 66; 닫힌 기억 67, 68; 전통적 기억 68; 기억과 역사 73, 100; 생생한 기억 73; 기억과 기념 75; 기억과 기독교 77~78; 기억과 유대교 77~78; 기억과 크리스테바 79; 기억과 크로포트킨 79; 기억과 민족 81; 기억과 인류 77, 78, 82, 83~87; 기억과 죽음 95~98, 108; 기억과 사건 84~85; 기억과 계급 102; 일화적 기억 68, 109~113; 기억과 감정 109~144; 기억과 고문 120; 반성적 기억 134; 삶의 기억 136; 기억과 결단 187; 기억과 용서 192, 198, 199~200 ▶ Cf. 망각
기억하기 Remembering :
　기억하기와 책무 8, 20, 30, 64, 89, 107~108; 기억하기와 애매성 56; 기억하기와 의지주의 63~64; 기억하기와 인류 83; 기억하기와 감정 110~112, 138~140; 기억하기와 고문 120; 기억하기와 결단 187~188; 기억하기와 용서 198 ▶ Cf. 기억

|ㄴ|

나쁨 Badness 90, 91, 92, 93~94, 95, 103~104 ▸Cf. 악
나치즘 Nazism 21, 84, 162~163, 167
남아프리카 South Africa 19, 166
뉴욕시 New York City 104~105

|ㄷ|

덮어 감추기 Covering up 184~186, 190, 191, 193, 196, 198, 200
도덕 Morality :
    도덕과 기억 20, 21~22, 42~43, 47~48; 도덕과 윤리 20~21, 26, 54~55; 도덕과 인류 21, 22, 47, 54~56, 84, 141~142; 도덕과 얇은 관계 21, 26, 47; 도덕과 굴욕 21, 90, 91, 111; 도덕과 인류라는 공유 개념 21, 84; 도덕과 돌봄 42~45, 55~56; 도덕과 무관심 43~44; 도덕과 일반원리 48; 도덕과 철학적 양식 48; 도덕과 장교 이야기 48~49; 도덕과 착한 사마리아인 53; 도덕과 이웃 53, 54; 도덕과 애매성 54~56, 156~159; 도덕과 인격 55; 도덕과 의지주의 64; 도덕과 행위 65; 도덕과 향수 68; 도덕과 감상성 69; 도덕과 유대교 78; 도덕과 존중 78; 도덕과 보편 공동체 80; 도덕과 악 83~84, 87; 도덕과 편향적 부각 85; 도덕과 관계 90, 91~94; 도덕과 평가 91; 도덕과 책무 92~93; 도덕과 좋음 107; 도덕과 감정 111, 142; 도덕과 증인 149, 156~159, 160, 177; 도덕과 정당화 151, 152, 180; 도덕과 종교 151; 도덕과 인본주의 179~180
도덕지상주의 Moralism 25~26
돌봄 Caring :
    돌봄과 기억 37~42, 77, 97~98; 돌봄과 인류애 42~44, 50, 80~81, 82; 돌봄과 도덕성 42~44, 55; 돌봄과 윤리 42~49, 77, 80, 91; 돌봄과 공감 44; 돌봄과 사랑 53, 146; 돌봄과 기억의 공동체 77~78; 돌봄과 유대교 78; 돌봄과 민족국가 81~82; 돌봄과 관계 82, 91, 108; 돌봄과 감정 142; 돌봄과 용서 199
되살림 Reliving 28, 110, 120, 121~123, 124, 127~134, 139, 200

|ㅁ|

마법/주술 Magic 34, 143~144, 182, 192, 193 ▸ Cf. 마법화
마법화 Enchantment 70~71, 73, 110, 143~144 ▸ Cf. 마법; 탈마법화
마음의 변화 Change of Heart 196, 197
망각 Forgetting :
    망각과 책무 8, 20, 28; 망각과 정의 24~25; 망각과 이름 27; 망각과 장교 이야기 38; 망각과 의지주의 64; 망각과 행위 65~66; 망각과 감정 112~113; 망각과 종교 179, 180~181; 망각과 죄 184~186, 187, 188, 190~193; 망각과 용서 188~189; 망각과 의도 194~196; 망각의 결여 ▸ Cf. 기억
명예 Honor 115~116
모욕 Insult 118, 120, 123~125
무관심 Indifference 43, 44, 46
문학 Literature 133, 134, 135, 137

▸ Cf. 소설; 시
미래 Future 8, 23, 24, 45, 150
　▸ Cf. 종말론
미신 Superstition 182, 183
민족 Nation 81~82, 103~104,
　105~106 ▸ Cf. 정권/체제; 정치학
믿음/신념 Belief 17~19, 25~26,
　64, 67, 70, 95~97, 150, 152~153,
　175~176, 182

|ㅂ|

방침 Policy 195~196, 197, 198
범죄 Crime 83, 91 ▸ Cf. 정의
복수 Revenge 19, 187, 189, 191, 197,
　199, 201
본질 Essence 33~34, 72, 75, 76
불멸 Immortality 32, 36, 37, 74, 84,
　103, 110 ▸ Cf. 사후세계; 죽음

|ㅅ|

사건 Event 61, 67~68, 72, 100
사도마조히즘 Sadomasochism 90, 91,
　92
사랑 Love 39~40, 45, 49~53, 77, 80,
　111~113, 144, 189 ▸ Cf. 감정
사심없음 Selflessness 43, 45
사후세계 Afterlife 95~98, 103
　▸ Cf. 불멸; 죽음
상처 Injury 118, 120 ▸ Cf. 트라우마
생명/삶 Life 131~134, 135, 136,
　137~138
생존/존속 Survival 33, 34, 36, 75, 154
서술 Description 30, 48, 72~73, 146,
　168
선물 Gift 78, 189~190

선택 Choice 92, 106
성 Sexuality 122~123
성경 Bible :
　성경과 이름 32~34; 성경과 사랑
　49~53; 성경과 기억 67; 성경과 용
　서 126, 181~183, 184~186, 187,
　188~192, 197; 성경과 희망 150,
　153
세르비아인 Serbs 100~102
소생 Revivification 72~75, 77, 110
소설 Fiction 25~26, 99 ▸ Cf. 문학; 시
속죄 Atonement 192, 193
수정 Revision 112~113
시 Poetry 69, 121~123, 124
　▸ Cf. 문학; 소설
시각적 이미지 Visual Image 139
신 God 22, 78, 79, 114, 181,
　184~189, 191~192, 197, 198
신뢰 Trust 119, 175
신약 New Testament 49~53, 150, 186,
　188 ▸ Cf. 기독교; 성경
신학 Theology 20, 27, 114, 151
　▸ Cf. 종교
신화 Myth 70~72, 73~75
심리학 Psychology 20, 58, 109, 110,
　111, 125~126, 197, 199~200

|ㅇ|

아르메니아인 Armenians 8, 83,
　168~169
악 Evil :
　악과 무관심 44; 근본악 83~84, 87;
　악과 부정적 측면 115, 116; 악과 증
　인 147, 153, 158, 162~165, 166,
　177; 악과 고통 147~148; 악과 후회

192 ▸ Cf. 나쁨
애매성 Ambiguity 24, 54~56, 156~159
약속 Promise 65
억압 Repression 16~18, 19
에세네파 Essenes 49
역사 History 22, 67~68, 73, 77, 100, 112~113, 139
염려 Concern 42, 43, 44 ▸ Cf. 돌봄
영웅 Hero 104
영지주의 Gnosticism 15
용서/용서하기 Forgiveness/Forgiving 8~9, 22, 24, 126, 179~201
우정 Friendship 91, 99, 106~107
원한/분노 Resentment 198~199, 200, 201
위안부 Comfort Women 56, 86
유대교 Judaism 22, 32, 47, 54~55, 67, 77, 78 ▸ Cf. 성경
윤리 Ethics :
　윤리와 기억 20~26, 27~28, 37, 38, 48, 77; 윤리와 집단 20; 윤리와 도덕 20~21, 26, 54~56; 윤리와 두터운 관계 21, 26, 47~48, 54, 89~91; 윤리와 신념 25~26; 윤리와 소설 25; 윤리와 돌봄 42~49, 78~79, 91; 윤리와 모범사례 48; 윤리와 사례 48~49; 윤리와 장교 이야기 48~49; 윤리와 철학적 양식 48; 윤리의 범위 49, 54; 윤리와 종교 49, 95, 151, 179~180; 윤리와 착한 사마리아인 53; 윤리와 이웃 50~54; 윤리와 애매성 54~56; 윤리와 인격 55; 윤리와 의지주의 64; 윤리와 책무 64, 92~93, 107~108; 윤리와 행위 65, 89~90; 윤리와 기억의 공동체 77; 윤리와 유대교 77~78; 윤리와 보편적 공동체 80~87; 윤리와 평가 89~95; 윤리와 편파성 92~93; 봉건윤리 94~95; 윤리와 좋음 107; 윤리와 도덕적 감정 111; 윤리와 감정 142; 윤리와 증언 177; 윤리와 인류애 179~180; 윤리와 정당화 180; 윤리와 용서 199
은유 Metaphor 15~16, 18, 19, 58~59, 180, 181
의도 Intention 128, 194~198
　▸ Cf. 의지주의
의무 Duty 189, 190, 199, 200
　▸ Cf. 책무
의미 Meaning 134, 165, 167
의지주의 Voluntarism 63~66
　▸ Cf. 의도
이론 Theory 173
이름 Name 27, 29~37
이웃 Neighbor 49~53 ▸ Cf. 인류
인격 Person 8~9, 27, 29~37, 42, 55~56 ▸ Cf. 개인
인류 Humanity :
　인류와 얕은 관계 20; 인류와 도덕 21, 22, 47, 54, 82~83, 142; 인류와 돌봄 42~44, 50, 81, 82; 인류와 사랑 50; 인류와 칸트 51~53, 55; 인류와 착한 사마리아인 52~53; 인류와 기억의 공동체 77, 78; 인류와 기억 77, 78, 82, 83~87; 인류와 보편적 윤리 공동체 80~87; 인류와 두터운 관계 80~81; 인류와 악 83; 인류와 홀로코스트 기념물 95; 인류와 존엄성 115, 116, 117; 인류와 굴욕 119~120, 122~123, 129~130; 인류와 하이데거 140~141

인본주의 Humanism 179~180, 189
인식/지식 Knowledge 15~16, 18, 26, 27, 66, 166, 168, 171, 172~174, 174~175, 176, 177
일본인 Japanese 56, 86

|ㅈ|

자아 Self 47, 156, 167, 199, 200
자연재해 Natural Disaster 147
자유주의 Liberalism 46
자율 Autonomy 46, 94~95
장교 이야기 Story of Officer 11, 29~31, 38, 39, 48~49
저널리즘 Journalism 148~149
전통 사회 Traditional Society 172
전통/전통주의 Tradition/Traditionalism 23~25, 67, 68, 73
정권/체제 Regime 23~24, 152~153, 162 ▸ Cf. 민족; 정치학
정당화 Justification 22, 151, 152, 180, 199
정의 Justice 24~25, 113~115, 118, 172
정치학 Politics 20, 22, 27, 113~118, 163~164, 266 ▸ Cf. 민족; 정권/체제
제물 염소/희생양 Scapegoat 182~184
존엄 Dignity 90, 115, 116, 117, 119, 122 ▸ Cf. 굴욕
존중 Respect 78, 119, 172
종교 Religion :
　종교와 기억 22~23, 36~37, 110; 종교와 이름 31~32; 종교와 불멸성 36~37; 종교와 윤리 49, 95, 150~151, 179~180; 종교와 의지주의 64~65; 종교와 행위 64; 종교와 신념 64; 종교와 사후세계 95~96; 종교와 자연재해 147; 종교와 증인 150~151, 152; 종교와 도덕 150~151; 종교와 망각 179; 종교와 용서 179, 180~189, 190~193, 197, 198 ▸ Cf. 성경; 기독교; 유대교; 신학
종말론 Eschatology 150, 151, 152 ▸ Cf. 미래
좋음/선 Goodness 90, 91, 93~94, 103, 106, 108, 115
죄 Sin 180, 181, 182, 184~186, 188, 190, 191, 193, 197
죽음 Death 12, 30~31, 33, 34, 35, 95~98, 99, 108 ▸ Cf. 불멸; 사후세계
증언 Testimony 146, 148~150, 152, 161, 164, 172~174, 175~176
증오 Hatred 40, 81~82, 106, 111 ▸ Cf. 감정
증인 Witness 28, 119, 145~177
지워버리기/지워 없애기 Blotting out 32, 181, 184~186, 191, 193, 196, 198, 200
진리/진실 Truth 18, 19, 66, 67, 68, 70, 159~162, 166, 172
집단 Collective :
　집단과 기억 18, 23, 27~28, 67, 69, 70, 76, 100, 103, 145; 집단과 정치체 23; 집단과 돌봄 45~46; 집단과 개인 57~58; 집단과 소생 71~75; 집단과 두터운 관계 99~100
　▸ Cf. 공동체
집단적 의지 Collective Will 58~59

ㅊ

착한 사마리아인 Good Samaritan
  51~53, 55, 80
참회 Repentance 86, 192, 199
책무 Obligation :
  책무와 기억 8, 20, 30, 56, 64, 65,
  87, 89, 97~98, 107~108; 책무
  와 망각하기 8, 20, 30; 책무와 용
  서 12, 199~200; 책무와 장교 이야
  기 30~31; 책무와 돌봄 46~47; 책
  무와 착한 사마리아인 53; 책무와 윤
  리 64, 93, 107, 108; 책무와 의지주
  의 63~64; 책무와 유대교 77~78;
  책무와 선택 92~93; 책무와 도덕
  92~93; 책무와 죽음 97; 책무와 두
  터운 관계 97~98, 107, 108; 책무와
  감정 111~112; 책무와 선물 190
  ▸ Cf. 의무
철학의 양식 Styles of Philosophy 9, 48
치유 Healing 17, 18~19

ㅋ

쾌락/즐거움 Pleasure 111, 121~122
쿨라크 Kulaks 76~77
키치 Kitsch 68~69

ㅌ

타인 Other 44~45, 79, 188
탈마법화 Disenchantment 70, 73, 147
  ▸ Cf. 마법화
태도 Attitude 26, 44~46
트라우마 Trauma 125~127 ▸ Cf. 상처

ㅍ

판단 Judgment ▸ Cf. 평가
편파성 Partiality 92~93
평가 Assessment 89~95, 136~137,
  139, 140

ㅎ

해명 Elucidation 166, 177 ▸ Cf. 인식/
  지식
행위 Action 21, 26, 64, 89, 116, 195
향수 Nostalgia 68~69
형제애 Fraternity 105
홀로코스트 Holocaust 7~8, 32~33, 56,
  85~86, 161~165, 167, 169~170, 174
화/분노 Anger 187, 197 ▸ Cf. 감정
후회 Remorse 192~193
흉터 Scar 119, 125, 125~126, 130
희망 Hope 149~156

지은이

아비샤이 마갈릿(Avishai Margalit)
현재 예루살렘의 히브리대 철학과 명예교수이다. 1939년 이스라엘에서 태어나 예루살렘에서 수학한 뒤 영국의 옥스퍼드대, 독일의 베를린 자유대학 및 막스플랑크 연구소, 미국의 뉴욕대 등에서 강의와 연구활동을 해온 세계적인 유대인 철학자로서 학술적 공로를 인정받아 스피노자 렌즈상(2001)과 이스라엘 총리가 수여하는 에메트(EMET)상을 받았다. 이스라엘과 팔레스타인 간 평화를 촉구하는 세계적인 NGO 단체 '피스나우'(Peace Now)의 설립자 중 한 명이다. 국내 출간된 저작으로 『품위 있는 사회』(동녘, 2008), 『옥시덴탈리즘: 반서양주의의 기원을 찾아서』(민음사, 2007), 『배신: 인간은 왜 믿음을 저버리는가』(을유문화사, 2017)가 있다.

옮긴이

박의연
전남대학교 철학과 강사로 재직 중이다. 응용윤리학과 메타윤리학을 중심으로 연구하고 있으며, 세계적 분배 정의와 집단적 책임, 책임의 주체와 행위자성 문제를 주요 연구주제로 삼고 있다. 주요 논문으로 「반응적 태도 이론과 책임의 귀속 문제」, 「규범적 개체주의 비판: 책임의 주체 논의를 중심으로」, 「분산된 집합의 책임 공백과 미래지향적 책임」 등이 있다.

오창환
전남대학교 철학연구교육센터 전임연구원이자 철학과 강사로 재직 중이다. 칸트의 실천철학과 더불어 근대 프로테스탄트 자연법 윤리학 및 18세기 서유럽 계몽철학을 주요 연구주제로 삼고 있다. 주요 논문으로 「『실천이성비판』에서 도덕적 동기의 현상 문제」, 「칸트의 1770년대 도덕철학에서 판정원리와 실행원리」, 「근대 독일철학에서의 프로이센 학술원의 역할」 등이 있으며, 번역서로 루이스 화이트 벡의 『칸트의 〈실천이성비판〉 주해』(도서출판 길, 2022)가 있다.

추주희
전남대학교 인문학연구원 HK연구교수로 재직 중이다. 전공분야는 계층사회학과 젠더 및 가족사회학이며, 주요 논문으로 「소년 혐오인가 사회위기인가?: 위기청소년 담론에 대한 비판적 시론」, 「가족의 경계와 질서의 재구성: 탈가정 청소년의 '팸' 생활에서 나타나는 돌봄과 친밀성을 중심으로」, 「청소년 한부모의 가족구성권에 대한 비판적 탐구」 등이 있다.

전남대학교 인문학연구원 HK+ 가족커뮤니티사업단 번역총서 · 4

기억의 윤리

1판 1쇄 발행 2023년 6월 16일

| 원   제 | The Ethics of Memory
| 지 은 이 | 아비샤이 마갈릿(Avishai Margalit)
| 옮 긴 이 | 박의연·오창환·추주희
| 펴 낸 이 | 김진수
| 펴 낸 곳 | 한국문화사
| 등   록 | 제1994-9호
| 주   소 | 서울시 성동구 아차산로49, 404호(성수동1가, 서울숲코오롱디지털타워3차)
| 전   화 | 02-464-7708
| 팩   스 | 02-499-0846
| 이 메 일 | hkm7708@daum.net
| 홈페이지 | http://hph.co.kr

ISBN 979-11-6919-124-1 93190

· 이 책의 내용은 저작권법에 따라 보호받고 있습니다.
· 잘못된 책은 구매처에서 바꾸어 드립니다.
· 책값은 뒤표지에 있습니다.
· 이 저서는 2018년 대한민국 교육부와 한국연구재단의 지원을 받아 수행된 연구임(NRF2018S1A6A3A04042721)
· This work was supported by the Ministry of Education of the Republic of Korea and the National Research Foundation of Korea(NRF-2018S1A6A3A04042721)

오류를 발견하셨다면 이메일이나 홈페이지를 통해 제보해주세요.
소중한 의견을 모아 더 좋은 책을 만들겠습니다.